»Als ich in Limerick aufwuchs, war mein größter Traum, nach Amerika zu gehen und dort Häftling zu werden, denn im Gefängnis würde ich Schuhe haben, ein Bett für mich allein, mit Laken, die nicht von kleineren Brüdern bepinkelt worden waren.«

Während Bruder Frank McCourt als Englischlehrer arbeitet, macht sich der jüngere Malachy auf, New York zu erobern. Er arbeitet als Hafenarbeiter, wird Barkeeper, spielt Theater, hat Film- und Fernsehauftritte und verdingt sich als Goldschmuggler nach Indien. An Geld und Frauen mangelt es ihm nicht. Das Leben ist wie ein wilder Rausch, als Malachy bemerkt, daß er den Erinnerungen an Limerick und den Prägungen durch seine Eltern nicht entfliehen kann.

Malachy McCourt wurde 1932 in New York geboren. Er ist der jüngere Bruder von Frank McCourt und wuchs wie Frank in Irland auf. 1952 kommt er durch die Hilfe seines Bruders zurück nach New York. Malachy McCourt ist verheiratet und hat fünf erwachsene Kinder. Er lebt als Schriftsteller und Schauspieler in New York.

Unsere Adresse im Internet: www.fischer-tb.de

Malachy McCourt
Der Junge aus Limerick
Erinnerungen

Aus dem Englischen von
Claudia Feldmann

Fischer Taschenbuch Verlag

Limitierte Jubiläumsedition
Veröffentlicht im Fischer Taschenbuch Verlag,
Frankfurt am Main, Januar 2002

Lizenzausgabe mit Genehmigung des
Argon Verlags GmbH, Berlin
Die amerikanische Originalausgabe erschien 1998
unter dem Titel ›A Monk Swimming‹
im Verlag Hyperion, New York

Satz: LVD GmbH, Berlin
Druck und Bindung: Clausen & Bosse, Leck
Printed in Germany
ISBN 3-596-50512-7

Für meine geliebte, geistvolle, grandiose
Diana,
Die das Leben, die Liebe und den Gesang des Morgens
Mit einem kraftvollen Ja begrüßt.
Ich vergöttere dich.

Inhalt

Bei jedem Treffen in Limerick gab es immer eine Geschichte. Ob Jungen oder Mädchen, Männer oder Frauen, nackte Tatsachen galten als kalt und unmenschlich. Deshalb mußte jedes Ereignis in Worte verpackt werden. In warme Worte, üppige Worte, in schillernde, poetische, derbe oder sogar blasphemische Worte.

Und so wurden kalte Abende gewärmt mit Mythen und Märchen von anrüchigen Abenteuern und tollkühnen Taten und mit furchteinflößenden Beschreibungen der Höllenqualen, die den Übeltäter erwarteten. Wir Kinder saßen im Dunkeln, zitternd vor Begeisterung und Schrecken, und lauschten, ohne einen Muckser von uns zu geben.

Mein Vater Malachy und seine Kumpels, Mr. Meehan, Mr. Looney und Mr. Moran, sponnen ihr silbriggoldenes Garn und ließen allein durch ihre Wortgewalt unsere armselige Umgebung verschwinden. Und dann sang mein Vater seine patriotischen Oden an Irland, zum Beispiel die über Roddy McCorley, der auf der Brücke am Toome sterben mußte. Meine Mutter sang trübselige Liebeslieder wie »We Are in Love with You, My Heart and I«.

Der Tod senkte Schweigen über unser Haus. Erst das Baby Margaret Mary und dann die Zwillinge, Eugene mit vier und Oliver mit viereinhalb. Die Armut tötete sie. Mein Vater verschwand, um eine lebenslange Sauftour zu beginnen, von der er nie zurückkehrte, und ich haßte ihn, weil er mich im Stich ließ. Es dauerte viele Jahre, bis meine Mutter wieder eins von ihren trübseligen Liebesliedern sang; sie verfiel in eine tiefe Depression, und die Liebe verflüchtigte sich auf Nimmerwiedersehen in den feuchten, grauen Himmel über Limerick.

Die Armen werden immer bei uns sein, steht in der Bibel, und da ich das zweifelhafte Privileg genoß, in eine Familie geboren worden zu sein, die nicht nur arm, sondern bettelarm war, faßte ich den glühenden Entschluß, immer bei jemandem zu sein, aber, beim heiligen Jesus Christus, ich würde niemals arm oder gar bettelarm sein.

Ich mochte es nicht, ständig klamm zu sein. Ich mochte es nicht, den ganzen Winter über zu frieren und naß zu sein. Ich mochte es nicht, in Schaufenster voller Fleisch, Süßigkeiten, Kekse und Brot zu blicken, bis mir fast die Augen aus den Höhlen traten und mir der Mund schmerzte vor Gier, einmal etwas Handfestes zwischen die Zähne zu bekommen. Ich mochte es nicht, von Flöhen aufgefressen zu werden, die mein bitteres Blut verschlangen. Ich mochte es nicht, Läuse und Nissen in meinen Haaren, meinem Hintern, meinen Achseln, meinen Brauen und in sämtlichen Nähten der Hose und Jacke zu haben, die ich trug. Ich mochte die Pickel und Furunkel auf meiner Haut nicht, ganz zu schweigen von der Pein der Krätze und Flechten. Ich mochte es nicht, schlecht gestopfte Kleider und zerschlissene Stiefel zu tragen, die van Gogh nicht einmal eines Blickes gewürdigt hätte. Ich mochte es nicht, mit getrockneter Scheiße in meiner Hose herumzulaufen, weil diese mangels eines tragbaren Ersatzes nicht gewaschen werden konnte. Ich mochte es nicht, wenn die Bessergestellten, die Tee und Kuchen und elektrisches Licht in jedem Raum hatten, sich über mich lustig machten und mich verspotteten.

Ich mochte noch nie den Geruch von frischgezimmerten, frischlackierten Särgen, die hereingebracht wurden, um unsere Toten für immer von uns fortzunehmen.

Ich war ein sonniger kleiner Kerl mit wildem Herzen und mörderischen Instinkten. Eines Tages würde ich es denen schon zeigen – ja, ihr miesen, beschissenen, arschkriecherischen, schleimscheißerischen, hochnäsigen, eingebildeten, hurensöhnigen, etepeteten, dünnbrettbohrenden Snobs. Eines Tages gehe ich zurück nach Amerika, wo ich geboren bin, und furze euch ins Gesicht.

Und das tat ich.

1

Zu Höherem geboren

In unserer Familie erzählt man sich die Geschichte, daß meine Mutter eines Tages mit meinem Bruder Frank und mir und den Zwillingen im Kinderwagen spazierenging, als ein riesiges schwarzes Auto am Bordstein hielt. Ein schick gekleideter Chauffeur sprang heraus und öffnete einer mit Juwelen und Pelzen behängten Dame den hinteren Wagenschlag. Sie setzte den elegant beschuhten Fuß auf den Boden und befahl der Mutter stehenzubleiben, was diese auch prompt tat. Dann erging sich die vornehme Lady in verzückten Schwärmereien über mich – daß sie noch nie einen so hübschen kleinen Jungen gesehen hätte: das blonde Haar, die schimmernden Zähne, die wundervolle Haut und dieses Lächeln – und sagte, sie würde der Mutter jede beliebige Summe geben, wenn sie mich dafür adoptieren dürfe.

Die Mutter überlegte und überlegte und überlegte, wie es in der Geschichte heißt, und sagte dann, es sei ein verführerischer Vorschlag, aber sie wisse nicht, wie sie mein Verschwinden meinem Vater, der sich seinerseits damals noch nicht aus dem Staub gemacht hatte, erklären solle, und lehnte das Angebot ab.

In späteren Jahren wurde mir sowohl von der Mutter als auch von meinen Brüdern oft vorgehalten, es sei ein großer Fehler gewesen, mich im Familienkreis zu belassen. Ich persönlich war hingegen immer davon überzeugt, daß sich eine vornehme Dame außerhalb der Ehe in kompromittierende Umstände gebracht und dann meine Mutter dafür bezahlt hatte, mich aufzuziehen. Wie sonst ließe sich meine leichte und mühelose Anpassung an das gute Leben, das Leben in Amerika erklären?

Mein Bruder Frank hatte es 1949, mit neunzehn, irgendwie geschafft, in die Vereinigten Staaten zu kommen, und dann genug Geld gespart, um mich 1952, als ich zwanzig war, nachzuholen. Zweihundert Dollar kostete meine Überfahrt auf dem edlen Schiff *America*. Was für ein herrliches Leben: saubere Betten, saubere Laken, ein Kopfkissen, Licht zum Lesen, und dann das Essen! So viele Mahlzeiten, wie man wollte, so große Portionen, wie man wollte, und man konnte sogar mitten in der Nacht Sandwiches bekommen. Und es gab einen Swimmingpool. Aber es war immer noch peinlich, geflickte Kleider und Schuhe zu tragen, und alles war viel zu dick für das sonnige Klima, dem wir entgegenglitten.

Was ich denn in den Vereinigten Staaten von Amerika machen wolle, wurde ich gefragt, doch wie, in Gottes Namen, sollte ich den Leuten klarmachen, daß ich mit dreizehn von der Schule abgegangen war und keinerlei Beweis dafür hatte, daß ich überhaupt je dort gewesen war, da ich zweimal die Prüfungen in den Sand gesetzt hatte und als Dummkopf galt, dazu verdammt, mein Dasein als Bettler oder Verbrecher zu fristen oder, noch schlimmer, bis ans Ende meiner Tage wie ein Maultier zu schuften.

Doch die Amerikaner waren nett zu mir, und so erzählte

ich ihnen, ich würde Arzt, Ingenieur, Chirurg, Pilot, Steuermann werden – egal was, Hauptsache, es zauberte ein Lächeln auf das Gesicht dieser freundlichen Leute. In Wirklichkeit wußte ich, daß ich überhaupt nichts konnte, außer Geschichten und Lügen erzählen.

Als ich in den Staaten ankam, war Frank von der Armee nach Deutschland geschickt worden, und so holte mich eine Familie McManus ab und kümmerte sich ein wenig um mich. Auch ich mußte mich registrieren lassen und ein paar Jahre in der Armee dienen. Dann, mit dreiundzwanzig, wurde ich entlassen und hatte noch immer keine Ahnung, was ich mit meinem Leben anfangen sollte.

Ich ging zu den Docks, und da ich schwor, weder den Kommunisten noch der Mafia anzugehören, durfte ich mich als Arbeiter eintragen lassen. In England war man einfach ein »Dockarbeiter«, aber hier in den Staaten war man ein »Schauermann«, eine spannend klingende Bezeichnung für einen Arbeiter, der Schiffsladungen löscht. Der Job hatte etwas angenehm Monotones, vor allem, wenn man gesund, kräftig und in der Hirnregion nicht allzu üppig ausgestattet war.

New York war damals noch ein florierender Hafen, Sammelstelle für ausgefalleneres Frachtgut als Bruder Frank und mich. Hell's Kitchen, ein hartes und heruntergekommenes Viertel an der West Side von Manhattan, direkt am Hudson River, war fest in irischer Hand, und an den Piers standen Schilder mit der Aufschrift »Keine Spaghettifresser«. In Brooklyn waren die Italiener am Ruder, und die stellten auf ihren Piers Schilder mit dem Schriftzug »Keine Whiskeysäufer« auf.

Ich wanderte von Pier zu Pier, zu den Heuerhallen von Jersey City, Bayonne und Hoboken, hallenden, stinkenden Gebäuden mit grünen Wänden, schmutzigem Boden und dem üblichen flackernden Neonlicht. Frühmorgens trudelten wir ein, schnatternd vor Kälte, in der typischen Schauermann-Uniform: schwere Stiefel, dicke Hose, Pullover, Kolani, Wollmütze, Arbeitshandschuhe und Lasthaken. Wenn viele Schiffe angekommen waren, durften wir Greenhorns arbeiten bis zum Umfallen. Kamen keine Schiffe, konnten wir uns den ganzen Tag in der Nase bohren. Und es war ein herrliches Gefühl für einen Jungen aus Limerick, in New York zu sein und sich in der Nase zu bohren.

Das war 1955, in den Tagen der Waterfront Commission, die gegründet worden war, um Gewerkschaften auszuschalten. Jedesmal, wenn eine Gewerkschaft einen Versuch unternahm, die grauenhaften und gefährlichen Arbeitsbedingungen zu verbessern, durch die Arbeiter verstümmelt und getötet wurden, setzten die Bosse die Propagandamaschinerie in Gang, um die Gewerkschaft unter dem Deckmäntelchen der Aufdeckung von Korruption außer Gefecht zu setzen.

Elia Kazan, der seine Freunde an den Ausschuß für unamerikanische Umtriebe verpfiff, durfte zur Belohnung für seinen Verrat bei dem Film *Faust im Nacken* Regie führen. Mit vereinten Kräften schafften es Hollywood, die Regierung und die Kirche, unsere Gewerkschaft, die International Longshoreman's Association, nahezu zu zerstören, indem sie die Verfechter der Gerechtigkeit an die Luft setzten.

Es gab da einen engagierten kleinen Kerl mit Brille, der meinte, die Gewerkschaft müsse sich mehr einsetzen. Wieder und wieder ging er vor Gericht. Sie schossen auf ihn, schlugen ihn zusammen, präparierten sein Auto, aber er ließ sich nicht unterkriegen. Das Herz ist ein Wunder, wie Synge zu sagen pflegte.

Ich hielt mich aus dem Gewerkschaftskram heraus, weil ich keine Lust hatte, mich zusammenschlagen zu lassen, und als unbedarfter junger Immigrant wußte ich damals über diese Dinge auch kaum Bescheid.

Aber geklaut wurde auf den Docks, daß sich die Balken bogen! Wir versorgten uns mit erstklassigen italienischen Schuhen, und an manchen Tagen ließen wir die Hosen runter und wickelten uns meterweise Anzugstoff um den Körper, so daß man zur Feierabendzeit Scharen von wohlbeleibten Mannsbildern von der Pier watscheln sah. Wenn eine Ladung mit irgendwelchen Alkoholika ankam, wurde es ein turbulenter Tag mit Gabelstaplern, die im Rausch über den Rand der Pier gefahren wurden, Männern, die in Laderäume fielen, Prügeleien, Streitereien und allerlei anderen Lustbarkeiten.

Einmal, als ich in Brooklyn arbeitete, kam eine Ladung künstlicher Blumen an, deren zehnte, wie üblich, bei den Arbeitern hängenblieb. Die Dinger waren zu nichts zu gebrauchen, also fragte ich einen anderen Iren, der an diesem Tag dort war, ein älterer Kerl namens McCabe, weshalb sie das Zeug mitgehen ließen.

»Ach, weißt du«, sagte er, »die könnten in Geschenkkartons verpackte Scheiße rüberschippern, und die würden sie auch noch klauen.«

»Sie« waren natürlich die Italiener, die grundsätzlich alles mitgehen ließen, im Gegensatz zu den Iren, die nur aus Prinzip stahlen – so jedenfalls erklärte es mir mein älterer Kollege.

Meine Lieblingsfracht war Gummi, gewaltige, fünfhundert Pfund schwere Ballen von dem Zeug, aus Malaysia importiert. Ab und zu rutschte dem Kranführer ein Ballen aus großer Höhe aus dem Netz, und dann hüpfte das Ding wie ein riesiger Flummi über die Pier, so daß selbst arthritisgeplagte Greise mit jugendlichem Elan in Sicherheit hechteten.

Neben dem Hin- und Herschleppen von Waren mit dem Handkarren hielt ich mich fit, indem ich beim New York Rugby Football Club spielte. Das war ein Mischmasch von Auswanderern aus Großbritannien, Neuseeland, Australien und Südafrika mit einer kleinen Prise anglophiler Amis, von denen einige hofften, als Engländer durchzugehen. Eine Zeitlang war ich der einzige Ire in der Mannschaft, abgesehen von einem Typen namens Brad Brady aus Cork, der so sehr einen auf englisch machte, daß er kaum sprechen konnte.

Viele von den Briten beschwerten sich über die Grobheit der Amis und ihre mangelnde sportliche Fairneß. »Denen ist der Sieg tatsächlich wichtiger als das Spiel, alter Knabe.« Vielleicht würden sie eines Tages ihren Irrtum erkennen, ins Königreich zurückkehren, gute Manieren lernen und brave Untertanen werden.

Es gab jede Menge Biergelage, Wettsaufen und dergleichen. Bei unserem jährlichen Festessen wurden Toasts auf den Präsidenten und die Queen ausgebracht. Als ich einen Toast auf den Präsidenten von Irland ausbrachte, wurde das für unzulässig erklärt. Daraufhin schlug ich vor, den Toast auf die Queen zu streichen. Obwohl ich damit Roberts Knigge für Verfahrensfragen folgte, stieß mein Vorschlag auf wenig Beifall.

Wir spielten gegen jedes College, das wir auf den Rasen kriegen konnten, von Princeton über Boston bis Dartmouth. Eines meiner ersten Spiele war gegen Harvard, und es war ein rauhes Spiel mit vielen Fouls und Handgreiflichkeiten.

Der Schiedsrichter schickte mehrere Spieler vom Platz, unter anderen einen Jungen aus Boston namens Kennedy, unsereins bekannt als Ted.

Ich konnte es einfach nicht fassen, daß ich in der sogenannten »zivilisierten Mittelschicht« zugelassen wurde. Himmel, hier stand ich, ein einfacher Arbeiter, auf du und du mit Studierten, Ärzten, Ingenieuren und Börsenmaklern. Manchmal hatte ich Angst, daß sie eines Tages die Wahrheit herausfinden würden – daß ich ungebildet war, ein Gossenkind aus Limerick, ein Emporkömmling. Meine Waffe, meine Verteidigungstaktik, um auch weiterhin akzeptiert zu werden, bestand darin, mehr und schneller zu trinken als jeder andere aus der Mannschaft, mehr Lieder zu singen, der Held jeder Party zu sein. Ich wußte, daß sie mich in einer anderen Umgebung nicht einmal nach der Uhrzeit gefragt hätten, aber hier waren wir alle Verbannte, denen nichts anderes übrigblieb, als das Spiel zu spielen, das Glas zu leeren, das Lied zu singen und zu verbergen, was immer verborgen werden mußte.

Diese Rugby-Gelage waren fast immer reine Männerveranstaltungen. Wir Männer von Welt überfielen ein College und beeindruckten sämtliche Studenten mit unserem *savoir faire*. Gelegentlich hing eine langbeinige, blonde Studentin am Arm eines dieser amerikanischen Heldentypen. Ich guckte, gierte und ging, da ich wußte, daß ich an so eine nie rankommen würde.

Frauen faszinierten mich: ihr Duft, die bebenden, blühenden, berstenden Brüste, der Hintern, die Lippen, die Beine, das Weiche und Runde all ihrer Körperteile, die süße Stimme und diese geheimnisvolle, von Schenkeln und flaumigem Haar geschützte Stelle. Aber was, in Gottes Namen, sollte ich zu ihnen sagen?

Da ich mit Schüchternheit geschlagen war, tobte ich meine überschüssige Energie auf dem Schlachtfeld aus und übte mich während der Spielpause im Händeschütteln mit dem Unterbeschäftigten. Wichsen nannte man das bei uns Iren, sprich: den Samen zur Erde fallen lassen, oder wohin die Flugbahn ihn gerade trug.

Mutter Kirche vertrat sehr klare Ansichten zum Thema fleischliche Sünden, und ich wurde nie das Gefühl los, ein Sünder zu sein, unwürdig, ein Geschwür in den Augen Gottes. Ich dachte an Onans biblische Ermahnung: Spritz deinen Samen lieber in den Bauch einer Hure, als ihn auf dem Boden zu verschwenden.

Warum, so frage ich mich zu diesem späten Zeitpunkt, ist es weniger sündig, seinen Pimmel in eine bezahlte Lady zu stecken als zu wichsen? Das wär' doch mal ein Thema für die Theologen.

Wie dem auch sei, die Rugby-Geschichten waren sexfrei, mit Ausnahme eines affigen Briten namens Harold, der ein lahmes Bein hatte und auf diese typische, nasale Art sprach. Manche von den ach so klassenbewußten Briten reden, als würden sie gleich ihren Geist aushauchen, als sei jeder Atemzug ihr letzter. Dieser Typ jedenfalls, der, um es höflich auszudrücken, ziemlich korpulent war, hatte einen kleinen Freund namens Johnny. Der war so ein Federgewicht von der Sorte, die sich kaum traut, einen Staubwedel zu benutzen, aus Angst, damit jemanden tödlich zu verletzen, aber unser Harold, dessen sportliche Tage schon lange vorbei waren, bestand darauf, daß Johnny spielte.

Die nackte Angst jagte Johnny über das Feld. Er benahm sich wie eine Gazelle, die weiß, daß im Busch hungrige Löwen auf sie warten, und lief, als hätte man ihm eine reife Erdbeere zwischen die Arschbacken gesteckt und ihm aufgetragen, sie auf keinen Fall zu zerdrücken.

Irgendwann hatte Johnny es satt, ständig mit der Nase im Dreck zu liegen, und floh mit einem Klamotten-Designer nach Kalifornien. Harold starb wenig später an gebrochenem Herzen.

Da ich durch die Schufterei in den Docks ein paar Scheine in der Tasche hatte, schien mir ein ordentliches Plätzchen zum Schlafen angebracht, und ich fand eines auf der West Eighty-first Street, in einem Apartment gegenüber vom Museum of Natural History, in das ich, da es so nah war, nie einen Fuß setzte. Der Zimmergenosse, der mir anbot, seine Bude zu teilen, war ein langer, dünner Kerl, Bauingenieur von Beruf und total plemplem. Er schleppte sich mit dem Namen George Giles Green durchs Leben. George war Pilot im Korea-Krieg gewesen, und während er wegen dieses längst vergessenen Konflikts von zu Hause fort war, hatte sich seine Angetraute wohl gelangweilt. Sie hatte sich mit einem anderen Kerl davongemacht, der rein zufällig dem jüdischen Glauben angehörte, was in George postum die wärmsten Gefühle für Adolf Hitler weckte. Die Juden kontrollierten alles, sagte er, auch die Wahlen. Wenn er sein bürgerliches Wahlrecht ausübte, so informierte er mich wiederholt und wortreich, manipulierten sie die Stimmzettel, so daß George gegen seinen Willen für jüdische Kandidaten stimmte.

Als glühender Anhänger guccibeschuhter Päpste strafte mich der gute alte G. G. G. jedesmal mit eisigen Blicken, wenn ich ihm meine üppig ausgeschmückten fleischlichen Abenteuer berichtete, bis ich sie irgendwann zur Strafe für mich behielt.

Auf unserem Wohnzimmertisch stand als ewiger Wächter ein steinerner Vogel mit erhobenem Schnabel und gefalteten Flügeln, das Ganze in Grüngrau – eine ornithologische Katastrophe. George ermahnte mich, auf meine Worte zu achten, da unser Freund, der Flattermann, die Angewohnheit hatte, nachts, wenn wir im Bett lagen, in die anderen Apartments des Hauses zu fliegen und sämtlichen Juden, die dort lebten, jedes einzelne Wort mitzuteilen, das wir gesprochen hatten. Und es gab eine Menge zu berichten, da unsere Gespräche zu dem Zeitpunkt so ergiebige und spannende Themen wie die neuesten Missetaten der Juden (G. G. G.) und das Wetter (ich) umfaßten.

Unsere Wohngemeinschaft endete bereits nach wenigen Monaten, und zwar an dem Abend, als G. G. G. und ich gerade dasaßen und die abendliche Mahlzeit verdauten. Mein Zimmergenosse hatte mich über die täglichen Taten der Anhänger Moses informiert, und ich war friedlich über ein Buch gebeugt. Plötzlich bewegte sich etwas auf dem Boden. Mit flammendem Blick und Schaumflöckchen in den Mundwinkeln kroch der Bewunderer Eichmanns auf mich zu. »Runter!« drängte er. »Runter auf den Boden! Schnell, schnell!«

George war bei der letzten Polizeiaktion in Korea dabeigewesen, und obwohl er Pilot gewesen war, kannte er sich auch mit dem Bodenkrieg aus. Da sich meine Kenntnisse über Kriegsführung weder auf den Himmel noch auf das Schlachtfeld erstreckten, sondern lediglich ein paar Kneipenprügeleien umfaßten, beugte ich mich seiner größeren Erfahrung und nahm an, wir stünden unter Beschuß, obwohl wir uns im sechsten Stock befanden. Angst beschleunigte meinen Hechtsprung auf den Teppich, wo ich mich bäuchlings meinem schäumenden Freund gegenüber wiederfand.

Nachdem ich alle zur Verfügung stehenden Sicherheitsvorkehrungen ausgeschöpft hatte, um mich vor einem Heckenschützenfeuer vom Museum of Natural History zu schützen, wagte ich eine Frage an George.

»Was ist los, George?«

»Hörst du sie denn nicht?!«

»Wen?«

»Die Juden-Taxifahrer.«

Ich bemühte mich, nachdenklich auszusehen, und in der Tat dachte ich nach, nämlich darüber, weshalb er es nicht über sich brachte, das Adjektiv »jüdisch« zu benutzen.

»Was ist mit ihnen, George?«

»Als wenn du das nicht wüßtest! Man hat ihnen befohlen zu hupen, wenn sie an diesem Haus vorbeifahren!«

»Verstehe. Und wieso liegen wir auf dem Boden?«

»Sie können unsere Schatten an der Decke sehen!«

Es ist ganz schön peinlich zu merken, daß man auf die Sperenzchen eines erstklassigen Vollblutidioten reingefallen ist, also sprang ich auf und pflaumte ihn an: »Du hast doch wohl den Arsch offen!«

Woraufhin der geifernde George erwiderte, ich sei ein hirngewaschener Judenfan, kein Stück besser als dieser Judasvogel, und für jemanden wie mich gäbe es in einer anständigen christlichen Gesellschaft keinen Platz, von seiner Wohnung ganz zu schweigen, und ich solle mich gefälligst verziehen. Ich ging am nächsten Morgen, nach einer unruhigen und schlaflosen Nacht.

Ich traf den alten G. G. G. jahrelang nicht wieder, bis ich ihn eines Tages auf der Third Avenue erblickte, wo er gegenüber von Malachy's I., einer Kneipe, die mir zu der Zeit gehörte, auf und ab lief. Ein wenig beklommen ging ich auf ihn zu. Er schien sich zu freuen, mich zu sehen, und so lud ich ihn ein, über die Straße und in meine Kneipe zu kommen. Er zögerte und lud mich dann seinerseits ein, in der darauffolgenden Woche mit ihm im New York Athletic Club zu essen.

Ich war erleichtert, daß der Gute anscheinend wieder normal geworden war, und nahm sein Angebot an. Der New York Athletic Club war damals eine Bastion von francoliebenden, mussolinibetrauernden, gottesfürchtigen Hitlerianern, aber da ich in jenen Tagen nicht allzu wählerisch war, begab ich mich trotzdem dorthin, um mein Gratisessen nicht zu verpassen. George bedachte mich mit einer lauwarmen Begrüßung, wir genehmigten uns ein Gläschen irischen Whiskey *(nota bene:* kein anderer Whisky darf mit einem »e« geschrieben werden), und dann lud er mich ein, mir die neuen Ringkampfmatten im Trainingsraum anzusehen.

Arglos, wie ich war, willigte ich ein, und wir gingen zum Trainingsraum, um uns die besagten Matten anzusehen. Unterwegs erklärte mir George, er lebe jetzt hier, da er sich an diesem Ort sicher vor den Juden fühle. Allmächtiger, es ging also wieder los! Aber ich hatte noch nichts gegessen. Und die neuen Matten hatte ich auch noch nicht gesehen.

Wir betraten den Trainingsraum, in dem sich keine Menschenseele tummelte, und George sagte mit einer Handbewegung zu dem Stapel Matten: »Da sind sie!«

Ich erwiderte etwas Geistreiches wie: »Sehr schön.« Ein Blick auf den guten alten George zeigte mir, daß der Wahnsinn in ihm wieder zum Vorschein gekommen war – irrer Blick, Schaum vor dem Mund und so weiter –, und seine erstickte Stimme erklärte mir, ich hätte eine Juden-Hure gefickt und ihr erzählt, ich sei George Giles Green, und jetzt sei sie schwanger und verlange Geld von ihm. Ich sagte natürlich, daß das nicht wahr sei, eine schlappe Verteidigung, ich geb's ja zu, aber was Besseres fiel mir in dem Moment nicht ein. George beachtete meinen Widerspruch überhaupt nicht, was wohl niemanden überraschen dürfte.

Obwohl er nicht in Bestform war, konnte er sich verdammt schnell bewegen, was in diesem Fall bedeutete, daß er einen Aufwärtshaken vom Stapel ließ, der Mohammed Ali, dem König der Fäuste, einen Jauchzer entlockt hätte, wenn er denn richtig gezielt hätte. Er landete ein paar Grad westlich des Kinns auf dem Unterkiefer. Wie sich herausstellte, durfte ich die Matten ein wenig genauer inspizieren, als ich bei Georges Einladung beabsichtigt hatte.

Als ich wieder zu mir kam, war ich allein, mit dem Gesicht nach unten auf dem Boden ausgestreckt. George hatte sich aus dem Staub gemacht. Ich verließ den Athletic Club mit leerem Magen und heftig schmerzendem Kinn. Das letzte, was ich von George hörte, war, daß er sich an einem sicheren Ort befand, gut versorgt von Leuten in weißen Kitteln. In ihrer Gesellschaft benahm er sich überaus liebenswürdig, da er sie für Mitglieder des Ku-Klux-Klans in Zivil hielt.

Die Lektion, die ich daraus lernte und über die Jahre immer wieder bestätigt fand, war, daß alle Antisemiten und Bigotten im allgemeinen entweder krank oder dumm sind. Ha, dachte ich, als mir dieses grandiose Stückchen Soziologie dämmerte, bin ich nicht ein kluger kleiner Immigrant, daß ich das rausgekriegt habe?

Zu meinen Rugby-Kumpels gehörte ein Kerl namens Bob Lichenstein, und zu den Unsicherheiten seines Lebens gehörte wiederum die Tatsache, daß er aus New Jersey stammte.

Irgendwann heiratete er eine der Töchter von Big Jim Folsom, dem Gouverneur von Alabama, und von da an hörte die Mannschaft nichts anderes mehr als »Big Jim hier« und »Big Jim da«. Er war einer der unverfrorensten gesellschaftlichen Aufsteiger, die mir je untergekommen sind, und er sah, daß ich von der gleichen Sorte war.

In den East Seventies gab es einen gastlichen Ort mit dem Namen Michael II., wo sich, wie Bob mir sagte, die Sprößlinge reicher amerikanischer Familien trafen, um zu tratschen und sich gegenseitig fertigzumachen. Außerdem teilte er mir mit, daß unter ihnen solche Inzucht herrschte, daß die Männer mittlerweile impotent und nicht mehr in der Lage waren, ihre Ohren oder sonst irgendwas steifzuhalten, und daß es daher ganze Schwärme von Mädchen aus der Oberschicht gab, die es kaum erwarten konnten, die Schenkel zu spreizen und ihre Ehre zeugungskräftigen, rugbyspielenden, dünnbehaarten Kerlen aus New Jersey und frisch eingetroffenen irischen Immigranten darzubieten.

Mit dreiundzwanzig ließ meine gesellschaftliche Gewandtheit noch immer arg zu wünschen übrig, aber ein paar ordentliche Fingerbreit 86prozentigen Lebenswassers gestatteten es mir, mich einigermaßen locker unter den besagten Sprößlingen zu bewegen und den Ruf der Iren als den wortgewandten Charmeuren der englischsprechenden Welt zu bestätigen. Manche sagten, ich schwafele Dünnschiß, andere meinten, ich wolle mich einschleimen, aber die jungen Frauen fanden mich süß, und das reichte mir.

Als es dann allerdings darum ging, den Kolben zu ölen, sah ich mich mit einem akuten Mangel an zu durchstoßenden Jungfernhäutchen konfrontiert. Wenn die jungen Dinger wie in früheren Zeiten Fächer gehabt hätten, hätten sie alle dahinter über meine Verführungsversuche gekichert. Alle, mit Ausnahme von Anita Whitney.

Ach, Anita! Ob sie eine von *den* Whitneys war? Keine Ahnung, und es war mir auch schnurz, denn sie hatte eine erstklassige Figur, aufregende Beine und einen langen, eleganten Hals. Und ihr Gesicht, ihre Haltung versprachen heiße Kämpfe im unteren Gürtelbereich. Die großen, mandelförmigen Augen, dunkel und schillernd und lachend. Die erlesene Nase und der volle, sinnlich geschwungene Mund, der so rubinrot glühte, daß ich mir schwor: »Wenn ich es je schaffe, meine Lippen auf ihre zu pressen, rühre ich sie nicht mehr von der Stelle, bis ich tot umfalle.«

Es kam der Tag, an dem der britische Schriftführer des New York Rugby Football Club verkündete, Ihre Majestät QE2 und ihr Bettgenosse Prinz Phil kämen nach New York und empfingen treue Untertanen in der Exerzierhalle in der Sixty-sixth Street. Der Club hatte eine begrenzte Anzahl Karten bekommen, und aus Jux nahm ich mir zwei davon, mit dem Plan, das Objekt meiner Träume, Anita Whitney, einzuladen. Sie nahm an, und dann kam der große Abend, und wir standen vor der Halle – sie nervös wegen der königlichen Gestalten, ich zappelig wegen Anita an meinem Arm. Wir passierten problemlos die damals noch sehr lockere Sicherheitskontrolle und betraten die große Exerzierhalle.

Irgendwie hatte ich angenommen, da würde eine überschaubare Menge von Leuten rumlaufen, Hände schütteln und in die königlichen Ärsche kriechen. Von wegen – hier waren ungefähr sechstausend hysterische Briten und sonstige Anglophile, die sich aufführten wie Fußball-Hooligans zu Thatcher-Zeiten. Seriös aussehende alte Kolonialherren mit den dazugehörigen Damen schubsten sich durch, um einen guten Aussichtspunkt zu ergattern, und kreischten – jawohl, kreischten: »Die Queeeeen, guck doch, die Queen!«

Die Hitze, das grelle Licht, der Schweiß und der Gestank von Tausenden von ungewaschenen Briten war zuviel für meine schöne Anita, die plötzlich von einem Schwächeanfall gepackt wurde. Wir mußten uns durch eine wilde Horde prügeln, um aus dem Gewühl herauszukommen.

Halleluja! Dort drüben, an der Ecke der Halle, war eine gewaltige Eichentür, bewacht von einem Bullen namens Jimmy Snow, den ich kannte. Ich bat ihn um Hilfe, und er ließ uns durch.

Es war eines dieser holzvertäfelten Vorzimmer, kühl und ohne plappernde Engländer, und in der einen Ecke entdeckte ich eine Bar mit dazugehörigem Barmann in weißem Jackett und schwarzer Fliege. Im Handumdrehen hatte ich mir von diesem menschlichen Bernhardiner zwei gut eingeschenkte Cognacs besorgt und machte mich daran, meine schöne, schwache Anita wiederzubeleben. Mein Angebot, die Getränke zu bezahlen, lehnte unser Retter ab, und so bestellten wir noch ein paar mehr, die den ersten widerstandslos folgten.

Dann ging die große Tür auf, und hereinmarschiert kam Elizabeth II. mit Gouverneur Nelson Rockefeller, gefolgt von Philip, Duke of Edinburgh, Bürgermeister Robert Wagner und einem ganzen Geschwader von Typen in hübschen bunten Militäruniformen. Einer von den Generälen kam zu der Stelle, wo Anita und meine Wenigkeit uns hinter unseren Cognacs versteckten, und verkündete uns, Ihre Majestät sei bereit für die offizielle Empfangszeremonie. Er fragte nach unseren Namen und forderte uns auf, uns in einer Reihe aufzustellen. Ungefähr zehn Leute schwangen sich in die gewünschte Formation, woraufhin der Generalmajor einen nach dem anderen Liz und Phil vorstellte, die die Reihe entlanggingen, Hände schüttelten und begrüßten: Gouverneur Rockefeller, Bürgermeister Wagner, Mrs. Rock, Mrs. Wag, Mr. Soundso, Miss Anita Whitney, Mr. Malachy McCourt. Nachdem die Vorstellung abgeschlossen war, kam Phil von Edinburgh auf mich zu und machte ein bißchen Small talk.

»Was tun Sie hier in New York?«

»Ich arbeite als Schauermann in den Docks. Bei Ihnen nennt man das ›Dockarbeiter‹.«

»Sie sind Ire, nicht wahr?«

»Allerdings.«

»Gestern gab es an der Pier eine Demonstration gegen uns. Sie waren nicht zufällig dabei?«

»Nein. Die Arbeit drängte, da die Miete fällig war.«

»Ich verstehe. Wie gefällt Ihnen Amerika?«

»Ausgezeichnet. Es war dumm von George, darauf zu verzichten.«

»Wir machen alle Fehler.«

Unser Plausch wurde unterbrochen, als die kleine Queen zu uns rüberspaziert kam und mich fragte, was ich denn in New York so mache. Mein neuer Kumpel Phil sagte: »Frag ihn lieber nicht so genau, meine Liebe.«

»Aha. Nun, wollen wir uns dann auf den Weg machen?«

Phil sagte: »Wie du meinst«, gab mir die Hand, und dann dackelten sie davon. Phil drehte sich noch einmal um und sagte, falls ich mal nach London käme, solle ich ihn besuchen.

Aber sicher.

Bei dieser Gelegenheit hatte ich das Glück, die Antwort auf eine Frage zu finden, die seit langem die Gemüter sowohl der treuen als auch der übrigen Untertanen bewegte: was nämlich die Queen mit ihren alten Kleidern macht.

Sie trägt sie.

Während unseres Gesprächs von Landmann zu Edelmann stand die süße Anita mit offenem Mund neben mir, sprachlos angesichts meiner Kühnheit und Gesprächigkeit. Ich erklärte ihr, ich begänne gerade, mich an den Umgang mit Untergebenen zu gewöhnen. Wir verließen die Exerzierhalle und machten einen kleinen Zug durch die Kneipen, und nicht eine Menschenseele glaubte uns unsere Begegnung mit dem House of Hanover an diesem Abend.

Als sich der Winter von 1955 festsetzte, ergatterte Bruder Frank eine Unterkunft an der Downing Street im Village. Aus irgendeinem Grund nannte sich das Ganze eine »Kaltwasserwohnung«, obwohl das Zeug, das aus dem Hahn kam, ziemlich heiß war. Die Badewanne stand in der Küche, und die Toilette war hinten links auf dem gefliesten Flur. Da ich eine neue Schlafstätte brauchte, hoffte ich, der komische Vogel, der sich mein Bruder nannte, würde mir gestatten, diese luxuriösen Gemächer, die die atemberaubende Summe von fünfundzwanzig Dollar im Monat kosteten, mit ihm zu teilen, was er auch tat. Frank war fast nie da, weil er an der New York University studierte, in den Docks arbeitete, gelegentlich Nachtwache bei einer Bank schob und außerdem noch versuchte, ein bißchen Zeit mit seiner Zukünftigen zu verbringen, einer ziemlich launischen Frau, im folgenden »das Kriegsministerium« genannt. Im großen und ganzen hatte ich die Bude also für mich allein. Con Edison schickte mir regelmäßig eine Stromrechnung, was recht, wenn auch nicht billig war, aber ich weigerte mich, auch noch die Gasrechnung zu bezahlen, da in unserer Bleibe bedauerlicherweise nicht die geringste

Spur von einem Gasofen oder irgendeinem anderen Gerät, das Gas benötigte, zu finden war.

Es kamen noch weitere lästige Rechnungen für diverse Dienstleistungen, die ich meistens nicht bezahlen konnte, weil als erstes der Alkohol bezahlt werden mußte. Eine glänzende Idee und ein Gang zum nächsten Schreibwarenladen brachten die Rechnungsflut vorübergehend zum Versiegen. Die kleine Investition von ungefähr drei Dollar versorgte mich mit einem Stempel, der, nachdem er mit Tinte befeuchtet und auf den Umschlag einer Rechnung gedrückt worden war, für jedermann sichtbar verkündete: »Verstorben«.

Con Edison stellte mir prompt den Strom ab, so daß mir als einziges Licht die blinkende Leuchtreklame der Bar im Erdgeschoß blieb. Zum Glück fand ich heraus, daß ich, wenn ich mein Blinzeln auf das Blinken der Reklame abstimmte, trotzdem ganz gut lesen konnte.

Aber an den meisten Abenden war ich ohnehin nicht zu Hause, sondern machte mich auf den Weg durch verschiedene Nachtclubs. Das Clavin's an der East Fifty-eigth Street hatte sich als Alternative zum Michael II. mit seiner maulfaulen Truppe etabliert, dazu immer mal ein gelegentlicher Abstecher ins P. J. Clarke's, um die Ecke in der Third Avenue, und so blieb ich im Dunstkreis meiner Stammkneipen, der lustige, laute Lümmel aus Limerick.

Hinter der Bar des Clavin's waltete ein gewisser Hugh Magill, ein gutgebauter, aufgeweckter Einsachtziger, der von zahlreichen Schulen und Colleges geflogen war und gelegentlich in den gehobeneren Klapsmühlen der Ostküste gastierte. Er war ein außerordentlich belesener Mann, und seine persönliche Hitliste wurde von Hemingway angeführt. Zu meiner grenzenlosen Überraschung und Begeisterung gehörte er zum Club der zahl- und namenlosen P.-G.-Wodehouse-Fanatiker, und so fielen wir einander mit Freudenschreien um den Hals und zitierten das Evangelium nach Jeeves und Bertie Woosters Gejammer.

An diesem edlen Ort wurde meine Identität als Trinker begründet. Die Stammgäste des Clavin's waren berühmt dafür, daß sie sich von den steuerlich abschreibbaren Gaben erfolgreicher Städter finanzierten, und um mich von dieser Ansammlung von Wohlfahrtsempfängern abzuheben, beschloß ich, ausschließlich Powers Irish Whiskey zu trinken, für den ich selten bezahlte, und wenn, dann mit einer Zeile von P. G. Wodehouse.

Mein Ruf als standfester Säufer wurde durch Clavins Sohn Stewart noch gefestigt, und zwar am Abend seiner Geburt. »Eine Runde für alle!« bellte der frischgebackene Vater. Halb im Scherz bestellte ich eine Flasche Powers, in der Erwartung, als Antwort ein Lachen und ein Glas von dem Zeug zu bekommen, doch Clavin sagte: »Gib sie ihm!«

Da ich annahm, daß mir das gute Stück gleich wieder weggenommen würde, bemühte ich mich, den Flüssigkeitspegel der Flasche so schnell wie möglich zu senken. Mitten in dem Gelage tippte mir ein dünner, ziemlich durchgeknallt aussehender Typ mit dunklem Gesicht an den Schädel und erklärte mir, ich hätte innerhalb von fünfundvierzig Minuten eine ganze Flasche Whiskey geleert, und er sei der Meinung, daß ich das nicht noch mal schaffen würde. Um diese Annahme zu unterstreichen, war er bereit, hundert Dollar darauf zu verwetten. »Bring mir noch 'ne Flasche«, sagte ich zu Magill, und dann lernte ich den Unterschied zwischen gemütlichem Picheln und dem Zwang, sich den bernsteinfarbenen Saft in den Rachen zu quälen.

Von allen Seiten wurde gewettet, und die Atmosphäre veränderte sich von grölender Feierei zu der Totenstille eines Schachturniers. Ohne eine nette Geschichte, die mich ablenkte, und mit fünfundvierzig Minuten Singverbot blieb mir nichts anderes übrig, als den Whiskey einzuschenken (ohne Eis), zu trinken, zu schlucken und zu denken: »Mein Gott! Die Flasche ist noch dreiviertel voll!«

Der größte Teil meines Körpers gab den unerbittlichen Forderungen des Whiskeys nach: »Gib auf, schließ die Augen.« Doch oberhalb des Halses war noch Leben: den Blick auf dem Hunderter, die Lippen am Glas und schlucken, schlukken, schlucken. Reine Willensstärke hinderte den beißenden Fluß daran, die Richtung zu ändern und die Schwerkraft zu überwinden, aufzusteigen und sich über die Wettgierigen zu ergießen.

Endlich – es war noch etwa ein halbes Glas übrig, in Kopf, Lippen und Hirn setzte bereits Lähmung ein – kippte ich den Rest runter, und irgendwo weit weg brach Jubel aus. In Zeitlupentempo schüttelten mir Leute die Hand und schlugen mir auf den Rücken. Mir kam es vor wie eine Szene in einem dieser Boxfilme, wo der Champion auf der Matte liegt und versucht, wieder einen klaren Kopf zu kriegen.

An dem Abend hielt ich zum ersten Mal einen Hundertdollarschein in Händen, an dem Abend bekam ich Beifall für eine schwachsinnige »Mutprobe«, die noch so manches Mal üble Folgen haben sollte, und an dem Abend verdiente ich mir die glühende Anerkennung einer ganzen Menge Leute, von denen die meisten inzwischen die Radieschen von unten wachsen sehen, weil ihr Hirn und ihre Leber sie im Stich gelassen haben.

Einer von den Stammspinnern im Clavin's war Ed Wilcox, ein ehemaliger Klatschkolumnenschreiber. Eines Abends lauschte der wilde Wilcox aufmerksam einem Typen, der ihm etwas vom Verlust des gesamten Familienvermögens beim Börsenkrach von 1929 vorschwafelte und wie sein Großvater aus dem soundsovielten Stock in den Tod gesprungen war. Daraufhin meldete sich Wilcox zu Wort und sagte, seine Familie habe ein ähnliches Schicksal erlitten. Mitfühlendes Gemurmel machte zunächst die Runde, als Wilcox erklärte, auch sein Großvater sei an der Wall Street gewesen. Er hatte einen Handkarren, von dem er Hot dogs verkaufte, und eines Tages fiel doch tatsächlich so ein dämlicher, ruinierter Broker vom Himmel und krachte mit Schmackes auf seinen Karren, zerstörte ihn völlig und hinterließ die Familie Wilcox mittellos. Ein paar von den Maulfaulen grinsten, andere schnalzten mißbilligend mit der Zunge.

An einem Abend im P. J. Clarke's sah Wilcox, wie die beiden Football-Spieler Kyle Rote und Frank Gifford auf die Toilette der Kneipe zusteuerten. Prompt rief er weithin hörbar aus: »Na, übt ihr noch ein bißchen den Touch-down?«

Dann gab es noch einen anderen Abend im Clavin's, zu der Zeit, als die schöne Anita Whitney mit einem masochistischen Typen namens Bill Gray zusammen war, der mehr Narben und gebrochene Knochen hatte als eine ganze Football-Mannschaft. Er war ein übler Kerl, wenn er getankt hatte, und außerdem hatte er einen Hang zu schwärzestem Sarkasmus, was die Ursache für ständigen Streit war. Von Bill zur Weißglut getrieben, griff Anita nach einer Bierflasche und knallte sie ihm in die Fresse, wobei sie ihm eine saftige Schnittwunde am linken Wangenknochen verpaßte. Als das Blut herausquoll, rief Wilcox: »Das Bier geht auf meine Rechnung!«

Letzten Endes spielten die Götter Ed Wilcox einen Streich. Ed, ein Mann der schlagfertigen Erwiderung, der schnellen, geistreichen Replik, ein Mann von unglaublicher und ergötzlicher Bosheit, gefürchtet von den Heuchlern, Arschlöchern und Langweilern, bekam Kehlkopfkrebs, was ihn seines Handwerkszeugs beraubte. O ja, er versuchte dranzubleiben, mit Gekrächze und hastig hingekritzelten Bemerkungen, aber es war nicht dasselbe. Es hieß, der Krebs hätte ihn fertiggemacht, aber ich glaube, es war der verbale *Coitus Interruptus*. Er mühte sich ab, die zahllosen stacheligen Worte aus seinem Mund zu stoßen, aber sie schafften es nicht über die Krebs-Sperrmauer und rutschten wieder runter, zersetzten sich und vergifteten ihren Schöpfer. Ed sprach nie schlecht über jemanden, außer über Angehörige der menschlichen Spezies, und wenn er sich jetzt im wärmeren Teil des Jenseits befindet, bin ich mir sicher, daß der Teufel ihn um Gnade anfleht.

Abend für Abend trafen sich dieselben Leute in dieser Kaschemme, aus Angst, etwas zu verpassen oder während ihrer Abwesenheit Opfer des Tratsches zu werden. Dieselben Besoffenen, dasselbe Gequatsche, derselbe Platz an der Bar, alldieweil uns der Alkohol vorgaukelte, wir wären alle aktive, vitale Leute, die ihr Leben in vollen Zügen genossen. Auch wenn diese Annahme fragwürdig erscheinen mag, hielten wir uns doch immerhin gegenseitig bei Laune.

Da war der Kerl, der in dem verzweifelten Bemühen, zu unserem erlauchten Kreis zu gehören, behauptete, er sei ein italienischer Prinz, obwohl er aus der Arbeiterschicht der Bronx stammte, was schwer zu verbergen war.

Dann war da Ching Lung, ein ehemaliger Student der University of Columbia, der einen Mercedes fuhr und ihn für gewöhnlich am Bordstein parkte. Sein Vater, ein General unter Chiang Kai-shek, lebte in Taiwan. Sein Onkel stand auf der Gegenseite, er war General unter Mao Tse-tung. Eine wahrhaft gespaltene Familie.

Brigid Berlin, Tochter von Richard Berlin von Hearst Publications, war ein rundliches Mädchen mit niedlichem Gesicht und großzügigem Naturell. Eines Abends schnappte sie sich Daddys Kreditkarte und ein knappes Dutzend von den Kumpels aus dem Clavin's und düste mit ihnen auf eine Spritztour nach Puerto Rico. Nach ihrer Rückkehr kursierte das Gerücht, man habe ihr aufgrund dieses kleinen Streichs eine längere Ruhe- und Erholungsphase verordnet.

Es gab auch jugendliche Trinker. Eine besonders geschmeidige Jungfer war in einen der älteren Stammgäste verliebt. Er versuchte wirklich alles, um sie ins Bett zu kriegen, aber ohne Erfolg, bis er ihr einen Heiratsantrag machte und sie überredete, mit ihm wegzulaufen. Er kriegte einen seiner Freunde dazu, sich als Priester verkleidet in eine Kirche in New Jersey zu stellen und die Zeremonie abzuhalten. Dann fuhr er schnell mit ihr in ein Motel, wo die Entjungferung stattfand. Sie war ein wenig verletzt, als er ihr die Wahrheit sagte, traf sich aber weiterhin mit ihm – ein Grundzug der menschlichen Natur, den ich heute sowenig verstehe wie damals.

George Hamilton, schon damals gebräunt und mit blendendweißem Gebiß. Douglas Fairbanks Jr., einem Häppchen Frischfleisch niemals abgeneigt. Walter Winchell Jr., ein gewalttätiger junger Mann, dem bei der Erinnerung an Adolf Hitler jedesmal die Tränen in die Augen stiegen. Auch sie gehörten zu den merkwürdigen Kneipengenossen jener verrückten Nächte. Ein seltsamer Haufen!

In meiner Bleibe in der Downing Street gab's so manche Spontanparty und oft Übernachtungsgäste. Einer von der Clavin's-Clique, Gordon Patterson, bat mich um Asyl, da seine Eltern ihn vor die Tür gesetzt hatten.

In dem, was wir scherzhaft unser »Wohnzimmer« nannten, stand ein Bett, und zwar ziemlich nah am Fenster. Unser guter Gordon, der die Angewohnheit hatte, mit Schuhen ins Bett zu gehen, zerdepperte mit dem Fuß eine von den Fensterscheiben. Ein Stück Pappe hielt daraufhin den größten Teil der hereindrängenden Elemente ab, und wenn es auch nicht gerade »kuschelig, heimelig und gemütlich« war, wie die Damen aus dem Club sagen würden, so war es immer noch besser als ein Iglu.

Eines windigen, schneegestöbrigen Winterabends legte ich mich schlafen, froh über die Wolldecke auf und die Zimmerdecke über mir. Der inzwischen zum Dauergast avancierte Patterson hatte sich auf dem anderen Bett zusammengerollt. Mein seliger Schlaf wurde von einer Wolke beißenden Rauchs gestört, die sich heimtückisch ins Zimmer schlich und meine Lungen durchdrang. Mit einem Satz sprang ich aus dem Bett, um den Ursprung des Rauchs zu erkunden, und siehe da, da lag unser dreister Gordon, sternhagelvoll, und schnarchte vor sich hin, während die Matratze direkt unter seinem Hintern schmorte. Die Pappabdeckung am Fenster hatte er offenbar rausgetreten, und das Fußende des Bettes war schneebedeckt. Gordon war ein Mann der Extreme – die Füße im Schnee, den Hintern in der Glut.

Eiligst schob ich den Schnee auf den brennenden Teil der Matratze und löschte sie, wie ich dachte. Doch etwa eine Stunde, nachdem ich mich wieder hingelegt hatte, kam der Rauch erneut ins Zimmer. Wieder sprang ich aus dem Bett, holte diesmal direkt einen Eimer Wasser und klatschte ihn über den bereits halbgaren Patterson. Der Kerl rührte sich kaum, aber meine Mission war erfüllt, das Feuer gelöscht, und ich düste wieder ins Bett.

Einige Zeit später wurde ich ohne jede Vorwarnung und ziemlich grob von einer Hand geweckt, die mich schüttelte und knuffte. Als ich die Augen öffnete, um festzustellen, wer es wagte, mich aus dem Schlaf zu reißen, hätte mich fast der Schlag getroffen. Ich erblickte einen Kopf mit einer Krone aus Eisstacheln, eisbesetzte, hervorstehende Augenbrauen und Wimpern und eine vereiste, tropfende Nase. Mit sehr hoher und empörter Stimme teilte mir der arktische Geist mit, er wäre um ein Haar erfroren. Nie zuvor in seinem Leben habe man ihm einen derart schrecklichen Ort zugemutet, er ginge jetzt, und es sei völlig zwecklos, ihn aufhalten zu wollen.

Bei genauerem Hinsehen stellte ich fest, daß der Geist Gordon Patterson war. Er erwähnte weder die zerbrochene Fensterscheibe noch die verbrannte Matratze, noch den einen oder anderen Dollar, den er zur Miete hätte beitragen können. *No Sir*, er ließ sich ausgiebig über die Mängel aus und verkniff sich jedes Wort der Dankbarkeit für seine rückhaltlose Aufnahme. »Na, denn tschüs«, sagte ich, und weg war er, und mit ihm ein paar von Franks guten Hemden und sein einziger Schlips.

Einige Zeit später baute sich eine Exfreundin von Gordon vor mir auf und schaffte es wie keine andere zuvor oder danach, mir die Sprache zu verschlagen, als sie sagte: »Ich begreife nicht, wie du in so einer Bruchbude leben kannst! Gordon ist so etwas nicht gewöhnt!«

Es ist vierzig Jahre her, seit mir diese Worte mit der Leidenschaft eines Emile Zola bei der Verteidigung von Dreyfus ins Gesicht geschleudert wurden, und wenn ich auch sonst, weiß Gott, nicht auf den Mund gefallen bin, habe ich darauf bis heute keine passende Antwort gefunden. Vielleicht werde ich auf meinem Totenbett irgendwas Kerniges und Treffendes murmeln, was dazu paßt, doch bis jetzt trage ich noch die schwere Bürde der Niederlage und Frank die des unwiderbringlichen Verlusts seiner Hemden.

Ein anderer Gast stahl Franks Regenmantel und ein weiterer seinen Schirm. Als Frank anmerkte – er war nicht der Typ, der sich beschwerte –, es sei doch merkwürdig, daß meine Gäste immer nur *seine* Sachen stehlen würden, erklärte ich ihm, sie empfänden es sicher als unhöflich, meine Sachen zu stehlen, da sie mich ja kennen würden, ihn hingegen nicht.

Frank sagte: »Verstehe«, was er vermutlich nicht tat, aber er war zu höflich, um nachzubohren.

Josh Reynolds (J. R. III., der Tabakkrösus) schaute regelmäßig in der Downing Street vorbei. Das war 1956, und er und Bill Galetly, sein Guru und Privatphilosoph, waren die ersten Leute, die ich getroffen hatte, deren Auswahl an Rauschmitteln über den bloßen Alkohol hinaus ins leicht Exotische ging. Wie es schien, erforschten sie mit einigem Aufwand die Auswirkungen verschiedener Chemikalien auf einen bestimmten Bereich des Gehirns. Es konnte durchaus passieren, daß die zwei, wenn ich nach Hause kam, über einer Schüssel hockten, den Kopf mit einem Handtuch bedeckt, und irgendwelche Dämpfe inhalierten. Wenn sie dann nach einer ihrer Forschungssitzungen verschwanden, war die ansonsten kahle Wohnung voll von allerlei Dunst, Rauch, Aromen, Pulvern,

Pillen und Kräutern, aber das schienen die Jungs nicht zu bemerken.

Galetly, ein absolut ehrlicher Mann, der es vermied, drinnen Kleidung zu tragen, sah aus wie Jesus nach ein paar üblen Tagen mit den Römern. Er lebte in ständiger Angst vor dem Telefon, weil es die Außenwelt repräsentierte. Aufgrund seiner eisernen Prinzipientreue mußten wir jedoch, wenn ein Anruf für ihn kam, immer warten, bis er – splitterfasernackt – in den Hausflur hinausgegangen war, um sagen zu können, er sei nicht da. Ich hatte etwas Mühe zu begreifen, weshalb er weiterhin anderen Leuten meine Nummer gab, damit sie ihn dort anrufen konnten.

Das italienische Paar von gegenüber war schockiert, dieses nackte Knochengestell im Flur eines anständigen Hauses herumlungern zu sehen. Die Polizei wurde gerufen, und nun versuchen Sie mal, jemandem zu erklären, daß Galetly im Flur war, weil er es noch genauer nahm als George Washington: Er konnte es nicht ertragen, zu lügen oder auch nur der Anlaß für eine Lüge zu sein. Für einen New Yorker Bullen ist Lügen normal, Nacktheit jedoch ist ein Zeichen für Perversion.

Galetly hatte außerdem einen Keuschheitseid geschworen und aß zudem kein Fleisch. Reynolds hingegen plagten keine derartigen Gewissensbisse. Er rauchte, trank Screwdrivers, der Vitamine wegen, nahm Drogen und gab sich sexuellen Vergnügungen hin, allerdings nur mit Callgirls. Er folgte dem Motto seines Vaters: »Bezahl gleich, dann brauchst du's hinterher nicht mehr zu tun.«

Später lud mich Josh nach North Carolina ein, zu einem Besuch bei seiner Mutter und seinen Brüdern John, Zack und Will. Vom Winston-Salem Airport nahm ich ein Taxi zu dem

»Haus«, wie Josh es nannte. Von wegen Haus – da stand eine riesige, imposante Villa, bevölkert von einem Heer wunderbarer Menschen, die sich um alles und jeden kümmerten. Befehligt wurde diese Armee von einer massigen schwarzen Lady, die eine verkehrtherum befestigte Armbanduhr an ihrem monumentalen Busen trug. Alles hatte sich nach diesem Zeitmesser zu richten. Sie regierte das Haus mit der Sanftmut einer Margaret Thatcher. Sämtliche Mitglieder des Haushalts, ob Familie, Freunde oder Angestellte, hatten Schiß vor ihr, sogar Joshs Mutter, die in Anspielung auf ihr Temperament »Blitz« genannt wurde.

Josh hatte Blitz erst in letzter Minute gesagt, daß er mich für eine Woche oder so eingeladen hatte, woraufhin sie mir ein Telegramm geschickt hatte, daß sie mich zu diesem Zeitpunkt nicht empfangen könne. Offenbar hatten sich jedoch meine Wege und die des Telegramms gekreuzt. Josh hatte keine Lust, mir von der Genervtheit seiner Mutter zu erzählen, und so war ich ein wenig überrascht über den frostigen Empfang in der reynoldsschen Villa. Doch da es eine waschechte Südstaatenfamilie war, in der Gastfreundschaft als höchstes Gebot galt, wurde das Telegramm mit keinem Wort erwähnt. Ich erfuhr tatsächlich erst von seiner Existenz, als ich nach New York zurückkehrte. Doch nach ungefähr einem Tag hatte ich es geschafft, die Reserviertheit der Mutter zu überwinden und sie sogar zu betören, so daß es noch ein recht angenehmer Besuch wurde.

Die Reichgeborenen haben eine ziemlich eigenartige Lebenseinstellung, sie sehen nämlich Dinge, die schierer Luxus sind, als Notwendigkeit an. Die Reynolds' besaßen drei Behausungen in der Gegend: die Villa in Winston-Salem, dann das, was Josh »die Farm« nannte, schlappe zwölftausend Hektar, etwa sechzig Kilometer entfernt, und schließlich eine sogenannte »Hütte« oben in den Bergen, ein kleines Anwesen von rund vierzig Hektar.

In Armut groß geworden, an einem Ort, wo es keine Arbeit gab, hatten meine Brüder und ich logischerweise nichts zu tun, als wir aufwuchsen, und hier brauchte ich ebenfalls nichts zu tun, was bewies, daß es keinen Unterschied zwischen den Reichen und den Armen gibt, außer der Armut.

Das auffälligste an der Ausstattung der Farm war die Waffensammlung, ein regelrechtes Arsenal: Handfeuerwaffen, Gewehre, Karabiner und sogar eine Art Maschinengewehr. Eines Tages, als Josh und ich gerade im Jeep die Einfahrt hinunterfuhren, wunderte ich mich über die kleinen Staubwölkchen, die in regelmäßigen Abständen vor uns vom Boden aufstiegen. Josh meinte, das sei vermutlich sein Bruder John, der vom Dach auf uns schieße, aber ich solle mir keine Sorgen machen, er sei ein miserabler Schütze, der schon froh sein könne, wenn er überhaupt die Einfahrt treffe.

Ich versuchte krampfhaft, mir nicht vorzustellen, wie eine Kugel in den oberen Teil meines Schädels eindrang, aber das ungute Gefühl blieb. Ich drängte Josh, schneller zu fahren, doch er lachte bloß sein heiseres, hinterhältiges, gemeines Lachen und amüsierte sich königlich über meine Nervosität. Aber wie man sieht, hab ich's überlebt.

Es war eine vom Schicksal verfolgte Familie. Bruder Zack war nach seinem Großvater benannt, der eines Neujahrmorgens erschossen aufgefunden wurde. Seine Frischangetraute, Libby Holman, eine laszive Nachtclubsängerin – was sonst? –, war angeblich nicht weit vom Tatort entfernt. Sie verschwand von der Bildfläche und tauchte, wie es hieß, ungefähr ein Jahr später wieder auf, mit einem Baby im Arm, das sie als Zacks

Sohn und damit natürlich Erbe des reynoldsschen Vermögens präsentierte. Der Junge, Chris, starb mit achtzehn bei einem Bergunfall. Zwei von Joshs Brüdern starben ebenfalls jung. Der eine beging Selbstmord, der andere kam bei einem Jagdunfall ums Leben. Und Josh brachte 1995 das Produkt um, mit dem die Reynolds reich geworden sind: die Camels.

In New York näherte sich der Sommer 1956 mit den ersten warmen Sonnenstrahlen, die das zähe Unkraut in den Ritzen zwischen den Steinen hervorsprießen ließen. Das war die gute alte Zeit, von der die Leute jetzt sprechen, als die U-Bahnen noch sicher waren, aber dafür mußte man aufpassen, wenn man mit den Nachrichten zu tun hatte, da einem jederzeit ein neuer Schwachsinn von Eisenhower, verpackt in seinen eigentümlichen Satzbau, entgegenspringen konnte. Nixon übte noch, seine Oberlippe in einer Grimasse ins Zahnfleisch zu klemmen, die er für ein Lächeln hielt. Rockefeller rockte quer durch die Stadt, und Bürgermeister Robert Wagner mit seinem Gesicht, das aussah wie ein verlassener Viehunterstand, drehte mit Mike Quill, dem am meisten vermißten Gewerkschaftsführer der Geschichte, seine Dinger.

Die Frauen standen damals noch in der Küche, und Schwarze waren unsichtbar. Chinatown war ein exotisches Ausflugsziel für Touristen, mit einer wohldosierten Prise Gefahr. Greenwich Village zog mit seinen Künstlern und Beats und den Schwulen, die sich auf der Straße schamlos küßten und Händchen hielten, die Spießer an.

Hoover hatte den Leuten ein Huhn in jedem Topf versprochen, doch statt dessen garantierte Joe McCarthy jetzt einen Kommunisten unter jedem Bett. Die Kirche wurde von einem speckigen kleinen Krämerssohn namens Kardinal Frankie Spellman geleitet, einem zweifelhaften Gesellen mit einer Schwäche für rosige Seminaristen. Später, als der dreiste Zwerg rüberflog, um die Gewehre zu segnen, mit denen die Vereinigten Staaten die Vietnamesen abschlachteten, erzählte man sich, es habe in Saigon einen Mordanschlag auf ihn gegeben – man hätte ihm einen vergifteten Chorknaben geschickt.

Der Senatsausschuß für unamerikanische Umtriebe jagte noch immer wild hinter den Kommunisten her. Drüben in Hollywood trieben John Wayne, Adolphe Menjou, Ward Bond und Konsorten, froh, sich nützlich machen zu können, brave Leute in Exil, Selbstmord und unvorstellbare Armut.

Aber von alldem wußte ich zu der Zeit noch nichts. Ich war vierundzwanzig und politisch unbedarft. Für mich war alles Amerikanische noch edel, richtig und gut, und wir warfen niemals Bomben ab oder brachten Leute um, es sei denn, sie hatten es verdient.

Einer von den Leuten, mit denen ich regelmäßig Rugby spielte, Jerry Lyons, M. I. T.-Ingenieur und vor kurzem entlassener Leutnant der Kriegsmarine, erzählte mir von einer Insel namens Fire Island. Man konnte sie nur mittels einer Fähre von Long Island erreichen, und im Sommer wimmelte es dort angeblich vor schönen Mädchen, deren vorrangiger Lebenszweck darin bestand, alle Männer zu vögeln, die ihnen zwischen die Beine kamen. Im Grunde, sagte er, mußte man bloß von Bord gehen, sich irgendein Häschen von der Pier schnappen, und ab ging's in ein feuchtfröhliches Wochenende.

Ich organisierte mir ein Haus und ein paar Mitbewohner.

Das Haus war eine heruntergekommene Bruchbude am Strand, mit alten, ausgeblichenen Gardinen und Türen, die nicht zugingen, kurzum: eine mittlere Katastrophe mit dem Charme eines Heuschobers in Alabama. In meiner Verkaufspräsentation für eventuelle Mitbewohner hingegen war sie nahezu eine Zweitausgabe des Hearst Castle. Drei Typen fielen auf meine Verkaufsmasche rein. Tom McLaughlin, Offizier bei der Kriegsmarine. Bob Plasto, ein britischer Bänker mit rotem Haar und heller Haut, der damals zwei Lebensziele hatte, von denen er weder das eine noch das andere verwirklichte: Er wurde nie braun, und er spürte nie die Schenkel eines Mädels vom Edel-College Vassar um seine Hüften. Der dritte Wohngenosse war Walter Marais, ein großer, hagerer Südafrikaner, vor dem keine reflektierende Oberfläche sicher war, sei es ein Spiegel, das Meer oder ein Stück von einer alten Lackdose. Die Frauen flogen auf ihn, da er ihnen, wie sie sagten, im Gegensatz zu den meisten anderen Männern wirklich zuhörte. Dachten sie – in Wirklichkeit versuchte er nur, einen Blick auf sein Spiegelbild in ihren Augen zu erhaschen.

Sechshundert Dollar für den Sommer, eine gewaltige Summe, doch meine Präsentation überzeugte sie. Als die drei ankamen und feststellten, daß die Hazienda nur einen Hauch besser war als eine Rumpelkammer, wurden Äußerungen der Unzufriedenheit laut. Empörung lag in der Luft, man warf mir arglistige Täuschung vor, bezichtigte mich der Lüge und des Betrugs. McLaughlin, der Marineoffizier, knurrte, er werde sehen, ob er mich nicht wegen Hochverrats drankriegen könne.

Sie blieben ein Wochenende, und damit hatte sich die Sache für sie erledigt. Ich hatte den abgewrackten Schuppen für den Rest des Sommers allein am Hals. Ein Freund, Steve Epstein, hatte mir ein weißes Cadillac-Cabrio geliehen, und so konnte ich immerhin nach New York düsen, um mir meine Dosis Kohlenmonoxyd zu holen und mich ein wenig herumzutreiben. Es war mir lästig, bei dieser Hitze in den Docks zu arbeiten, aber da ich nun mal meine Brötchen verdienen mußte, meldete ich mich auf eine Anzeige in einer Zeitung von Long Island, die versprach, als Verkäufer mit quasi null Arbeit einen Haufen Geld verdienen zu können. Das Produkt war die Bibel – ledergebunden und mit Goldschnitt für vierzig Dollar –, die King-James-Ausgabe für die Evangelen, die Douay-Version für die Papisten und das Alte Testament für unsere Leute.

Unser Boß erklärte uns, der Papst habe ihn für seine gute Arbeit zum Ritter des Malteserordens ernannt. Dann sagte er uns, wir sollten durch die Gegend laufen, an Türen klingeln, den Leuten erzählen, wir machten eine Gemeindeumfrage, und zusehen, daß wir einen Fuß in die Tür kriegen. Wenn die Opfer älter waren, sollten wir uns die Frau vornehmen, ihr klarmachen, daß ihr Mann sterblich sei und sie nach seinem Tod doch dieses wundervolle Buch mit dem weichen Ledereinband und den vergoldeten Seitenrändern mit ins Bett nehmen könne.

Das Wort Gottes war nicht mein Ding. Mir öffneten sich keine Türen, und nur allzubald wurde ich zum Duckmäuser, dessen Verkaufsargumentation auf eine negative Frage zusammengeschrumpft war: »Ich nehme an, Sie wollen nicht zufällig eine Bibel kaufen, oder?« Mit dieser Annahme lag ich immer richtig.

Tagsüber durch Bayshore zu latschen und abends mit der

Fähre nach Fire Island zurückzufahren wurde mit der Zeit ganz schön anstrengend, und die Fähre war auch nicht gerade billig. Die geniale Lösung bestand darin, das Evangelium an die Sonnenanbeter von Ocean Beach und Ocean Bay Park, zwei benachbarten Gemeinden auf Fire Island, zu verscherbeln.

Und so stapfte ich samstags und sonntags in der Badehose den Strand entlang, einen Wodka mit Grapefruitsaft in der einen Hand, die Bibel in der anderen. Ich schlenderte von einer Gruppe zur nächsten, und alle boten mir stets erfrischende Getränke an. Ich ermahnte sie, das Buch zu kaufen, um ihre Seele und meine Haut zu retten. Bei der Gelegenheit las ich die Offenbarung und die Genesis mit dem ganzen Zeug, von wegen eine Zeit zum Leben und eine Zeit zum Sterben und eine Zeit zum Arbeiten und eine Zeit zum Arbeitslossein und so. Ich suchte mir die saftigen Stellen im Hohelied Salomos heraus, las sie laut vor und wühlte die Leute mit der ganzen Fleischeslust auf, aber ich glaube, das brachte sie bloß in Stimmung für weitere lüsterne Unternehmungen, denn es kam nie zu einem Verkauf.

Irgendwer erwähnte mir gegenüber den Begriff »Arbeitslosenversicherung«. »Was'n das?« fragte ich, und man klärte mich auf. Eilends begab ich mich zum zuständigen Amt, meldete mich an und bekam die fürstliche Summe von dreißig Dollar pro Woche zugeteilt.

Viele von den großzügigen Leuten auf der Insel hatten mir ihren Hausschlüssel gegeben und boten mir an, mich an Schinken, Roastbeef, Kapaunen, Hähnchen, Eiern und allen möglichen anderen Resten gütlich zu tun und zu trinken, was immer gerade herumstand. Da während der Woche eine Menge junger Ehefrauen und Gespielinnen allein auf der

Insel waren, wurde ich als einziger Mann, der nicht in der Stadt war, um dem amerikanischen Traum nachzujagen, häufig eingeladen, einem einsamen jungen Ding beim Essen Gesellschaft zu leisten. Manche von ihnen gestanden mir, daß sie sich fürchteten, so ganz allein in einem Haus zu wohnen, das merkwürdige Geräusche von sich gab, als würden in den Wänden und Decken Tiere herumlaufen. Ich lehnte nie ab, wenn mich ein angsterfülltes Mädel anflehte, über Nacht zu bleiben, sie zu wärmen und vor der Dunkelheit und all den wispernden Geräuschen einer Nacht am Meer zu beschützen.

Es war eine himmlische, glückliche Zeit in meinem Leben, während der es immer ein Frühstücksei, ein Glas Whiskey oder eine Tasse Tee für mich gab und die einladenden Arme, Beine und Brüste einer ganzen Anzahl von leidenschaftlichen Frauen. Es gab nur eine einzige Wolke am Himmel, zwar nur eine kleine, aber immerhin eine Wolke, und das war die Sache mit der nicht verkauften Bibel.

Der Kumpel vom Papst, dieser Malteserritter, war hinter mir her, und eines frühen Morgens tauchte er plötzlich auf, als ich gerade im Begriff war, mich in Gottes beliebteste Öffnung zu versenken, ich oben, sie auf dem Rücken, hingegeben, zitternd, den Körper in schierer, besinnungsloser Ekstase gespannt, volle Lippen, schimmernde Augen, weit gespreizte Schenkel, pulsierendes Blut, die Ohren taub für jedwedes irdische Geräusch, doch das große Feuerwerk wurde von einer Stimme abgewürgt, die aufdringlich verkündete: »He! Ich hab' mit Ihnen zu reden.«

Meine Bettgenossin kreischte und schaffte es irgendwie, ihren gesamten Körper unter einem Kissen zu verstecken. Ich stand auf und erklärte dem Schwafelritter, er solle sich augenblicklich aus meinem Schlafzimmer verpissen, bevor ich ihn zu seinem Schöpfer schickte. Ich zog mir etwas über und ging raus, um mir diesen geistlichen Schlüssellochgucker vorzuknöpfen. Er sagte, er wolle entweder das Musterexemplar der Bibel zurückhaben oder mir noch eine letzte Chance geben. Woraufhin ich sagte: »Ich kündige!«

»Warum?« fragte er.

»Weil man kein Produkt verkaufen kann, an das man nicht glaubt.«

Am Anfang des Sommers, als ich auf Fire Island angekommen war, hatte ich mir eine hübsche, seidene Krawatte unter den Nagel gerissen und bald eine recht nützliche Einsatzmöglichkeit dafür gefunden. Ich erklärte allen Leuten in der unmittelbaren Nachbarschaft, die Krawatte um meinen Hals bedeutete, daß ich an dem Abend frei war und daß die Mädels sich der Tatsache bewußt sein sollten, daß ich dann den geringsten Small talk ihrerseits als Aufforderung zum Beischlaf verstehen würde. Die Krawatte am Hals bedeutete: »Die Flagge ist gehißt!«

Ich verbrachte viele dieser freien Abende in Flynn's Bar und lernte dort ein paar wunderbare Leute kennen, die lebenslange Freunde werden sollten. Jim Brady von *Women's Wear Daily* und später *Vogue* und *Parade* sorgte dafür, daß ich immer etwas zu essen und zu trinken bekam. Und Tom Stern, schon damals, im zarten Alter von zwanzig Jahren, ein hochintelligenter Kerl, der unaufhörlich, aber unwiderstehlich redete. Er hatte unglaublich viel gelesen und erinnerte sich an alles, sogar an die Seitenzahlen. Als ich eines Abends vom Flynn's über den Strand heimwärts schwankte, stolperte ich buchstäblich über Tom, der Richtung Flynn's schwankte.

Zum Glück war der Boden sandig und weich, und so blieben wir einfach bis zum Morgengrauen dort liegen, wo wir hingefallen waren. Er war auch einer von diesen sogenannten Sprößlingen. Sein Vater war der Verleger der *Philadelphia Daily News* und sein Großvater der Verleger der *New York Post*, als die noch eine anständige, liberale Zeitung war, lange vor ihrem Abstieg in den heutigen Schlamm.

Ein weiterer lebenslanger Freund, den ich in dem Sommer kennenlernte, war Pat McCormick, einer der witzigsten Männer der Welt. Vierzig Jahre lang hat er es immer wieder geschafft, mich zum Lachen zu bringen. Er und Tom O'Malley zogen oft zusammen am Strand irgendwelche Slapsticknummern ab. Da Pat knapp zwei Meter groß war und Tom einsfünfundsechzig, sahen sie aus wie Goliath und sein Gehstock.

Pat schrieb für Johnny Carson, Jack Paar, Dick Cavett, Merv Griffin, Danny Kaye, Red Skelton und Lucille Ball. Bobby Kennedy, der als Politiker ernste Arbeit erledigen mußte, brauchte mehr Humor in seinen Reden, und Pat lieferte ihn.

Tom O'Malley, der damals für den *TV Guide* schrieb, brachte die skandalöse Kleinigkeit ans Licht, daß eine gewisse Dorothy Kilgallen von der Spielshow *What's My Line?* durch ihre Maske sehen konnte und somit keinerlei Schwierigkeiten hatte, die »geheimnisvollen« Gäste zu identifizieren. Später wurde er Talentsucher für Jack Paar und Johnny Carson und machte zusammen mit Marge Green und Jimmy Desmond *Versteckte Kamera* zur witzigsten Fernsehsendung der damaligen Zeit.

Als der Sommer zu Ende ging, war ich verdammt traurig. Zum ersten Mal in meinem Leben war ich frei gewesen: befreit von Kleidung, von der Kirche, von kritischen Bemerkungen und vom Urteil der Nachbarn. Ich konnte essen, trinken, vögeln, schwimmen, laufen und reden, soviel ich wollte. Klingt hedonistisch? Tja, wenn man von Geburt an Opfer von zahl- und endlosen Vorträgen über jedwede Form von Sünde gewesen ist, ist es wohl nicht verwunderlich, wenn man sich als Reaktion darauf »Hoch lebe der Genuß« auf die Fahne schreibt.

Zum ersten und einzigen Mal in meinem Leben bin ich braun geworden, und es gab Momente dort am Strand, inmitten all der Farben, der Energie, der Körper, der Ballspiele und der albernen, lärmenden Rufe, in denen ich den Kopf zurücklegte, die Augen schloß und an das elende Slum in Limerick mit seinem Gestank, seiner Finsternis und seiner erdrückenden Hoffnungslosigkeit zurückdachte. In das Elend meiner Erinnerungen versunken, hing ich meiner tristen Träumerei nach, wohl wissend, daß ich nur den Kopf zu heben und die Augen zu öffnen brauchte, und schon war die Zeit vorgespult und ich im amerikanischen Himmel.

Für die vielen New Yorker, die sich samstags und sonntags dort einfanden, war es nur ein Wochenende in der Sonne. Für mich jedoch war es der Gipfel der Wonne. Es war Freiheit, Zwanglosigkeit, Unabhängigkeit, alles zusammengenommen, und manchmal rannte ich über den Sand, hüpfte und sprang umher, boxte in die Luft, stieß wilde Freudenschreie an die nachsichtig lächelnde Sonne aus, stürzte mich in das salzige Wasser des Atlantiks und wieder hinaus, um mit meinen Kapriolen fortzufahren, und es war mir egal, wenn die anderen dachten, ich sei komplett durchgeknallt.

O ja, das war der Sommer meiner Zufriedenheit. Auf der Insel gab es eine Sommerzeitung, die *Fire Island Press*, wenn ich mich recht erinnere. Eine der Kolumnen, die sich mit den kleineren Inselereignissen befaßte, enthielt meistens die eine oder andere Eskapade von mir, und an jenem letzten Tag, in der letzten Ausgabe, lauteten die letzten Zeilen der Kolumne: »Die Flagge ist eingeholt. Gute Nacht, Malachy, wo immer du jetzt bist.«

2

Malachys Aufstieg

Die Mutter liebte Liebeslieder, Liebesromane und Kinofilme – in Limerick sagten wir auch Streifen oder Kintopp. Sie konnte bis ins kleinste Detail nacherzählen, was in einem Streifen, den sie sich gerade angesehen hatte, passiert war, und abends spielte sie uns zu Hause die Szenen mit viel Seufzen und Lachen nach.

Die Brüder und die Freunde und ich liebten Gangsterstreifen und Cowboystreifen, und wir gingen rein, so oft wir konnten. Und Tarzan, heiliger Jesus, der hatte das große Los gezogen, mit seiner süßen Jane, die kaum etwas am Leib trug. Die Priester warnten uns vor Tarzan, denn lebte er nicht in Sünde mit dieser Verführerin Jane? Die beiden gingen nicht ein einziges Mal zum Abendmahl – und das konnten sie ja schließlich auch nicht, wo sie doch nicht verheiratet waren, oder? – und, mannomann, die waren nicht mal getauft, mit den beiden ging's direkt ab in die Hölle.

Einmal sah ich mir vier Vorführungen von Tarzan hintereinander an, weil ich dachte, irgendwann würde der winzige Fetzen, den Jane anhatte, mal hochrutschen und ich würde das gelobte Land zu sehen kriegen.

Der Vater wiederum meinte, wir sollten lieber patriotische Lieder singen und Geschichten von Irlands Kämpfen lesen, und wenn wir uns unbedingt Bilder angucken wollten, sagte er zu uns, könnten wir uns ja die heiligen Bilder an der Wand ansehen.

Von Fire Island zurück nach New York City, zurück zum Gehupe, zum Gedröhn, zu den Dezibel, zur stadttypischen Feindseligkeit – alles dazu bestimmt, die Leute daran zu hindern, auf ihrem Hintern sitzen zu bleiben und den Fortschritt aufzuhalten. Es gibt eine ganze Menge typisch amerikanischer Dinge, die man in New York nie zu Gesicht bekommt, und Veranden mit Schaukelstühlen sind so etwas.

Tagsüber trottete ich von der Downing Street zu den Docks, meldete mich und wurde angeheuert oder auch nicht, aber es war in jedem Fall okay, da ich weder Angst vor der Arbeit noch vor einem freien Tag hatte.

Ab und zu machte ich mich aus dem Staub und ging ins Theater, natürlich ohne jemandem etwas davon zu erzählen, weil ich keine Lust hatte, mich als Schwuchtel auslachen zu lassen. Zu der Zeit konnte man reihenweise ausverkaufte Theater in Brand setzen, ganze Heerscharen von Zuschauern auslöschen und ein Vermögen mit der Wette machen, daß dabei kein einziger Ire draufging, und so wußte ich, daß ich in sämtlichen New Yorker Theatern vor irgendwelchen Begegnungen der irischen Art sicher war.

Eines Freitags, als ich meinen Umschlag für eine ganz ordentliche Woche bekommen hatte, fast hundert Dollar, schwang ich mich ins Theatre East an der East Sixtieth Street, um mir drei Einakter von John Millington Synge anzusehen. Nie hat mich Sprache mehr verzaubert als an jenem Abend. Dieser atemberaubende Fluß, ein silbriger Wasserfall von Worten, bald menschlich, bald komisch, bald tragisch, die Sprache eines Volkes, das eine öde dahinplätschernde Sprache nahm, das Englische, und sie zum Tosen brachte. Als ich das Theater verließ, war mir ganz schwindlig von ihrer berauschenden Wirkung, so daß ich mehr schwebte als ging.

Am Ende des Blocks bohrte sich plötzlich ein atemberaubender Gedanke in mein Hirn: Wäre es nicht grandios, Schauspieler zu sein? Jesus! Heiliger Jesus, ja! Geh zurück und rede mit ihnen.

»Schon gut, schon gut, jetzt dräng mich nicht!« sagte ich zu mir, und bevor der Streit ausufern konnte, stiefelte ich zurück zum Foyer.

»Tschuldigung, Sir, könnte ich bitte mit dem Boß reden?«

»Meinen Sie den Produzenten?«

»Von mir aus.«

»Das bin ich«, sagte er.

»Gut. Ich hab' mir vorhin die Stücke angesehen und beschlossen, daß ich als Schauspieler in Ihrer Truppe mitmachen möchte.«

»Was haben Sie für Erfahrung?«

»Keine. Aber für das, was Sie hier machen, brauch' ich ja wohl auch keine.«

»Haben Sie Fotos dabei?«

»Ein Paßfoto. Reicht das?«

»Können Sie am Sonntag vorbeikommen und vorsprechen?«

Ich sagte ihm, ich könne sprechen, was er doch schon bemerkt haben müßte, aber er erklärte mir die Sache, und so willigte ich ein.

»Dann bis Sonntag um halb zwei«, sagte er.

Gestärkt durch ein paar Bloody Marys, kam ich, sprach vor

und siegte. Angenommen! Als Schauspieler in einer Off-Broadway-Show. Es war mir schnurzpiepegal, daß ich bloß fünfunddreißig Dollar pro Woche bekam, daß ich auf die Docks und meinen leicht gehobenen Lebensstandard verzichten mußte und daß die Proben auf der Stelle begannen, weil der Schauspieler, für den ich einsprang, in einer Woche gehen würde.

Die Produzenten, Dermot McNamara and Helena Carroll, ließen sich von meiner Großspurigkeit nicht aus der Ruhe bringen, da sie ganz genau wußten, daß die anspruchsvolle Arbeit als Schauspieler auch den arrogantesten Neuling zur Vernunft bringt. Der weibliche Regisseur führte mich ein, und zwar im wörtlichen und übertragenen Sinn. Ich hatte ein schnelles und gutes Gedächtnis, sie gab mir die Einsätze, und oft genug waren wir früher fertig als geplant. Praktischerweise stand auf der Bühne ein Bett, und so hatte sie keine Mühe, mich zu der einen oder anderen Nachhilfestunde in Sachen Standfestigkeit, Ausdauer und Rhythmusgefühl zu bewegen. Obwohl es keinen Beifall gab, endeten unsere Proben stets mit einem bewegenden Höhepunkt. Welch ein Einstieg ins Theater!

Als ich dann meinen ersten Auftritt hatte, regnete es Beifall und Umarmungen, und meine Mentoren sagten mir, sie hätten jetzt Lacher, wo vorher keine gewesen seien. Es war ein schöner Job, und ich mußte bisweilen aufpassen, daß mir die Hemdknöpfe nicht abplatzten, so stolzgeschwellt war meine Brust. Die Lobpreisungen nahmen kein Ende, die Presse verwöhnte uns, und es kamen immer mehr Leute, um sich die Stücke anzusehen.

Wie es der Zufall wollte, war das Clavin's nur zwei Blocks entfernt. Dorthin verzog ich mich nach den Aufführungen mit ausgewählten Mitgliedern des Publikums zum Feiern. Eines Abends sagte Clavin: »Wenn du schon diese ganzen gottverdammten Leute anschleppst, dann schwing dich gefälligst auch hinter die Bar und bedien sie.«

Magill hatte nichts dagegen, da er grundsätzlich Hektik nicht leiden konnte, von wegen Sprößling aus gutem Hause und so weiter.

So begann meine Karriere als Barmann. Welch eine Machtposition hat der Mann hinter der Theke! Genau wie der Geschäftsführer hinter dem riesigen Schreibtisch, der Professor hinter dem Podium, der Richter auf seiner Bank, der Schauspieler auf der Bühne – doch mehr noch vielleicht wie der Priester am Altar. Der Barmann verteilt, genau wie der Priester, Wein und Wasser. Er murmelt Beschwörungsformeln: Ein Dollar zehn plus ein Dollar zehn macht zwei Dollar zwanzig, plus Mehrwertsteuer, macht zwei Dollar dreißig. Seine Gemeinde besteht aus Bittstellern, die um Gnade ersuchen, die er im Austausch für einen entsprechend großzügigen Obolus auch gewährt. Er lauscht den Beichten von Missetaten und erteilt den Sündern Absolution, und am Ende des Abends stößt er den alten Ruf aus: *Ite Missa Est* – geht, erzählt euren Mist woanders –, schließt ab und legt sich mit dem zufriedenen Gefühl ins Bett, seiner Gemeinde wohl gedient zu haben.

Innerhalb von zehn Tagen schlug mein bis dato gewöhnliches Leben einen völlig neuen Pfad ein, der bis zum heutigen Tag ein heiterer und verrückter und trauriger gewesen ist. Ins Theater kamen die Leute, um mich auf der Bühne zu sehen, andernfalls war das Eintrittsgeld für die Katz, und im Clavin's sahen sie mir zu, um sicherzugehen, daß sie ihren Drink von mir bekamen. Ich war zu einer Attraktion geworden – ich war *in*.

Im hinteren Bereich des Clavin's, das kaum größer war als ein Schuhkarton, befand sich ein Piano, an dem sich verschiedene Stammgäste abwechselten. Sam Anderson, der Feste, spielte den üblichen Cocktailkram wie Cole Porter, Irving Berlin und Co., bekannte Broadwaymelodien eben.

Im Wechsel mit Sam kam oft Fulton (Buddy) Lewis III., dessen Vater, Fulton Lewis Jr., ein bekannter rechtslastiger Radiosprecher und Busenfreund von Joseph McCarthy und diesem anderen Schwachkopf namens Roy Cohn war. Buddy zog zahllose junge Blondinen an. Er spielte ziemlich schlecht, überspielte das aber, indem er ihnen tief in die Augen sah.

Mit der Alterskontrolle nahmen wir es in der Bar nicht so genau, und so ist es gut möglich, daß Buddy den hübschen jungen Dingern, die er flachlegte, hinterher bei den Hausaufgaben helfen mußte.

Ein weiterer Einspringer war Peter Duchin, der später mit seinem Orchester berühmt wurde. Er war Halbwaise und wurde von der Familie Harriman großgezogen. Ein netter Kerl und ein phantastischer Musiker.

Dann gab es da einen jungen, vielversprechenden Schauspieler names Warren Beatty, dessen Schwester Shirley MacLaine damals in einer Broadway-Show auftrat und ihm damit den Weg zur Bühne ebnete. Shirley und ich sind gealtert, Warren kein bißchen.

Eines Abends nahm Lewis ein paar von uns mit zu einer öffentlichen Versammlung der Kommunistischen Partei, dem Herd »unamerikanischer Aktivitäten«. Der Parteiboß, Gus Hall, erkannte ihn als Sohn von Fulton Lewis Jr. und verspottete ihn vom Podium aus, bis Lewis aufstand und ging. Er bat uns, Notizen von dem zu machen, was sich in seiner Abwesenheit abspielte, doch das einzige, was mich interessierte, waren die Leute. Mag sein, daß sie Kommunisten waren, aber auf mich wirkten sie absolut amerikanisch.

Später an dem Abend trafen wir den guten alten Buddy wieder, der sich in eine heftige Tirade über eine jüdisch-kommunistische Verschwörung stürzte, deren Plan darin bestand, sämtlichen Privatbesitz zu konfiszieren und eine der Promiskuität geweihte Gesellschaft zu gründen. Und das von einem Typen, der sein Würstchen jeden Abend in ein anderes Senfglas tunkte. Und beim Allmächtigen, wenn er könnte, wie er wollte, würde er die ganzen Juden in die Sahara schleifen und eine Atombombe auf sie werfen.

Da ich in dieser Gesellschaft noch ziemlich neu war und mich mit dem Protokoll nicht auskannte – und wenn ich gefragt hätte, hätte mich Lewis wahrscheinlich auf *Das Protokoll der Weisen von Zion* verwiesen –, fragte ich mich, wieso ich hier saß und mir anhörte, wie dieser Hohlkopf davon schwafelte, Millionen von Menschen umzubringen. Woraufhin ich ihm zu verstehen gab, daß ich mich, falls er nicht umgehend mit diesem gottverdammten Bockmist aufhörte, gezwungen sähe, ihm meine Faust bis zu den Mandeln in sein beschissenes Maul zu rammen. Er wechselte dann das Thema.

Die Irish Players Company, die Truppe, bei der ich als Thespisjünger angestellt war, hatte zwei gute PR-Leute, John Bruder und Howard Attlee, und die beiden schleppten mich im großen Stil durch die Stadt. Eine der PR-Aktionen bestand in einem Auftritt in Dumonts Channel 5, bei einer Show mit dem Titel *Nightbeat*. Im Verlauf des Interviews brachte mich der Talkmaster auf das Clavin's und seine Ansammlung von Spinnern, Schmeißfliegen und halbberühmten Pianisten. Mein

Talkmaster fragte mich, ob Fulton Lewis, dieser wandelnde Scheißhaufen, die Ansichten seines Vaters, des Genies, teile. Ich sagte, das nähme ich an, und erzählte von dessen Plan, die gesamte hebräische Bevölkerung auszulöschen.

Es war eine Livesendung, so daß nichts herausgeschnitten werden konnte. Die Schadensbegrenzungstruppe trat in Aktion, aber zu spät. Dies ist nicht meine Meinung, nicht die des Senders, des Sponsors, der Empfangsdame und so weiter. Lewis der Ältere – wie schon erwähnt Busenfreund von Joe McCarthy und Roy Cohn, diesem schwulen Homophoben, der an Aids starb – verlor mehrere Sponsoren seiner miesen Radiosendung und klagte auf eine Million Dollar Schadensersatz. Er verklagte mich, den Sender, die Sponsoren, den Talkmaster und die Empfangsdame.

Meinen Lebtag habe ich mich nicht so geschmeichelt gefühlt. Wenn die mich in den Slums von Limerick jetzt sehen könnten, eine ganz große Nummer, verklagt auf eine Million. Himmel noch mal, ist Amerika nicht ein wundervolles Land, wenn ein junger Taugenichts, ein halber Rowdy, der gerade mal zehn Minuten im Land ist, auf eine Million verklagt wird? Das nenn' ich Aufstieg!

Endlose Konferenzen und Besprechungen wurden zu der Sache abgehalten, da Lewis Senior verlauten ließ, er würde auf die Klage verzichten, wenn ich mich entschuldigte. »Kommt gar nicht in die Tüte«, sagte ich. »Sohnemann hat gesagt, was ich gesagt hab', daß er's gesagt hat, und ich entschuldige mich nicht dafür, daß ich die Wahrheit gesagt hab'.«

Die ganze Geschichte, die nach der ersten wichtigtuerischen Aufregung ziemlich öde wurde, kam schließlich zu den Akten, indem ich verkündete, es täte mir leid, daß die Familie Lewis wegen meiner Bemerkungen solche Unannehmlichkeiten und Verluste erlitten habe, obwohl sie der Wahrheit entsprachen. Es täte mir leid, daß der Sender Sponsoren verloren und die Empfangsdame solchen Ärger gehabt habe. Sie seien nur unschuldige Zuschauer gewesen, als ich meine verbale Breitseite abgefeuert hätte.

Und so endete meine erste Schadensersatzklage über eine Million Dollar.

An einem weiteren geräuschvollen Abend im Clavin's klingelte das Telefon, und es war für mich. Die Stimme am anderen Ende gehörte einem gewissen Tom O'Malley. Wir hätten uns auf Fire Island kennengelernt, als ich das Wort Gottes am Strand verbreitete, und ich sei doch derjenige, der Rechnungen immer mit dem Aufdruck »Verstorben« zurücksandte. Er sei mittlerweile Talentsucher für die *Tonight Show*, die von einem Typen namens Jack Paar moderiert werde, und ob ich nicht Lust hätte, als Studiogast in die Show zu kommen und ein paar von meinen wilden Geschichten zu erzählen, sie würden mir dreihundert Dollar dafür zahlen.

Heiliger Strohsack! Die sind alle verrückt hier in Amerika – erst verklagen sie einen dafür, daß man redet, dann bezahlen sie einen dafür, daß man redet. Aber es war immer noch besser als in Irland, wo sie mir immer sagten, ich solle die Klappe halten, ohne mir was dafür zu zahlen.

Der Tag, an dem dieses bedeutsame Ereignis stattfinden sollte, war der erste Tag des Jahres 1958, der Neujahrstag. Da dies außerdem Hogmanay war, der wichtigste Feiertag der Schotten, an dem sie jedem Fremden ihre gastfreundliche Tür öffnen, und mir der ganze Zauber völlig wurscht war, lieh ich mir Kilt und Sporran und einen *Sciandhu*-Dolch und stiefelte damit quer durch die East Side, von Party zu Party.

Ganz New York übte sich im Gläserstemmen, und die Lippen kosteten die erstaunlichsten Getränke, zum Beispiel Eggnogs aus Straußeneiern, Yak-Milch und einem Saft aus vergorenen Maden, der aus dem Regenwald importiert war. Außerdem Whis*key*, Whis*ky*, Wein, Sherry, Portwein, Longdrinks, Shortdrinks, echten Irish Coffee (mit -key), unechten Irish Coffee (mit -ky), Rum und sogar Bier. Die sogenannten »offenen Häuser« fanden sich überall, es gab flüssige und feste Nahrung in rauhen Mengen, und für einen Kerl wie mich, mit einem hervorragenden historischen und sonstigen Gedächtnis, in dessen Heimatland die letzte Hungersnot erst knapp hundert Jahre zurücklag, war das genau das richtige.

Ich staunte immer wieder, wie viele und welch ausgefallene Sachen es gab, und daß Dinge, die in Irland unerschwinglicher Luxus waren, hier als vollkommen normal, ja fast lebensnotwendig galten. Whiskey gab es nicht nur an Weihnachten oder bei einem Todesfall, sondern rund ums Jahr, und wenn die Vorräte erschöpft waren, rief man einfach bei einem Schnapsladen an und ließ sich Nachschub liefern. Die Leute maßen die Drinks nicht ab und sahen einem auch nicht beim Trinken zu, sondern sagten bloß mit einer nachlässigen Geste: »Bedien dich!« Wenn Chicago die »Stadt der breiten Schultern« war, wie Sandburg mal gesagt hatte, dann war New York die »Stadt der großen, gebenden Hand«.

Nachdem ich die Festivitäten in zahlreichen Wohnungen angetestet hatte, trudelte ich bei Tom O'Malley ein, irgendwo in den East Fifties. Was da an dem Tag ablief, war für ihn völlig normal, aber bei jedem anderen wäre es der helle Wahnsinn gewesen. Pat McCormick, in ein Laken gewickelt, das eine Windel darstellen sollte, verkörperte das neugeborene Jahr und verlangte, die Altersgrenze für alkoholische Getränke auf ein Jahr herabzusetzen. Angesporet wurde er dabei von seiner Schwester Mona, einer jungen Frau, die mit ihrem Lachen einen ganzen Raum anstecken konnte. Irgendwann tauchten auch Jonathan Winters und Dick Cavett auf. Die Luft schwirrte nur so von Bonmots, schlagfertigen Antworten, Geistesblitzen, Spötteleien und Wortspielen, wie die Pfeilgeschwader bei der Schlacht am Little Big Horn, und wie immer im Kreis von geistreichen Leuten ergaben sich die Scherze ganz von selbst.

Doch dann rief die Arbeit, und O'Malley mußte mich zur *Tonight Show* bringen, die vom Hudson Theater an der West Forty-fourth Street gesendet wurde, und Sie können mir glauben, es *war* live und spontan. Paar war einer von denen, die sich den Kopf nicht mit überflüssigem Müll vollstopfen wollten. Für die intelligenten Fragen an die Gäste hatte er Hugh Downs engagiert, einen der wahrhaft großen Köpfe des Fernsehens. Der Reiz der Show lag in der Intelligenz und dem gewollten Nichtwissen von Jack Paar einerseits und der Intelligenz und dem Wissen von Hugh Downs andererseits.

Wir kamen so gegen halb elf hinter der Bühne an, wo die anderen Showgäste schon warteten. Es gab einigen Wirbel, um mir einen Kaffee einzuflößen, da die Leute immer noch meinten, Kaffee mache Besoffene nüchtern. Doch der alte Spruch stimmte damals genauso wie heute: Ohne Kaffee hat man einen Besoffenen, mit Kaffee einen hellwachen Besoffenen.

Ich trank den Kaffee und wurde den anderen Gästen vorgestellt. Elsa Maxwell war einerseits Klatschkolumnistin der sogenannten Gesellschaft und andererseits die Schiedsstelle dafür, wer überhaupt zur Gesellschaft gehörte. Praktisch.

Anglophilen, neureichen Arschkriechern vermittelte sie gegen eine entsprechende Gebühr den Herzog und die Herzogin von Windsor als Partygäste. Wenn ich mich nicht täusche, sahen diese Gebühren etwa so aus:

5000 Dollar, damit sie zu einer Cocktailparty kamen,

10 000 Dollar für ein Mittagessen,

20 000 Dollar für Cocktail und Dinner.

Elsa M. hatte als junges Mädchen in einem der großen Hotels in San Francisco Klavier gespielt, und zwar in dem Hotel, in dem auch Enrico Caruso gewohnt hatte, als das große Erdbeben von 1906 ausgebrochen war. Das einzige, was Caruso sich damals schnappte, war ein Foto von ihm selbst. Elsa wiederum schnappte sich Caruso, und dann machten sich die beiden vom Acker.

Sie war inzwischen um die Siebzig, eine stämmige, unförmige Lady mit mehr Kinn, als gut für sie war. Irgendwo hatte sie sich einen britischen Akzent aufgegabelt, und wenn sie ging, sah sie aus wie eine spanische Galeone. Ihre Gewänder stammten vermutlich eher von einem Segelmacher als von einem Schneider. Und alles umschwänzelte diese selbsternannte Richterin über Gesellschaft, Mode und Persönlichkeit.

Die Moral von der Geschichte: Wenn du fett, unattraktiv und unmöglich angezogen bist, gewöhne dir einen britischen Akzent an, studiere die spanische Armada, segele in die Boudoirs der Möchtegerns, höre dir ihren Schwachsinn an, und schon bist du ganz oben.

Jack Paar, unser leicht neurotischer Talkmaster, hatte eine Schwäche für Außenseiter-die-ganz-von-unten-kommen-Typen und Exzentriker wie Alexander King, der heroinsüchtig war, bevor es als schick oder auch nur als akzeptabel galt. King verachtete alles Populäre und Modische, und wenn er neben Paar saß, ließ er gern eine zungenfertige Lawine deftiger, aufrührerischer, verschrobener intellektueller Schmähreden über Idioten, Broker, Akademiker und Theologen los, ganz zu schweigen vom Militär. Je mehr er Amerikas sogenannte Elite beleidigte, desto mehr liebte sie ihn. Er war an dem Abend, als ich debütierte, ebenfalls zu Gast, aber falls noch weitere Geladene anwesend waren, so fiel meine Erinnerung daran dem bernsteinfarbenen Flaschengeist zum Opfer.

Als der Moment meines großen Auftritts gekommen war, führte man mich von der Garderobe in eine stockdunkle Ecke hinter der Bühne und sagte mir, ich solle dort warten. Dann hörte ich, wie Paar die Einleitung machte, der Vorhang ging auf, und jemand schubste mich ins Licht. Das Orchester spielte einen irischen Reel, das Publikum klatschte wie wild, und die unglaublich grellen Scheinwerfer blendeten mich völlig. Paar schob, was, wie man mir hinterher sagte, absolut ungewöhnlich war, zwei Stühle vor den Tisch, an dem das Gespräch eigentlich stattfinden sollte.

Von dem Abend gibt es nicht die winzigste Aufzeichnung, da es damals noch kein Video gab und die Filmrolle verschollen ist, aber das Publikum lachte fast ununterbrochen, und Paar und Downs schienen schwer erheitert, obwohl ich mich nicht erinnern kann, was ich gesagt habe. Paar lud mich ein, bald wiederzukommen, und dann verdrückte ich mich, um meinen Zug durch die Gemeinde fortzusetzen.

Mein alter, hemdenklauender Übernachtungsgast Gordon Patterson entschloß sich dank meines neu erworbenen Ruhms, wieder mit mir zu sprechen. Er ging gerade mit einem Mädel, dessen Vater Offizier in der zaristischen Armee gewesen war, und steckte ständig mit dieser heruntergekommenen Sippschaft herrenloser russischer Aristokraten zusammen. Da gab's Grafen und Gräfinnen, Barone, Fürsten und Fürstinnen, die als Türsteher, Schneiderinnen, Haushälterinnen und Kindermädchen arbeiteten, doch hin und wieder traf man sich in einer Wohnung in der Park Avenue, deren Besitzer verreist war, um Stalins Tod, Chruschtschows Vertreibung, das russische Osterfest oder sonstwas zu feiern. Gordon sorgte dafür, daß ich zu einer solchen Party eingeladen wurde.

Einer von ihrer Sippschaft arbeitete bei einem Drucker und nutzte die Gelegenheit, die aufwendigsten goldgeprägten Einladungskarten zu drucken, die ich je gesehen habe. Unter dem Zarensiegel stand: »Fürst und Fürstin Karisowsky sowie Graf und Gräfin Petruschka geben sich die Ehre, Malachy McCourt zu einer Feier anläßlich der Einstellung von Prinzessin Nicorder bei Bloomingdale's einzuladen.« Unten links befahl die königliche Einladung »Bitte Getränke selbst mitbringen« und unten rechts »Abendanzug«.

Natürlich bin ich hingegangen. Sollte ich mir vielleicht diese Gelegenheit entgehen lassen, mich unter königliche Gestalten zu mischen? Ich schnappte mir also ein Fläschchen Powers Irish Whiskey, ungefähr das Format, das man im Flugzeug serviert kriegt, und dann nichts wie hin zu meiner ersten Park-Avenue-Fete!

An dieser Stelle sollte ich erwähnen, daß ich mich ein paar Jahre zuvor bei einem kurzen Besuch bei der Heilsarmee mit einem anständigen Smoking samt weißen Manschettenknöpfen, Stehkragen und schwarzer Fliege versorgt hatte, so daß ich mich jederzeit zwanglos unter die Pinguine dieser Welt mischen konnte. Mir war aufgefallen, daß New York einen smokinggekleideten Mann immer mit offenen Armen empfing. Wenn ich in schlechten Zeiten mal ein gutes Abendessen brauchte, verriet mir ein schneller Blick in die Zeitung, welche Tagungen gerade stattfanden, und zahllose Male spazierte ich zum Waldorf-Astoria und schummelte mich mit Witz und Charme in irgendein Dinner. Ich nahm an den Essen von Stahlfabrikanten, Eisenwarenhändlern, Modemachern, Zeitungsverlegern und einmal auch an einem unvergeßlichen Essen von Reedereibesitzern teil.

Nachdem man sich mit der Bemerkung »Ich war nur mal eben draußen« an den Leuten mit der Namensliste vorbeigedrückt hat, sucht man sich einen Tisch, der nicht voll besetzt ist, und fragt, ob man sich einen Moment dazusetzen darf, da der Freund, auf den man wartet, noch nicht da ist. An diesem speziellen Abend stand südafrikanische Languste auf der Speisekarte, und ich verkündete gebieterisch, dieser Meeresbewohner könne keinesfalls ohne die Begleitung eines wohlgekühlten Heineken verspeist und verdaut werden. Die meisten Menschen trauen sich nicht, derartig überzeugt geäußerten Feststellungen zu widersprechen, aus Angst, etwas Falsches zu sagen, und so nickten alle brav, um zu zeigen, daß auch sie im Besitz dieser offenkundigen Weisheit epikureischer Lebensart waren.

Eine Anfrage an den Kellner bezüglich des besagten kühlen, bernsteinfarbenen Getränks entlockte ihm die Antwort, er sei lediglich befugt, Wein auszuschenken. Leiser Unwillen umwaberte den Tisch wie eine Nebelbank. Ein gewaltiger, gieriger Bierdurst hatte sämtliche Kehlen ausgedörrt, und eine Revolte drohte auszubrechen, falls das Ersehnte nicht umgehend geliefert wurde.

Ich erbot mich, die entsprechende höhere Stelle ausfindig zu machen und dafür zu sorgen, daß unser Durst gestillt wurde, was einstimmig angenommen wurde. Ich wies darauf hin, daß möglicherweise ein paar unterstützende Dollar nötig sein würden, aber leider hätte ich meine Brieftasche zu Hause vergessen, und prompt wurden mir ein paar Fünfer und Einer gereicht.

Ich wand mich durch den überfüllten Saal, in Richtung der Schwingtüren, die in stetem, gleichmäßigem Rhythmus Kellner ausspuckten. Direkt daneben stand, offenbar in Gedanken versunken, ein untersetzter Mann mit der arroganten Aura eines Oberkellners. Ich nahm zwei Einer heraus und wedelte damit vor seiner Nase herum. Es gelang mir gerade noch, die Anrede »Guter Mann« herunterzuschlucken, aber die Sache mit dem Heineken und der südafrikanischen Languste bekam er natürlich serviert.

Sein Blick wanderte von den Dollarscheinen zu meinem Gesicht, und er fragte mich, wer ich sei.

»Ich heiße Malachy McCourt«, sagte ich.

»Zu wem gehören Sie?«

»Tisch 47.«

»Ich meine, zu welcher Reederei.«

»Farrell Shipping Lines.«

»Seit wann?«

»Seit fünf Jahren und viereinhalb Monaten.« (Eine so präzise Antwort verleiht einer Geschichte immer Glaubwürdigkeit.)

»Ich werde Ihnen jetzt mal was sagen, wer immer Sie sind. Der Gastgeber dieses Dinners ist Farrell Shipping Lines. Ich bin John Farrell, Präsident von Farrell Shipping, und wenn Sie nicht auf der Stelle Ihren verlogenen Arsch hier rausbewegen, werde ich Sie an die Luft setzen lassen.«

Ich ging, und wenn auch meine Würde ein wenig gelitten

hatte, besaß ich ja immerhin noch meinen Smoking und die vierzehn Dollar von der Kollekte am Tisch, mit denen ich mir anderswo ein Abendessen besorgen konnte.

Doch zurück zu dem russischen Aas, das in der Park Avenue auf mich wartete. An der Tür stand ein finsterer Kerl in einer ziemlich farbenfrohen Livree samt Schnallenschuhen, der mich nach meinem Namen fragte, dann mit einem schweren, reichverzierten Stab auf den Boden klopfte und verkündete: »Mr. Malachy McCourt.« Da ich keinen Titel hatte, beachtete mich niemand.

Ein anderer livrierter Lakai führte mich zur Bar, wo ich meine kostbare Miniaturflasche Whiskey ablieferte. Mit schwungvoller Geste schrieb der Barkeeper meinen Namen auf ein Schild, das deutlich größer war als die Flasche, und ein weiterer zaristischer General teilte mir mit, es sei ein Korkgeld von fünf Dollar zu entrichten, was wesentlich mehr war als der Preis, den ich für den Powers bezahlt hatte. Ich schob den Fünfer rüber und verlangte einen Whiskey aus meiner Flasche, der mir auch umgehend in einem Kristallglas serviert wurde, und damit stürzte ich mich in das Gewimmel aus medaillenbesteckten Männern und juwelenbehängten Frauen mit Blechdiademen im Haar.

Es gab eine Menge Verbeugungen und Knickse, Euer königliche Hoheit hier und Euer Exzellenz da, Handküsse und gelegentliches Hackenzusammenschlagen. Mein hemdenklauender Freund Gordon Patterson war mit seiner Süßen da, lächelte und tauschte Nichtigkeiten mit all diesen Türstehern und Schneiderinnen in Zivil aus.

Ich kehrte zur Bar zurück, um einen Nachschlag aus meiner persönlichen Flasche zu holen, aber der Barmann sagte mir, da sei nichts mehr drin. Ich wetterte los, die Zaristen hätten schon ganz Rußland ausgeraubt, und nun klauten sie auch noch meinen Whiskey. Nur um mich zum Schweigen zu bringen, gaben sie mir einen Drink aus der Flasche von jemand anderem.

Ich stellte mich zu einer Gruppe, in der sich ein aufgeplusterter Typ darüber ausließ, daß es mit der Welt weit besser stünde, wenn sich die Vereinigten Staaten und Großbritannien mit Hitler verbündet hätten, um Stalin zu besiegen. Woraufhin ich sagte, meiner Ansicht nach habe Lenin gute Arbeit geleistet, als er sich den Zar und all die anderen Parasiten vom Hals schaffte, die dieses umnachtete Land verseuchten, ein Land voller Gecken und Dandys und aufgedonnerter Frauen, in dem sich der Zar goldene Eier anfertigen ließ, weil er selbst keine hatte. Als ich meine geistvolle Rede beendet hatte, herrschte zunächst Totenstille, gefolgt von ein paar Japsern und Grunzern, und dann stürzte sich die gesamte kostümierte Gesellschaft auf mich.

Ich machte kehrt, wehrte Fäuste, Fächer, Schuhe und sonstige Waffen ab, entriß dem Kerl an der Tür seinen Stab und hielt mir den rasenden Mob mit ein paar kraftvollen Stockschwüngen vom Leib.

Ich ließ den Aufzug Aufzug sein, rauschte mit Volldampf an den verdutzten Türstehern im Foyer vorbei und hinaus auf die Straßen meines geliebten New York, wo ich noch nie von irgend jemandem angegriffen worden bin. Ein verdammt gefährlicher Haufen, diese Zaristen, und so empfindlich! Meiner wohlüberlegten Meinung nach kann ein aufgebrachter Haufen von gichtgeplagten Pseudoroyalisten einer Demokratie mehr Schaden zufügen als alle Maos und Stalins zusammen. Die Behörden sollten sie im Auge behalten.

Nur für den Fall, daß Sie sich fragen, was mit dem Stab

passierte: Ich drückte ihn bei meiner Flucht vor den königlichen Angreifern einem der überraschten Türsteher in die Hand. »Kein Wunder, daß die Bolschewiken sie rausgeschmissen haben, mit ihren schillernden Uniformen und Ballkleidern«, murmelte ich vor mich hin, als ich mich auf die Suche nach einem gastfreundlicheren Haus machte. »Protzen mit ihrem Reichtum, verprügeln die Bauern, futtern und picheln bis zum Umfallen und machen einen auf französisch. Wenn sie nur mal ihre eigenen hellsichtigen Dichter gelesen hätten, Tolstoi, Dostojewski und den guten alten Nicky Gogol, hätten sie vielleicht noch auf den rechten Weg gefunden und ihren Reichtum mit den anderen geteilt, dann würden sie jetzt nämlich nicht in anderer Leute Wohnung heimlich Partys feiern und eines braven Iren Recht auf freie Meinungsäußerung verletzen.«

Sie haben mich nie wieder eingeladen. Von mir aus können die sich ihre königlichen Eier sonstwohin stecken.

Magill vom Clavin's hatte sich zwischen seinen Besuchen in exklusiven Heilanstalten und der Arbeit hinter der Bar ein Auto gekauft, das ihm eine Menge Ärger und Unannehmlichkeiten verursachte, wegen der Parkerei und der generellen Verantwortung für ein großes, hilfloses, unbelebtes Objekt, das in bezug auf Pflege, Wartung, Benzin, Zulassung und so weiter völlig von ihm abhängig war. Ich bot ihm an, mich darum zu kümmern, sofern ich außer dem Benzin keine Kosten übernehmen müßte. Das Autofahren hatte mir ein verrückter Südstaatler namens Robinson Carleton Jones beigebracht, als wir beide als Betonprüfer an der Jersey Turnpike gearbeitet hatten. Als Magill mir anbot, seinen Wagen zu benutzen, schien sich ein weiteres Stück des amerikanischen Traums zu verwirklichen. Ich dachte, die gesamte Bevölkerung dieser Großstadt New York würde zusehen, wie ich in dem weißen Chevrolet mit den Heckflossen umherfuhr, und sagen: »Dieser Malachy McCourt hat es ja wirklich weit gebracht, seit er die Straßen von Limerick verlassen hat! Seht ihn euch an, nun fährt er doch tatsächlich mit einem Auto durch die Straßen von New York!«

Wenn die in Limerick mich jetzt sehen könnten, würd's ihnen verdammt leid tun, daß sie mich früher, als ich klein war, so mies behandelt haben! Wie alle Kinder hatte ich mir damals oft vorgestellt, daß ich sterben und in einem Sarg liegen würde, und Horden von doofen Erwachsenen, die mich geärgert hatten, würden um mich rumstehen und schluchzen und heulen, wie leid es ihnen täte, und irgendwie würde ich ihnen dann, obwohl ich tot war, sagen, daß es jetzt – ätschibätsch! – zu spät war, und dann würden sie heimgehen und ihr ganzes restliches Leben todunglücklich sein und schwören, daß sie den anderen Gossenkindern niemals wieder so etwas antun würden. Aber mit einem Auto durch eine romantische Straße zu fahren war ein noch viel besseres Gefühl.

Als er fünf Monate im Besitz seines gänzlich ungenutzten Wagens war, ließ Magill verlauten, die Geldeintreiber seien hinter ihm her, da er versehentlich seine monatlichen Raten nicht bezahlt habe. Er wollte das gute Stück aus New York verschwinden lassen, damit sie es ihm nicht abknöpfen konnten. Wir verabredeten uns für etwa halb zehn am Abend in einem winzigen Snobschuppen irgendwo in Höhe der Fifties an der East Side. Ein paar Stippvisiten in anderen Örtlichkeiten auf dem Weg dorthin versetzten mich in gute Stimmung.

Es war ein winterlicher Abend mit ungemütlichen Temperaturen, Schneeresten auf dem Boden und festgefrorenen Sternen am Himmel. Munter betrat ich die Stätte unserer Verabredung, schritt zum Altar und bestellte, ohne lange zu fackeln, einen doppelten Irischen ohne Eis, aber mit einem Schuß Wasser in einem Extraglas, für den Fall einer plötzlichen Dürre oder eines akuten H_2O-Mangels. Der diensthabende Prälat erwiderte weder meine herzliche Begrüßung, noch näherte er sich der wohlgeordneten Flaschenreihe hinter ihm, um meiner flüssigen Bestellung nachzukommen. »Sie müssen Ihren Mantel abgeben«, sagte er. »Warum 'n das?« fragte ich.

»Weil wir hier 'ne Kleiderordnung haben, darum.«

Ich hatte schon von einer Dienstordnung gehört, von einer Raumordnung, einer Militärordnung, von An-, Ver- und Unterordnung, aber das Wort »Kleiderordnung« drang nur zögerlich an mein Ohr, da es in meinem Wortschatz nicht existierte. Schnodderig verkündete ich dem Hüter der Kleiderordnung, ich trüge kein Kleid. Das fand der dröge Kerl allerdings überhaupt nicht witzig. Um nun endlich zum Wesentlichen zu kommen (sprich: zu meinem Drink), erklärte ich dem halsstarrigen Hilfspfarrer, ich sei mit einem Freund verabredet, hätte nicht die Absicht, den ganzen Abend in diesem ungastlichen Haus zu verbringen, und benötigte einen anständigen Whiskey, um bei Laune zu bleiben.

Ich wußte, daß alles gelaufen war, als die trübe Tasse mir mitteilte, sie hätten keinen irischen Whiskey, und egal wie lange ich bleiben wolle, meine Überbekleidung müsse an einem Haken in einem kleinen Kabuff hängen, anstatt meinen Rücken zu zieren, oder, wie er es etwas knapper formulierte: »Der Mantel muß in die Garderobe!«

Damals war ich noch der Überzeugung, die Vereinigten Staaten von Amerika wären ein Ort, an dem das Denken und Tun im allgemeinen von Vernunft, Anstand und Intelligenz geleitet würde. Himmel noch mal, es war gerade zehn Jahre her, daß sie den Duce und den Führer aufgeknüpft beziehungsweise verscharrt hatten, sollten wir uns jetzt wegen eines Mantels aufführen wie gottverdammte Faschisten? Ich versuchte es auf die gutmütige Tour.

»Guter Mann, es ist *mein* Mantel, und ich bin nicht willens, ihn in die Obhut von Fremden zu geben. Er beschädigt auch weder Ihre Möbel oder die übrige Ausstattung, noch verletzt er die Ästhetik, da sein Stoff aus dem Tale Kaschmirs stammt, und seine Farbe beißt sich nicht mit Ihrem ziemlich scheußlichen Dekor (das, nebenbei bemerkt, auch irgendwo abgegeben werden sollte, am besten in der Schlammsuhle eines Schweinestalls, aber das nur am Rande), und im übrigen« – nun kam das alles schlagende, triumphierende Finale meines Vortrags, und ich posaunte laut und weithin hörbar – »werden Sie eigentlich dafür bezahlt, Whiskey zu verkaufen oder Mäntel aufzuhängen?«

Ich forschte in dem breiten, dämlichen Gesicht dieses pedantischen, widerspenstigen, korinthenkackerischen Abziehbilds eines Amerikaners nach den Spuren beginnenden Verstehens angesichts meiner Argumentationsreihe über Mäntel an Bars. Seine Antwort: »Ich hab' Ihnen doch gesagt, der Mantel muß in die Garderobe!«

Ein titanischer Wutanfall fegte mich vom Hocker und hinaus in die Nacht, wo ich vor mich hin murmelte, fluchte und mich in Lästerungen über Vollblutarschlöcher erster Güte erging. Ich warf mich in Magills heißen Schlitten, ließ die Ereignisse der letzten Viertelstunde Revue passieren und brütete darüber, wie das Leben innerhalb einer Sekunde von heiter, warm und gemütlich in scheußlich umkippen kann, und das nur, weil wir einem anderen die Macht über unser Glück anvertrauen. Und eben hatte ich sie einem völlig Fremden mit zweifelhaften geistigen Fähigkeiten in die Hand gedrückt, der die einfachsten Sachzusammenhänge nicht kapierte und soviel Feingefühl hatte wie ein Misthaufen. »Da muß was passieren«, sagte ich zu mir selbst, da just kein anderer Zweibeiner in Hörweite war.

Es ist nicht gerade einfach, auf dem Fahrersitz eines Autos die Hüllen fallen zu lassen, aber ich tat's trotzdem. Erst der Mantel, dann die Schuhe, die – wie sich das für einen Künstler gehört – unterschiedlichen Socken, Hose, Liebestöter (auch Eierwärmer genannt), Jackett, Hemd und zum Schluß das Leibchen. Dann schlüpfte ich *arís* (das ist Irisch für »wieder«) in Schuhe und Künstlersocken, hüllte mich in den Mantel, und im Handumdrehen war ich raus aus dem Auto und marschierte erneut auf den Edelschuppen mit seinen seltsamen Praktiken zu, der sich als öffentliches Restaurant ausgab.

Drinnen empfing mich das Stimmengewirr gesättigter Gäste, die genüßlich den Duft von Cognac und den wohltuenden Rauch ihrer Sargnägel einsogen. Andere warteten gierig auf eine Scheibe verwesendes Fleisch oder die Leiche eines verstorbenen und plattgeschlagenen Meeresbewohners, dessen aufdringlicher Geruch durch großzügigen Einsatz von Sherry, Schalotten und Knoblauch übertüncht wurde. All diese Gäste waren natürlich ohne Mantel, den sie, eingeschüchtert von der Kleiderordnung, brav abgegeben hatten. Bei Gott, denen würde ich zeigen, was eine Kleiderordnung war – beziehungsweise ihr Gegenteil!

Gespielt lässig und so, als hätte ich noch nie zuvor einen

Fuß in den Laden gesetzt, spazierte ich zur Bar und wendete mich mit strahlendem Lächeln an den Hornochsen, der nach wie vor über die Flaschen wachte. »Würden Sie«, sagte ich zu ihm, »im Namen von Jesus, Maria und dem heiligen Josef, im Namen sämtlicher Heiliger im Himmel und im Namen von Kardinal Spellman, der so gerne Bockspringen mit Chorknaben spielt, die Güte haben, Ihre mildtätige Hand zu erheben und mir zwei Maßeinheiten der zweifach destillierten Früchte der Grünen Insel einzuschenken, damit meine verdörrten Mandeln nicht denken, ich hätte sie im Stich gelassen, und mit einer Frau davonlaufen?«

Der Hirnlose glotzte mich an und verkündete dann, er habe keinen Schimmer, wovon ich sprach, es gäbe in diesem Haus keine Früchte, Schwule seien hier nicht gestattet, er habe mir vorhin schon gesagt, daß er mich erst bedienen würde, wenn ich meinen Mantel abgäbe, und er wolle keinen Ärger, weder mit mir noch mit sonstwem. Da mein Mantel bis zum Hals zugeknöpft war und er die bloßen Beine, die unter dem Saum hervorlugten, nicht sehen konnte, versicherte ich ihm gelassen, ich sei nun durchaus bereit, das umstrittene Kleidungsstück abzugeben, sofern die Mantelwächterin herüberkäme, um es mir abzunehmen.

Eine winzige, faltenzerfurchte Frau namens Myrtle trottete widerstrebend auf mich zu, eine Nummer in der Hand und die Bemerkung »Mantel abgeben« auf den Lippen. Ich drehte ihr den Rücken zu, damit sie mir den Mantel vom unbekleideten Körper nehmen konnte. (»Unbekleidet« ist, wenn man sich freiwillig im Adamskostüm zeigt. »Nackt« hingegen ist, wenn man vom wutschnaubenden Ehemann *in flagranti* ertappt wird. Drehbuchschreiber, aufgemerkt, denn bei diesem Thema gibt es immer wieder Mißverständnisse.)

Als der Mantel von meinen Schultern glitt und ich mich umwandte, um der kauenden Gemeinde einen uneingeschränkten Blick auf meine Vorderseite zu gewähren – Brust, Bauchnabel, unterer Pelzbesatz, ein ganz akzeptabler Schniedel mit einem leichten Schlag nach rechts (Gott möge mir vergeben!), einen etwas zusammengeschrumpften Eierbeutel (es war nicht gerade warm), Oberschenkel, Knie, Schienbeine, unterschiedliche Socken und Schuhwerk –, breitete sich Stille im Raum aus, ungefähr so, wie es gewesen sein muß, als sich Jesus beim Abendmahl von seinen Aposteln verabschiedet hatte und für immer verschwand.

Die Leute saßen reglos da, als hätte jemand mitten beim Essen den Film angehalten. Einige hatten die Gabel gerade auf halbem Weg zum Futterloch, bei anderen steckte sie bereits drinnen, und wieder andere waren gerade dabei, die Rechnung auf den üblichen Beschiß zu überprüfen, der in einem Laden, in dem man seinen Mantel abgeben muß, mit Sicherheit an der Tagesordnung ist. Es gab Nasenkratzer, Ohrenzieher, Auf-die-Hände-Gestützte, Gerade-gehen-Wollende, Im-Aufstehen-Begriffene, die alle aussahen, als hätte eine Bombe eingeschlagen und sie erstarren lassen. Jeder war in einer anderen Bewegung gefangen, aber alle glotzten auf denselben Fleck. Wenn man mich festgenommen und mit anderen in einen Erkennungsraum gesteckt hätte, hätte nicht einer von ihnen mein Gesicht identifizieren können. Wenn ich jedoch die Hose heruntergelassen und mein Gemächt freigelegt hätte, hätten sie mich problemlos überführt. Die Männer in der westlichen Welt hegen eine eigenartige Neugier für die Pimmel der anderen.

Das Motto der Familie McCourt lautet »Wild Wenn Erregt« und steht unter einem Pseudowappen, in dessen bildnerischer Gestaltung übrigens kein Penis erscheint. Doch mein bestes Stück war an diesem Abend alles andere als erregt, im Gegenteil, wenn es noch mehr geschrumpft wäre, hätte es ausgesehen wie eine Hämorrhoide.

Mit meiner ersten Nacktszene sorgte ich für eine wahrhaft aufregende Bereicherung im Leben dieser Mampfer. Einen Moment lang herrschte Totenstille, jegliche Atemtätigkeit war unterbrochen, sämtliche Bewegungen waren gestoppt. Dann gab es ein kollektives Luftholen, gefolgt von Gebrüll, Gekreisch und Gezeter.

»Gottverdammter!«

»Hurensohn!«

»Perversling!«

»Blitzer!«

Eine distinguierte englische Stimme blökte: »Das ist Erregung öffentlichen Ärgernisses!«, und ein politisch Engagierter blaffte: »Kommunistenschwein!«

Myrtle, die Mantelwächterin, stand immer noch reglos da und hielt meinen Überzieher, als wäre es das Grabtuch Jesu. Der Holzkopf hinter der Bar war mit einem mutigen Satz über das Mahagoni gehechtet, wußte nun aber offensichtlich nicht, was er mit einem nackten Mann anfangen sollte. Aus der Küche ergoß sich eine Phalanx weißgekleideter Verteidiger der Sittlichkeit Amerikas. Ein Küchenchef mit hoher Haube, einer mit einer kleinen, diverse Küchenhilfen und ein paar spanische Tellerwäscher, manche mit Töpfen in der Hand, manche mit Bratpfannen und einige mit sehr scharf aussehenden Schneidinstrumenten. Kurz schoß mir der Gedanke durch den Kopf, daß möglicherweise mein unbeschnittener Zustand der Anlaß für die allgemeine Bestürzung war, und ich betete, daß unter meinen Angreifern kein tatendurstiger Mohel war, doch der Gedanke verflüchtigte sich bald, da weitere Truppen anrückten und dramatischere Sanktionen drohten.

Angefeuert von den kreischenden Frauen, stürzte sich die gesamte männliche Gästeschar in die Rauferei. Kellner trommelten mit Fäusten auf mich ein, Küchengehilfen schlugen mir mit dröhnenden Töpfen auf den Schädel. Zu meinem Glück waren so viele Hände damit beschäftigt, mir Schaden zuzufügen, daß so mancher Schlag auch den Kampfesbruder traf. Ein wirbelnder, wuselnder Haufen Körper taumelte Richtung Tür und riß auf seinem Weg Stühle, Barhocker, hysterische Frauen, Teller mit Essen, Bilder und alles, was ihm im Weg stand, mit sich.

Der Eingang hatte keine Schwingtüren, aber es muß so ausgesehen haben, als ob, als sich diese tobende Masse auf den New Yorker Gehweg ergoß. Plötzlich stand ich auf der Straße, nackt und allein, denn meine Angreifer waren, nun, da sie Gottes Werk vollbracht und mich in die tiefste Finsternis gestoßen hatten, wieder hineingegangen, um einander auf die Schultern zu klopfen und ihren heldenhaften Einsatz im Kampf gegen die kommunistische Erregung öffentlichen Ärgernisses zu feiern.

Draußen plagte mich ein neues und unvorhergesehenes Problem. Da ich den Wagen abgeschlossen und die Schlüssel in die Tasche des Mantels gesteckt hatte, blieb mir nichts anderes übrig, als das verdammte Ding da rauszuholen. Aber wie sollte ich das anstellen? Während ich über dieses Problem grübelte, noch relativ gut durchblutet und aufgewärmt von dem gerade vollbrachten Ringkampf, gingen ein paar eingeborene New Yorker mit einem kleinen Schlenker an dem kräftigen, nackten, rotbärtigen Mann vorbei, der da an diesem kalten Winterabend so gedankenverloren auf dem Gehweg stand. Man konnte fast hören, wie sie sagten: »Oh, guck mal, da steht wieder so ein nackter, bärtiger Mann mitten im Winter gedankenverloren auf einem New Yorker Gehweg.«

Die Frage lautete nun: Sollte ich sie anbetteln und flehen, mir den Überzieher zurückzugeben, oder sollte ich es auf die kriegerische Tour versuchen und mit weiteren Feindseligkeiten drohen? Allmählich wurde mir kalt, und da ich für ersteres keine Zeit hatte, schien Feindseligkeit angesagt. Ruckzuck riß ich die Tür auf, steckte den Kopf hinein und brüllte, wenn sie mir nicht augenblicklich meinen Mantel rausgäben, würde ich reinkommen und ihren Frauen mit meinem Schniedel vor der Nase rumwedeln. Wie es sich ergab, stand Myrtle direkt hinter der Tür, meinen Mantel noch immer in der Hand, und schwelgte anscheinend in der schaurigen Erinnerung, einen nackten Mann gesehen und ein Trinkgeld verloren zu haben. Als ich erneut vor ihr auftauchte, sank sie langsam und mit einem Stöhnen zu Boden. Ich schlüpfte hinein und versuchte, den Mantel an mich zu nehmen, doch, beim heiligen Jesus Christus, die Todesstarre schien sie gepackt zu haben, so fest krallten sich ihre Hände in den Stoff. So sehr ich auch zerrte und betete, sie wollte nicht loslassen. Also hob ich sie samt Mantel auf und trug sie nach draußen auf die Straße. Da es nun so aussah, als habe eine Geiselnahme stattgefunden, schaltete der bunte Mob, der sich bereits zwecks eines schnellen Aufmarschs zusammengerottet hatte, auf versöhnliche Töne um.

»Tun Sie ihr nichts! Sie ist eine wehrlose Frau!« riefen sie mir zu, als hielte ich ihr eine Pistole an den Kopf. Alles, was ich wollte, war mein Mantel, und endlich erwies sich das Schicksal als gnädig und gab ihn mir zurück. Die eiskalte Luft erweckte Myrtle, die endlich losließ und, da sie nicht in aller Öffentlichkeit mit einem splitterfasernackten Mann gesehen werden wollte, eilends in die Kaschemme flüchtete, die sich als Restaurant ausgab. Ich holte den Schlüssel heraus, ging zum Wagen, öffnete die Tür, drückte von innen den Knopf runter, ließ den Motor an, trat aufs Gas und preschte vorbei an dem inzwischen wieder blutrünstigen Mob in die Sicherheit der Kaltwasserwohnung im Village.

Es ist übrigens bemerkenswert, daß in alten Zeiten die umherziehenden, kriegerischen, gedungenen Kelten stets ohne Fell, Panzer oder sonst irgendeine Schutzbekleidung in den Kampf zogen. Ihre Taktik bestand darin, den Feind durch den Anblick von Tausenden von schwingenden Schwengeln und Eiern aus der Fassung zu bringen, denn es gibt nichts Unverletzlicheres auf einem Schlachtfeld als einen nackten Verrückten.

Die großen Gälen von Irland
Sind wahrhaft wunderlich,
Denn all ihre Kriege sind heiter
Und all ihre Lieder trist.

Meine Nachforschungen bezüglich Magills Verbleiben an dem Abend brachten zutage, daß er mal wieder eine Begegnung mit den kleinen schwarzen Dämonen gehabt hatte, die bisweilen die Seelen unserer hellsten Freunde anknabbern und einen elektrischen, emotionalen und intellektuellen Kurzschluß verursachen, der für eine gewisse Zeit das gesamte Licht – und manchmal sogar das Leben – ausschaltet. Er befand sich also, wenn Sie mir diese Ausdrucksweise verzeihen wollen, in etwas bewegungshemmender Kleidung in einer Klapsmühle gehobenen Stils und weilte daher nicht unter den

Gästen meiner Coming-out-Party. Ich behielt den heißen Schlitten, bis seine Zulassung erlosch. Da ich nicht der Eigentümer war, konnte ich sie nicht verlängern lassen, und so übergab ich das Fahrzeug Magills Angehörigen.

Gelegentlich gab es auch ruhige Tage, an denen ich nicht viel becherte. Der Hauch von Berühmtheit, der mich nun umwehte, war zwar sehr angenehm, aber leider nicht eßbar, und man konnte damit weder Schuhe noch die Miete oder das Klopapier bezahlen. Also mußte ich weiterhin beim Theater und im Clavin's erscheinen, um meine Brötchen zu verdienen. Wie schon mein alter Kumpel Buddha sagte, als er sich sein Stout hinter die Binde kippte: »Vor der Erleuchtung wirst du Holz hacken und Wasser schleppen. Und nach der Erleuchtung wirst du Holz hacken und Wasser schleppen.« Keine allzu erheiternde Aussicht für jemanden, der stets auf der Suche nach Ablenkung war. Aber immerhin mußte ich nicht mehr körperlich schuften, also durfte ich mich nicht beklagen.

Ich war fit, gesund und jung, und vor mir breitete sich ein weites Panorama von Lust und Leben aus. Und doch gab es Tage, an denen ich mutterseelenallein dahockte und all die kleinen Dämonen in meinem Innern hervorkrochen, um mich daran zu erinnern, daß ich eine Niete war, ein Trottel ohne jeden Anstand und Geist, und eines Tages würden »sie«, die allgegenwärtigen »sie«, herausfinden, daß ich aus den Slums von Limerick stammte und daß ich in der Schule durch sämtliche Fächer außer Lesen und Schreiben gerasselt war, und zwar in der Leamy's National School, die unter uns nur das Leamy-Chirurgen-College genannt wurde, weil die Lehrer uns dauernd die Haut in Fetzen schlugen. In Wirklichkeit war die Schule nichts anderes als eine Sammelstelle für potentielle Straftäter.

Ich fiel sogar durch die simpelste Prüfung, das sogenannte »Primary Certificate«. Selbst geistig Zurückgebliebene schafften die, aber ich nicht. Obwohl ich gierig jedes Buch verschlang, das mir in die Finger kam, führte dieser Test meiner Fähigkeiten zu völligem Versagen, und die anschließende Kopfnuß meines Lehrers verursachte noch einen zusätzlichen Hirnschaden.

Für mich war die Schule eine Schrumpferfahrung: Je öfter ich hinging, desto mehr schrumpfte ich zusammen. Gut, ich lernte was, aber egal wo man ist und was man tut, man lernt immer was. Wenn Sie jetzt zum Beispiel Ihre Unterbekleidung ablegen und Ihre beiden Arschbacken auf einen rotglühenden Holzofen schwingen, werden Sie, das verspreche ich Ihnen, in Nullkommanichts Experte für verkohlte, verschmorte Ärsche.

Genauso erging es mir in der Leamy's. Ich lernte, was Furcht, Angst und böse Vorahnung waren. Ich lernte, was für ein nutzloser Haufen Scheiße ich war und daß ich es nie zu etwas bringen würde. »Dies ist das Tal der Tränen, ihr Kaffer, und ihr seid hier, um die Folgen der schmutzigen Spielchen von Adam und Eva auszubaden, bevor ihr entweder im Fegefeuer landet, um weiter zu schmoren, oder, was wahrscheinlicher ist, in der ewigen Strafe der Hölle, wo sie euch mit Mistgabeln piksen und stoßen werden, während euer Hintern im ewigen, glühenden Feuer schmort, weil nämlich genau dieser Hintern schuld an der ganzen Sünde ist, und falls ihr meint, daß der arme Jesus einen von euch im Himmel haben will, könnt ihr euch das gleich von der Backe wischen, denn Christus brauchte sich bloß an die Zeit am Kreuz zu erinnern, um zu wissen, daß der Anblick eurer dreckigen Gesichter, und sei es nur für eine Minute, wie eine Ewigkeit in Golgatha wäre.«

Dieser Art waren die Grübeleien, die mich zwischen Bühne, Bar und Fernseher heimsuchten. Mittlerweile habe ich herausge-

funden, daß ich unter dem litt, was im Jargon der Psychofuzzis als »niedriges Selbstwertgefühl« bezeichnet wird. Heiliger Jesus! Wenn ich das damals schon gewußt hätte, hätte ich einen Wagenheber druntergeschoben und es aufgebockt.

Eines schönen Abends fragten mich zwei Jungs, Roland Martinez und Hal Kemp Jr. – noch so ein auserwählter Sprößling, dessen Vater in den Dreißigern und Vierzigern Bandleader gewesen war –, ob ich mich mit ihnen treffen könnte, da sie mir einen geschäftlichen Vorschlag zu machen hätten. Da meine Parole grundätzlich »Sí!« lautete, willigte ich ein.

Roland war ein extrem nervöser Mann, immer in Bewegung, und sein gesamter Körper wurde von Tics und krampfartigen Gesten geschüttelt. Später gewöhnte er sich an, auf Zahnstochern herumzukauen, und ich will gar nicht wissen, welchen Schaden dieser enorme Holzverbrauch den Regenwäldern zufügte.

Hal war ein pummeliger Genosse mit beginnender Glatze, dessen Denken hauptsächlich um seine Pummeligkeit, seine Glatze und ums Vögeln kreiste. So lange ich ihn kannte, war er auf der Suche nach einem Mittel gegen die überschüssigen Pfunde, die seine Taille zierten. Ein ausgesprochen sanfter, gutgelaunter Kerl, unser Hal, und sehr beliebt bei den Damen aller Altersstufen. »Oooh«, seufzten sie immer, wenn sie ihn umarmten. »Du bist ja sooo knuddelig!« Hal war ganz ihrer Meinung, und es gelang ihm immer wieder, sie zu überzeugen, daß auch das Knuddeln *sans culottes* sehr amüsant war.

Vor den glutäugigen Don Juans mit den schimmernden Zähnen und dem schmelzenden Lächeln nehmen sich die

Frauen stets in acht, aber so ein rundlicher, rosiger Typ mit Brille konnte ihnen ja nicht gefährlich werden.

Seine andere Sorge drehte sich um den spärlichen Bewuchs auf seinem Kopf, und er rieb sich alles nur Erdenkliche in den Skalp, vom Urin schwangerer Frauen bis zum Speichel des Schwarzbären, doch die Haare fielen weiter aus, die Kopfhaut schimmerte immer mehr durch, und niemand liebte ihn weniger, weil er zuviel Fleisch und zuwenig Haare hatte.

Ihr geschäftlicher Vorschlag war folgender: Sie wollten an der East Side eine Kneipe aufmachen und mich dafür als Partner haben. Der Laden sollte Malachy's heißen, da ich ja eine gewisse Berühmtheit erlangt hatte, und das Geld würde nur so hereinfließen. Wenn ich die Riesensumme von fünfzehnhundert Dollar investierte, würden mir fünfundzwanzig Prozent gehören. Natürlich hatte ich weder die fünfzehnhundert Dollar noch die Hoffnung, sie irgendwo aufzutreiben. Hal Jr. meinte, das sei kein Problem, da er mir die Summe zinslos leihen würde.

»Soll mir recht sein«, sagte ich, und so machten wir uns auf die Suche nach einem geeigneten Laden und an die nervenaufreibende Beantragung einer Schanklizenz. Die beiden Hürden, die man überwinden mußte, um eine Flasche zu entkorken und ihren geistreichen Inhalt zu verkaufen, waren die A. B. C. und die S. L. A. Das waren keine Organisationen, die sich der Ausbildung oder dem Terrorismus widmeten, sondern die Alcoholic Beverage Commission und die State Liquor Authority. Die Leute dort verlangten den Nachweis, daß man ein anständiger, rechtschaffener Bürger und die Geldquelle sauber und frei von mafioser Patina war. Ein klares Zeichen braven Bürgertums war das anheimelnde Knistern von Hundertdollarscheinen zwischen den Seiten des Antragsformulars, das die Ehrenhaftigkeit und uneingeschränkte Treue zu Gott und Vaterland bestätigte, sowie das heilige Versprechen, niemals einem sterbenden Kommunisten einen Wodka zu verkaufen, selbst wenn er für den Fall seiner Genesung schwor, zum Kapitalismus überzutreten.

Diese Ämter wurden von Holzköpfen, Heuchlern und Huren geführt, die einerseits für ihre Arbeit Schmiergelder kassierten und damit den dicksten Schwänzen der Mafia ihre Arschlöcher aufhielten, andererseits aber harmlose Trottel wie Martinez, Kemp und mich aufs pingeligste überprüften.

Je anständiger man war, desto mehr Steine legten einem diese Behörden in den Weg. Überall in der Stadt schossen kleine *boîtes* wie Pilze aus dem Boden, mit schwarzer Resopalbar, ledernen Barhockern, glitzernden Wänden, Neonlampen und reinem Männerpersonal – herausgeputzte Barkeeper und Kellner mit weißem Hemd, schwarzer Fliege, hautenger roter Pagenjacke, schwarzem Haar und strahlenden Beißerchen. Diese Lokale wurden vorzugsweise von fahlgesichtigen älteren Männern in dunklen Anzügen und breitkrempigen Hüten besucht, die sich mit protzigen Ringen und paillettenbesetzten jungen Blondinen schmückten, die bei jedem zweiten Wort ihr schrilles Lachen erklingen ließen, um zu zeigen, daß sie sich *phantastisch* amüsierten.

Die Anforderungen, die an einen Bürger gestellt werden, um seine Unbescholtenheit nachzuweisen, sind bisher noch nicht literarisch festgehalten worden. Zu jener Zeit – in den Fünfzigern und Sechzigern – mußte man Essen servieren und über eine Küche verfügen. Für jede fünfzig Zentimeter Bar mußte man zwei Tische nachweisen, oder so ähnlich. Man durfte zwanzig Stunden pro Tag geöffnet haben, von acht Uhr morgens bis vier Uhr nachts, außer am Sonntag, da mußte man in der Nacht zuvor um drei schließen und durfte nicht vor ein Uhr mittags aufmachen, damit die Leute zur Kirche gehen konnten.

Na klar.

Man mußte unter Strafandrohung Seife auf den Toiletten haben, und jeder Gesetzesvertreter konnte die Seife stibitzen und einem einen Strafzettel ausstellen, mit dem man dann allen Ernstes vor Gericht zu erscheinen hatte. Das muß man sich mal vorstellen – ein ganzer Teil des Gerichtssystems wurde blockiert vom »Fall der verschwundenen Seife«!

Das Licht mußte hell genug sein, um das Lesen von Tageszeitungen zu ermöglichen. Wegen dieser Sache bin ich tatsächlich mal vor Gericht zitiert worden. Dort erklärte ich, ich hätte das Licht im Malachy's für ausreichend gehalten, da ich oft meinen Bürokram dort erledigte. Der überraschend hellsichtige Richter rief den Polizisten, diesen Ausbund an Belesenheit, in den Zeugenstand und fragte ihn, welche Zeitung es denn gewesen sei, die er in der Bar zu lesen versucht habe. Der *Daily Mirror*, lautete seine Antwort. Woraufhin der Richter erklärte, erstens halte er nichts von dieser Art Lektüre, und zweitens solle er – der Polizist – doch in die Stadtbücherei gehen, wenn er lesen wolle. Klage abgewiesen.

Wenn man ein paar von diesen Vergehen auf dem Kerbholz hat, auch wenn sie fast immer abgewiesen werden, zitiert einen die S.L.A. zu einer Anhörung, um festzustellen, ob man für eine Schanklizenz überhaupt geeignet ist, denn wo Rauch ist, ist ja für gewöhnlich irgendwo auch ein winziges, glimmendes Feuerchen. In den resopalbeschichteten, allzeit unbehelligten Familienunternehmen der Mafia wurden derweil Leute erschossen, erwürgt, vergiftet und erdolcht, wenn sie nicht von den spärlich bekleideten Damen, die ihre diversen Öffnungen gegen Geld zur Verfügung stellten, überfallen und ausgeraubt wurden. *Yes Sir*, Seifenmangel in einem Klo, auf dem man den *Mirror* nicht lesen kann, ist ein schweres kriminelles Vergehen.

Trotz alledem ergatterten wir, nachdem wir zahlreiche Hände versilbert hatten, eine Schanklizenz für eine Kneipe auf der Third Avenue, zwischen der Sixty-third und der Sixty-fourth Street, die zuvor als das O'Rourke's bekannt war. Es war ein traditionelles New Yorker Irish Pub gewesen, düster und alt, die Wände verputzt mit Verzweiflung und Mutlosigkeit. Ein bißchen cremeweiße Farbe, ein Stück roter Teppich, ein ordentlicher Hausputz, und dann konnte es losgehen.

Hal Kemp stellte ein hellerleuchtetes Aquarium auf, das der Kneipe ein bißchen Pfiff gab. Als Bedienung an den Tischen und Burgerbrater am Herd waltete Earl Walker, ein Hansdampf in allen Gassen, der seinen Referenzen zufolge vorher als Hackjongleur in einem Hamburger-Imbiß namens Rikers gearbeitet hatte. Ich mochte seine muntere und umgängliche Art, und so gehörte er im Malachy's bald zum lebenden Inventar.

Ich hatte bis dato versäumt, meinen Noch-Arbeitgeber Frank Clavin darüber zu informieren, daß ich fünf Blocks weiter ein Konkurrenzunternehmen zu eröffnen gedachte. Ich brauchte das feste Einkommen und hatte auch ein wenig Schiß vor dem kleinen Kerl, weil er ziemlich launisch sein konnte. So verbrachte ich also meine Abende damit, unter den Stammgästen die Werbetrommel für meine neue Kneipe zu rühren und das Ganze gleichzeitig vor *El Toro* Clavin und seiner kräftig gebauten Missus Marylyn geheimzuhalten. Das Problem wurde an dem Tag gelöst, als meine Partner den

Eingang unserer Kneipe mit einer Überdachung versahen, auf der für jedermann zu lesen stand, daß hier demnächst das Malachy's sein würde. Etliche Leute sahen und kommentierten dies, und als ich meine abendlichen Pflichten im Clavin's antreten wollte, wurde ich mit einem Schwall von Worten empfangen, dem ich unter anderem »Verrat«, »Diebstahl«, »Judas«, »falscher Fuffziger« und irgendwas über einen Dolchstoß in den Rücken entnahm.

Nun, ich hatte mich, wenn auch recht oberflächlich, mit verschiedenen Wirtschaftssystemen beschäftigt, zu diesem Behufe John Locke, Adam Smith und *Das Kapital* von Marx gelesen, und all das hatte mir eine ungefähre Vorstellung davon vermittelt, wie der Kapitalismus funktioniert, ein System, das allem Anschein nach in den USA zur Anwendung gebracht wird. So versuchte ich nun, Clavin begreiflich zu machen, daß ich ihm, wenn man von der Theorie der Konkurrenz als grundlegendem und förderndem Faktor für den wirtschaftlichen Fortschritt ausging, sogar einen Gefallen tat, indem ich um die Ecke meinen eigenen Laden eröffnete. Doch meine Argumentation stieß auf taube Ohren, und Clavin teilte mir mit, ich solle mein beschissenes Maul halten und sehen, daß ich meinen beschissenen Arsch hier raustrug, und meinen beschissenen Lohn könnte ich mir sonstwo hinstecken, da ich ohnehin für alle Zeiten in seiner Schuld stand.

Mir würde Clavins Kameradschaft fehlen, und ich hatte ein schlechtes Gewissen, weil ich ihn hintergangen hatte – ich konnte frei schalten und walten, essen und trinken, soviel ich wollte, und Frank Clavin war alles andere als ein Pfennigfuchser –, aber der Ehrgeiz war stärker, und das Malachy's wartete auf seine Eröffnung. Und so geschah es, daß am zwölften Tage des Monats Mai im Jahre des Herrn 1958 die erste Single-Bar der Welt von der Vorhut der heißen Horden gestürmt wurde, um hinterher sagen zu können: »Ich war von Anfang an dabei.«

Manche werden mir vielleicht widersprechen, wenn ich sage, das Malachy's sei die erste Single-Bar der Vereinigten Staaten, wenn auch vielleicht nicht der Welt, gewesen, aber es stimmte. Es war ein günstiges Zusammentreffen von Glück und Lage, unterstützt von der unauslöschlichen irischen Erinnerung an das Gesetz der Gastfreundschaft. Bevor Sankt Patrick kam und eine grundanständige Gesellschaft ruinierte, galten in Irland traditionelle Gesetze, die sogenannten »Brehon Laws«, die alles abdeckten: Eigentum, Erziehung, Medizin, Tod, Erbfolge, Erbgut und Verbrechen. Dazu gehörte auch das Gesetz der Gastfreundschaft – wohlgemerkt: nicht Tradition oder Regel, sondern *Gesetz* der Gastfreundschaft. Man brachte Schande über sich selbst, seine Familie und den ganzen Stamm, wenn zufällig ein Fremder durch die Gegend kam, an die Tür klopfte und man ihn mit leerem Magen weiterziehen ließ. Und selbstverständlich bekam er nicht die Reste aufgetischt, sondern das Beste, was man hatte.

Als dann also Malachy's seine Pforten öffnete, oblag es mir, das *Cead Mile Failté* (ausgesprochen »Keid Mila Foltschi«) zu entbieten – »Hunderttausend Willkommen an alle«.

Und ich meinte an alle. Damals durften Frauen aus Tradition und aus Angst nicht direkt an der Bar sitzen. In Irland gab es für die Ladys, die einen trinken wollten, kleine Kabinen, »snugs« genannt, und im berühmten Alvino's in London, einem Stammtreff der Fleet-Street-Leute, mußten Frauen mindestens zwei Meter von der Bar entfernt sitzen. An der Third Avenue der fünfziger Jahre konnten sie sich jede beliebige Sitzgelegenheit nehmen, solange es kein Barhocker war.

Das war die Sache mit der Tradition. Die Angst wiederum bestand darin, daß eine Busenträgerin nur aus einem ganz bestimmten Grund an der Bar saß, nämlich, um die armen, wehrlosen Männer zu verführen. Diese Einstellung zum Kneipenleben wurde von Polizisten, Priestern und Politikern vertreten, und sie war so verbreitet, daß man allgemein glaubte, es handele sich dabei um ein Landesgesetz. War es aber nicht. Ich überprüfte die Angelegenheit und stellte fest, daß jeder, der volljährig, nüchtern und im Besitz gültiger Währung war, seinen Hintern auf einen Barhocker schwingen und den erfrischendsten Nektar bestellen konnte – egal, ob Mann oder Frau.

Wie es der Zufall wollte, befand sich an der Ecke Lexington und Sixty-first Street das Barbizon-Frauenhotel, ein riesiger Kasten, umgeben von einer Aura knieerweichenden Sexappeals. Wir träumten oft davon, uns mal eine Woche lang da drin auszutoben, und jeder einzelne von uns erklärte sich feierlich bereit, am Ende der Woche zu sterben, wenn ihm dieser Wunsch gewährt würde. Das klappte leider nicht, aber immerhin kriegten die hübschen jungen Dinger bald mit, daß im Malachy's, der netten neuen Kneipe an der Ecke, eine Menge süßer Jungs rumsaßen und daß sie keine Begleitung brauchten, um dorthin zu gehen.

Unter diesen Jungs waren ein paar junge Schauspieler aus der fernen Heimat, denen diese Fülle hübscher Füllen überaus zusagte. Peter O'Toole, Richard Burton und Alan Bates kamen öfters vorbei, und ebenso Richard Harris, der auch aus Limerick kam, womit die Gemeinsamkeiten allerdings auch schon aufhörten.

Richard kam aus dem Teil von Limerick, wo die Oberschicht in den großen Villen mit Rasen, Bäumen, Büschen und eigenen Toiletten im Innern des Hauses lebte. Die Harris-Kinder waren betucht. Sie gingen in Privatschulen, trugen gute Schuhe und fuhren jedes Jahr in den Sommerferien ans Meer. Sie spielten Tennis in leuchtendweißen Kleidern, und die Jungs waren zum Rugbyspielen immer tiptop zurechtgeschniegelt.

Ich habe in Limerick nur ein einziges Mal gegen ihn gespielt. Es war ein Under-Twenty-Finale, was bedeutete, daß alle Spieler bei Saisonbeginn noch keine zwanzig Jahre alt sein durften. Harris und einige andere Mitglieder seiner Mannschaft waren bereits über zwanzig, als wir spielten – um genau zu sein, war der Spieltag, der 1. Oktober 1951, sein einundzwanzigster Geburtstag. Die Mannschaft wurde von Jesuiten trainiert, so daß man eigentlich Sorgfalt und Ehrlichkeit von diesen Kerlen hätte erwarten können.

Als ich Harris wiederbegegnete, sagte er mir, er könne sich an jeden einzelnen aus meiner Mannschaft erinnern – nur nicht an mich. Als Limericker Gossenkind war ich daran gewöhnt, daß sich niemand an mich erinnerte, und schon gar nicht die Limericker Aristokratie.

Doch jetzt tat er, genau wie alle anderen, das einzig Zivile, was man in einem Pub tun kann, und lud mich zu einem Drink ein, und ich wiederum revanchierte mich, indem ich die Einladung annahm. Es gab Zeiten, da standen ein Dutzend Whiskeys auf der Theke und warteten auf mich. Auf einmal war ich ein toller Hecht, und alle möglichen Leute schlugen mir auf die Schulter und fragten: »Na, wie geht's?«, und die süßen jungen Dinger sagten zu mir, ich sei schnuckelig und hätte so einen schnuckeligen irischen Akzent. Es dauerte eine Weile, bis ich kapierte, daß das als Kompliment gemeint war, und meine Brust schwoll noch ein bißchen mehr.

Eines der aufregendsten jungen Dinger war Grace Kelly, und wahrlich, der Name paßte, sie war die Grazie in Person. Das einzige Problem war, daß sie meistens von häßlichen, brutalen, finster dreinblickenden Kerlen begleitet wurde. Dies sorgte für einige Verwunderung, und es begannen sich Gerüchte zu verbreiten, sie habe eine Schwäche für Männer mit einer gewissen, überbewerteten Eigenschaft, die in der Öffentlichkeit nicht so ohne weiteres zu erkennen ist. Und man fragte sich, wo sich Fürst Rainier derweil so herumtrieb.

Eine junge angehende Sängerin und Schauspielerin namens Barbra Streisand tauchte gelegentlich auf, und Gig Young, ein sehr talentierter Komiker der damaligen Zeit, der unglaubliche Mengen Alkohol verkraften konnte, hatte einen festen Tisch bei uns. Wie viele Leute, die ihr Geld mit Komik verdienen, hatte Gig seine dunkle Seite, aber es war trotzdem nett, ihn um sich zu haben.

Ich war umgeben von den Reizenden und Bezaubernden. Michael Thomas, ein aufgeweckter, liebenswürdiger junger Kerl, konnte über alles reden, von den Vorzügen des Meersalzes bis zur Architektur des Seagram Building. Er war mit Brooke Hayward verheiratet, dem weiblichen Sprößling von Leland Hayward und der außergewöhnlichen Schauspielerin Margaret Sullavan. Später machte er sich als Finanzier, Autor und Kolumnenschreiber einen Namen.

Willie Louglin, einer der Erben der Mellon-Millionen, wurde Stammgast bei seinen nächtlichen Runden: das 21, der Stork Club, Clarke's, Clavin's und nun auch das Malachy's. Ich erzählte ihm eine Geschichte über den Patriarchen seines Clans. Als Thomas Mellon sein riesiges Vermögen gemacht hatte, kehrte er für einen Besuch nach Irland zurück und nahm dabei ein paar seiner Enkelkinder mit. Nach einem

Spaziergang und einem Blick auf das alte, verfallene Cottage, aus dem er stammte, begaben sie sich zum Lunch in ein Pub. An der Bar stand ein alter Mann, William Toner, der Mellon herzlich begrüßte und sagte, sie seien Schulkameraden gewesen. Mellon, der ihn zur Erheiterung seiner Brut ein wenig aufziehen wollte, sagte: »Ich erinnere mich sehr gut an dich! Vor allem erinnere ich mich an dein erstes Paar neue Stiefel.«

»Stimmt«, sagte Toner. »Ich weiß noch, wie du mich gefragt hast, was das ist.«

Willie Louglin war der unersättlichste Leser, der mir je begegnet ist. Er brachte Lewis Lapham mit, später Herausgeber des *Harper's*, damals der erste tatsächlich publizierte Autor, den ich kennenlernte. In einem seiner Romane ließ er einen Kerl zu einem Mädel sagen: »Wir treffen uns im ›Malachy's‹.« Er hatte mich verewigt! Ich schwebte vor Begeisterung im siebten Himmel.

An einem Ecktisch wurde Geschichte gemacht, als ein talentierter junger Autor, Komponist und Rugbyspieler namens David Hess die Songs »Speedy Gonzalez« und »All Shook Up« schrieb. Sein Künstlername war David Hill.

Damals gab es wenig, was mich aus der Ruhe bringen konnte. Egal, was ich tat, es war in jedem Fall ein Riesenaufstieg gegenüber Limerick, und überhaupt war ich der Held, das Zentrum von Aufmerksamkeit, Wohlwollen, Lob und Liebe – kurz: Zum ersten Mal in meinem Leben gehörte ich zu den Gewinnern, und ich fand es herrlich.

Tom O'Malley engagierte mich noch ein paarmal für die *Tonight Show*, und wieder war mein *modus operandi*, mir gepflegt einen auf die Lampe zu gießen und den Rest dem Bewußtseinsstrom zu überlassen. Anstatt Jack Paars Fragen zu beantworten, faselte ich einfach über irgendwas, das mir gerade durch den Kopf ging.

Während einer meiner Gastauftritte geschah etwas Seltsames. Ich saß auf dem Sofa und schwafelte so vor mich hin, als Jack Paar sagte: »Ein sehr berühmter Schauspieler ist gerade in der Stadt, um bei einem Stück Regie zu führen, und er will sich unbedingt mit Ihnen treffen und Ihnen eine Rolle anbieten. Möchten Sie ihn kennenlernen?«

Ich schluckte und nickte.

Paars eloquente und geradezu überschwengliche Einführung des berühmten Schauspielers endete mit den Worten: »Begrüßen Sie mit mir einen Schauspieler, der noch nie eine schlechte Vorstellung gegeben hat: Burgess Meredith.«

Meredith sagte, er habe jede Kneipe in New York nach mir abgeklappert und schließlich im P.J. Clarke's erfahren, daß ich in der Show war. Er führe Regie bei einer Bühnenadaption von Joyces *Ulysses* mit dem Titel *Ulysses in Nighttown*, und ob ich Lust hätte, den stattlichen, plumpen Buck Mulligan zu spielen. Für die Hauptrolle war Zero Mostel vorgesehen, und auch die restliche Besetzungsliste wimmelte von den besten Bühnenschauspielern der Stadt. »Hier haben Sie das Skript, sagen Sie mir Bescheid, was Sie davon halten.«

Was ich davon hielt? Ich war zugleich platt und stolzgeschwellt, daß mir ein Filmstar ohne jedes Vorsprechen eine Rolle anbot, aber ich hatte bereits für ein anderes Stück zugesagt. Ich dankte ihm und erzählte ihm erst später von meinen anderweitigen Verpflichtungen, da ich den Augenblick nicht verderben wollte.

Die Irish Players Company beziehungsweise Helena Carroll und Dermot McNamara hatten beschlossen, das wundervolle Stück *Der Held der westlichen Welt* von John Millington Synge wiederaufzuführen. Wir hatten eine phantastische Besetzung mit Dermot in der Rolle des »Helden« Christy, Helena als Pegeen Mike, einer hinreißenden englischen Schauspielerin namens Elspeth March in der Rolle der Witwe Quin und Ronnie Bishop, einem gewaltigen Mann mit einer Schwäche für seinesgleichen (sprich: Männer) als Old Mahon. Liam Lenihan, ein unverbesserlicher Marxist, der in seinem ursprünglichen Beruf als Zeitungsmann auf der schwarzen Liste gelandet war, sollte Michael James spielen und ich Sean Keogh of Kilakeen. Ein erstklassiger Regisseur namens Joe Gisterak bastelte das Ganze zusammen, trotz meiner ewigen Besserwisserei und zahlreicher künstlerischer Meinungsverschiedenheiten und Auseinandersetzungen, die unser energischer Inspizient Ned Faye schlichtete, ein gewitzter, belesener und überaus humorvoller Mann.

Wir probten ungefähr einen Monat lang im Seven Arts Theater an der Madison Avenue, Ecke Thirtieth Street, aus dem später die American Academy of Dramatic Arts wurde. Über uns liefen die Proben für ein anderes Stück mit dem Titel *The Making of Moo* mit Carroll O'Connor, der vor Wut kochte, weil Burgess Meredith mir vor laufender Kamera und einem Millionenpublikum eine Rolle angeboten hatte, die bereits ihm versprochen war und die er hinterher auch spielte. Anscheinend gab er mir die Schuld für diesen Affront.

Tagsüber Proben, nachts der Barjob im Malachy's. Gegen sechs Uhr morgens ins Bett, um halb elf wieder raus und ins Theater, wo ich vor mich hin döste und Synges prächtigen Worten lauschte, gesprochen von Dermot und Helena. Tag für Tag wurden die erhabenen Sätze wiederholt, geschliffen, gebrüllt, geflüstert, hingeworfen, gestreichelt, zerstückelt, verbessert, und nichts, gar nichts konnte ihnen etwas anhaben, denn dieses Stück ist schauspielerfest.

Christy

Aber wenn du mich reden hör'n wirst, wenn wir durch Erris streifen zur Osterzeit. Wir trinken einen Schluck aus einem Quell und küssen gewaltige Küsse mit unsern feuchten Mündern, oder wir spielen in einem Tal oder der Sonne, und du liegst ausgestreckt, bis zum Halsband unter Blumen.

Pegeen

Da säh' ich hübsch aus, nicht?

Christy

Da, wenn die Bischöfe dich seh'n täten in ihrer Mitra, sie würden's, denk' ich, den heiligen Propheten gleichtun, was sich durch die Gitter vom Paradies hinausquetschen, daß sie die schöne Helena erblicken mit Augen, wenn sie auf und ab spaziert davor mit einem Bukett in ihrem goldenen Schal.

Dann kam der große Abend, die Premiere, und mit ihr die Nervosität, das Zittern, die grenzenlose Panik. Man wartet am Eingang zur Bühne und sagt sich, daß man ebensogut einen gemütlichen, streßfreien Job als Klomann hätte annehmen können, aber nein, statt dessen steht man hier, gelähmt vor Angst, wohl wissend, daß das Publikum da draußen extra eingeflogen worden ist, weil es ganz besonders boshaft und gehässig ist. Woraufhin einen urplötzlich eine Woge der Gläubigkeit überrollt und man eilends ein verzweifeltes Gebet gen Himmel schickt: »Lieber Gott, bitte fülle meinen leeren Kopf mit den Zeilen von John Millington Synge, dann werde ich nie wieder sündigen, Ehrenwort.«

Gott, der offenbar gerade mit seiner Pediküre beschäftigt ist, antwortet nicht. Helena als Pegeen Mike ist als erste auf der Bühne und liest eine Liste der Kleidungsstücke vor, die sie an dem Tag tragen wird, an dem sie mit mir, Seaneen Keogh, verheiratet wird, einem Mann, den sie verachtet und über den sie sich das ganze Stück über lustig macht. Ned, der Inspizient, klopft mir auf die Schulter und flüstert: »Halt dich bereit!« Gott sei Dank muß ich bei meinem ersten Auftritt vor Angst zittern, da Seaneen gerade das Stöhnen eines Mannes gehört hat und fürchtet, daß ein Mörder in der Nähe herumschleicht. Die ersten Sätze kriegt man irgendwie raus, obwohl einen die Scheinwerfer blenden, das Selbstvertrauen kehrt zurück, und man sagt zu Gott: »Schon gut, ich brauch' deine Hilfe nicht mehr, ich komm' schon alleine klar.« Nach und nach kommen die Schaupieler heraus, einzeln und in Gruppen, und das Stück steigert sich zu einem großartigen Crescendo, an dessen Ende Pegeen Mike an der Tür steht und klagt: »O Jammer, ich hab' ihn verloren, den letzten Helden des Abendlands!«

Licht aus, Stille, erst vorsichtiger, dann schwungvoller Beifall. Wir treten vor den Vorhang, Bravorufe, begeisterte Pfiffe, zahllose Verbeugungen, dann geht der Vorhang endgültig zu, und wir umarmen einander, jeglicher Streit ist vergessen, der Ärger verraucht, wir gehen nach oben zur Premierenfeier und warten auf die Besprechungen. Damals schrieben die Kritiker ihre Besprechungen direkt nach der Premiere, und die Zeitungen kamen um elf Uhr abends heraus, so daß die Spannung und das Warten schier unerträglich waren.

Kein Grund zur Sorge: die *Times*, die *Herald Tribune*, die *Post*, der *Mirror*, die *News*, das *Journal American* und das *World Telegram* gaben uns Bombenkritiken und garantierten uns damit eine lange Spielzeit. Unser gewissenhafter, perfektionistischer Regisseur war allerdings nicht so ganz zufrieden mit der Aufführung, egal, was in den »dämlichen Kritiken« stand. Es gab noch lose Fäden, die in das Gewebe des Stückes eingefädelt werden mußten, und daher würden wir am nächsten Tag nochmals proben. Soviel zu Theatertriumphen. Und wir haben geprobt.

Eine Besprechung in einem kleinen irischen Käseblatt, der *Irish World*, die der Familie O'Connor gehörte, war von keinem Geringerem als Carroll O'Connor, der später als Ekel Archie Bunker berühmt werden sollte. Er verriß alles, die Regie, die Schauspieler, die Akzente, die Beleuchtung, die Platzanweiser und was es sonst noch zu verreißen gab, mit einer Ausnahme. Es gibt ein irisches Wort für selbstgebrannten Schnaps, *poitín*, was »po'tschin« oder »pot tschin« ausgesprochen wird, je nachdem, aus welcher Ecke der Grünen Insel man kommt. Carroll, selbsternannter Experte für alles Keltische, nahm uns ins Gebet, weil angeblich keiner von uns dieses Wort richtig aussprechen konnte, außer einer Stimme aus dem Off, die einem Gelehrten namens Peadar Noonan gehörte. Diesen Unsichtbaren überschüttete O'Connor nun wiederum mit Lob, weil er *poitín* richtig aussprach. Die Besprechung war eine einzige Frechheit.

Nach der Premiere ließ der Druck nach, und nun brauchte ich nur noch um halb acht im Theater zu erscheinen, meinen Part zu spielen, danach mit möglichst vielen Leuten aus dem

Publikum ins Malachy's zu ziehen, für feste und flüssige Nahrung zu sorgen und wieder Theater zu spielen, diesmal hinter der Bar.

Um vier Uhr morgens dichtmachen, wenigstens noch die Tür abschließen, mich in eine Ecke kuscheln, im Dunkeln ein paar Gläschen trinken, danach irgendwo ein anständiges Frühstück – Spiegelei, Schinken, Bratkartoffeln, englische Muffins mit fingerdick Butter drauf und zum Abschluß einen guten alten Apple Pie – und dann ab ins Bett, wo sich diese Ladung in aller Ruhe mit der flüssigen Grundlage aus Whiskey und anderen stillen Wassern vermischen konnte.

Da ich nun tagsüber freihatte, konnte ich endlich in Ruhe schlafen, lesen und mich mit anderen Nichtsnutzen zum Mittagessen treffen. Eines Tages, als ich mich mit Josh Reynolds III. unterhielt, erwähnte ich, daß ich ganz gerne Bruder Franks Bude im Village verlassen und nach Midtown ziehen würde, woraufhin Josh mir vorschlug, uns zusammen was zu suchen. Klasse Idee, fand ich, und so begann die Suche nach einem passenden Quartier, das wir in Form einer Einzimmerwohnung in der East Fifty-third Street fanden. Joshs Eltern lieferten die Innenausstattung: Betten, Stühle und einen Tisch, zwei Teelöffel, die eine oder andere Gabel und einen riesigen Farbfernseher, der mich – wir schrieben 1958 – restlos beeindruckte. Es war ein launisches Ding, dessen Farben immer wieder verrutschten, aber trotz allem ein Wunder.

Ich war an der East Side von Manhattan gelandet, als dort gerade neues Leben zu pulsieren begann. Die Fluggesellschaften quartierten jetzt ihre Stewardessen hier ein, die Verlage hielten sich dort die – von allen beneideten – Manuskriptsklaven, und in den Schauspielschulen drängten sich angehende Bühnenstars. Den Grundstücksmaklern lief bereits das Wasser im Munde zusammen bei dem Gedanken an das Geld, das sie an den Tausenden von jungen Leuten verdienen würden, die in die Stadt strömten, und andere Unternehmer erkannten die kommerziellen Möglichkeiten von Single-Bars, die überall aus dem Boden schossen. Die East Side war »in«. Die Ozeandampfer liefen alle von den Piers an der West Side aus, und der blöde alte Witz »In den Westen komme ich nur, wenn ich nach Europa fahre« wurde bis zum Erbrechen wiedergekaut und belacht.

Die East Side wurde sozusagen die Erweiterung des Barbizon-Frauenhotels, und sämtliche Regeln und Manieren landeten auf dem Müll. Eisenhower war noch am Ruder, und Nixon jagte weiter seine Kommunisten, so daß Amerika zumindest an der Oberfläche nach wie vor »anständig« erschien. Wenn die Eltern in ihren wohlbehüteten Vororten gewußt hätten, was ihre Töchter im Sündenpfuhl von Gotham City so alles anstellten, wären die Straßen mit Kombis verstopft gewesen, die, beladen mit besagten Töchtern und ihrem Krimskrams, fluchtartig die Stadt verließen, um die armen Dinger vor der Verdammnis zu retten.

Eins der Bücher, die ich während meiner freien Nachmittage las, gehörte Josh. Es war *Die Pforten der Wahrnehmung* von Aldous Huxley, in dem eine Menge Zeug über Bewußtseinsreisen unter dem Einfluß von halluzinogenen Pilzen, Peyote, Meskalin und LSD stand (letzteres war übrigens in England die Abkürzung für Pfund, Schilling und Pence, eine ständige Quelle der Verwirrung für die Tattergreise von britischen

Richtern, die schon so lange auf ihrer Bank saßen, daß sie auseinandergefallen wären, wenn man sie von der Stelle gerückt hätte). Ein Gespräch mit Joshua ergab, daß er bereits eine – na ja, ein paar – von diesen Reisen unternommen hatte. Ich bezeigte ihm mein Interesse, und eine Woche später brachte Josh etwas Meskalin mit, eine synthetische Substanz, die die gleichen Eigenschaften hatte wie Peyote, wie er sagte.

»Dann mal her damit«, sagte ich.

Es war Montag, mein theaterfreier Abend, und so hatte ich jede Menge Zeit, auf Reisen zu gehen und wieder zurückzukommen, dachte ich jedenfalls. Nachdem ich das Pulver mit dem guten New Yorker Wasser runtergespült hatte, lehnte ich mich zurück und schloß die Augen. Die erste Wirkung des Zeugs war eine Schärfung der Sinne bis ins Absurde. Obwohl wir im dritten Stock wohnten, konnte ich jeden einzelnen Fußgänger auf dem Gehweg hören. Das Geräusch der Autos war geradezu unerträglich laut, vor allem, wenn die Fahrer auf die Hupe drückten. Ich hörte das Ticken einer kleinen Wanduhr in der Küche, die ein gutes Stück von meinem Bett entfernt war, und roch das Brot im Brotkasten.

Diese Wahrnehmungen waren nicht beängstigend, sondern höchst aufschlußreich, und ich genoß sie in vollen Zügen. Ich verspürte ein gewisses Machtgefühl, als sei ich Herr über die Welt und könne alles meinem Willen unterwerfen.

Josh meinte: »Dir scheint's gutzugehen, deshalb lasse ich dich ein Weilchen allein, aber ich komme wieder und sehe nach dir.« Ich entließ ihn feierlich, wie ein Hohepriester in einem burmesischen Tempel, der einen jungen Mönch auf eine wichtige Mission schickt.

Allein und in mein Inneres versenkt, schaute ich mir mein Herz, die Lungen und Nieren und die Reste meines chinesischen Essens im Magen an. Ich erforschte eine Weile meine Innereien, dann schlug ich die Gucker wieder auf und betrachtete den Raum, in dem alles vertraut wirkte. Plötzlich war mir, als husche etwas durch den Schlitz unter der Eingangstür in die Wohnung. Das undefinierbare Etwas flitzte in den großen Schrank, dessen Schiebetür nicht ganz geschlossen war. Diese kleine Störung beunruhigte mich ein wenig, da ich dachte, es sei vielleicht eine Ratte, doch dann überlegte ich, daß eine Ratte wohl kaum unter einem Türschlitz durchpaßte, und versuchte, das Ganze zu vergessen.

Leichter gesagt als getan. Meine Gedanken wanderten immer wieder zu der leicht geöffneten Schranktür und dem, was wohl darin sein mochte. Leise Furcht machte sich breit, und dann fing es an, ganz sacht, fast unmerklich: eine durchsichtige Ranke von schleimiggrüner Farbe reckte sich heraus, schlängelte sich tastend ein Stück über den Boden und zog sich wieder in den Schrank zurück. Dann krochen mehrere von diesen Ranken heraus, schlängelten sich ein Stück weiter über den Boden und zogen sich erneut zurück. Von diesem Etwas schien ein diffuses Miasma auszugehen, das alles infizierte, mit dem es in Berührung kam, und immer dreister wurde, je mehr es infizierte. Ich weiß nicht, was es war, aber es war zwischen mir und der Tür, und es gab keinen anderen Fluchtweg.

Ich war halb wahnsinnig vor Angst. Der einzige andere Weg nach draußen war, da es keine Feuerleiter gab, ein etwa zehn Meter tiefer Sprung aus dem Fenster, und soweit war ich noch nicht, als daß ich das versucht hätte.

Innerhalb kurzer Zeit hatte dieser bösartige, gefräßige Dämon bereits die halbe Wohnung bedeckt und verpestet. Wie gelähmt hockte ich auf dem Bett, wimmernd, die Arme um die Knie geschlungen. Es war der Teufel, und da ich meinen alten katholischen Gott wegen des süßen Lebens im Stich gelassen hatte, gab es niemanden mehr, den ich um Hilfe hätte anflehen können. Das schlängelnde Etwas hatte das Fußende meines Bettes erreicht, und ich wußte, daß es mich fressen würde, daß ich der Hauptgang in diesem Festschmaus war. Es war nur eine Frage der Zeit, wann mich der Schleim bedecken und verschlingen würde.

Meine Ohren nahmen das Geräusch eines Schlüssels im Türschloß wahr, und dann kam Josh herein. Ich wollte ihm zubrüllen, er solle fliehen, bevor er gefressen werde, doch das einzige, was ich hervorbrachte, war ein Grunzen. Er war sich der Gefahr offenbar nicht bewußt, wirkte sogar ausgesprochen heiter. Ich kämpfte mich seit ungefähr acht Stunden durch die Hölle und konnte nicht begreifen, wieso er dort im Sessel saß, unbeschleimt, ohne durchscheinende Ranken um seinen Hals, und plauderte, als sei alles in bester Ordnung.

Schließlich platzte ich damit heraus, was geschehen war, was immer noch geschah, daß er mitten in der Hölle saß und deren Hüter sich anschickte, ihn zu verschlingen wie eine Boa Constrictor. Aus irgendeinem Grund glaubte er mir nicht.

Statt dessen versuchte Josh, mich von meinem Horror zu befreien, indem er mir Salzwasser einflößte, um mich zum Kotzen zu bringen. Nach einer Weile ließ ich mich davon überzeugen, daß uns kein Schicksal drohte, das schlimmer war als der Tod, aber der Nachhall des grauenvollen Erlebnisses verfolgte mich noch tagelang. Ich konnte jede einzelne Zutat meines Essens herausschmecken, merkte, ob es von einem Küchenchef oder einem Gehilfen gewürzt worden war. Ich schmeckte den winzigsten Krümel Erde heraus, der an einer Karotte oder Kartoffel hängengeblieben war. Meine

Ohren nahmen sämtliche Geräusche der Erde wahr, ob menschlichen, tierischen oder mechanischen Ursprungs.

Und die Augen, o ja, die Augen! Nuancen von Farbe, Helligkeit, Bewegung. Am Rand meines Blickfelds schienen ständig irgendwelche kleinen Wesen herumzuhuschen. Ich tat, als sähe ich sie nicht, wandte dann schnell den Kopf, um hinzusehen, und – puff! – waren sie verschwunden.

Ich nahm mir im Theater noch einen weiteren Abend frei, unter dem Vorwand, eine verdorbene Muschel gegessen zu haben. (Ich mag Muscheln nicht besonders, und wenn sich eine Möglichkeit bietet, den schlechten Ruf dieses Weichtieres noch zu verschlimmern, nutze ich sie aus.) Als ich wieder auf der Bühne stand, fand ich die Scheinwerfer so faszinierend wie ein Baby das Mobile über seinem Bettchen. Anstatt meinen Text zu sprechen, wollte ich meinen Schauspielerkollegen die wunderbaren bunten Muster zeigen, die sie entsandten.

Unser Produzent dachte, ich hätte einen plötzlichen und heftigen Anfall des Schauspielersyndroms, das unter der Bezeichnung »Die Methode« bekannt ist und sich darin äußert, daß infizierte Schauspieler auffällig viel in die Gegend starren, sich hingebungsvoll am Hintern und in den Achselhöhlen kratzen, jedem Satz die Äußerung »Ähm, also« voranstellen und dann eine Ewigkeit brauchen, um ihren Text hervorzubringen.

Ich erklärte meinem Produzenten, daß ich nicht der »Methode« zum Opfer gefallen sei, daß aber das Gift aus der Muschel bei Schauspielern dieselbe Wirkung hervorrufe, was meine schlafwandlerische Darbietung erkläre. Woraufhin er mir sagte, ich solle mich zusammenreißen und ein bißchen Dampf machen.

Sonntags verzogen wir uns zwischen der Vormittags- und der Abendvorstellung zur Stärkung ins P.J. Clarke's. Die Nahrung, die wir uns dort zu Gemüte führten, war wohl in erster Linie flüssiger Natur, aber gelegentlich landete auch ein Hamburger auf unserem Tisch. Da die Jungs, die dort arbeiteten, Charlie Clarke, Jim Ennis und Frankie Rebondo, alle wußten, daß wir in der Unterhaltungsbranche tätig waren, paßten sie auf, daß wir nicht zu spät zur halben Stunde kamen. Das ist die offizielle Zeit, die Schauspieler vor dem Öffnen des Vorhangs im Theater sein müssen. Der Inspizient gibt das Zeichen »halbe Stunde«, dann »fünfzehn Minuten«, »fünf Minuten«, dann »Schauspieler auf die Bühne«, und dann geht's los.

Es gab Abende, an denen wir alle eine Spur zu angesäuselt waren, um eine ordentliche, professionelle Vorstellung zu geben, was nicht besonders ehrenhaft von uns war. Die Leute rackern sich ab, um sich ihr Stückchen vom Kuchen zu verdienen, und wenn sie dann kommen, um sich von den Kunststücken der Bühnenautoren und Schauspieler unterhalten und verzaubern zu lassen, sollten sie eigentlich das Beste bekommen, was wir ihnen bieten können. Alle haben über die Kapriolen gelacht, die Errol Flynn, John Barrymore, Brendan Behan, Dylan Thomas, Peter O'Toole, Richard Harris und Richard Burton unter dem Einfluß des bernsteinfarbenen Flaschengeistes vollbracht haben, und es klingt auch alles sehr witzig und schick. Aber mit Ausnahme von Peter O'Toole und Richard Harris haben alle Obengenannten inzwischen das Privileg genossen, ihre Kapriolen in einem interessanten und erbaulichen Nachruf verewigt zu sehen.

Wie auch immer, wir zwitscherten uns zwischen den sonntäglichen Vorstellungen munter einen an und amüsierten uns königlich, wenn auch nicht überliefert ist, wie das arg- und ahnungslose Publikum darüber dachte.

Eines Abends im Malachy's kam ein merkwürdiger Kerl auf mich zu und verkündete energisch, er wolle mich sprechen. Er hatte den starren, funkelnden Blick derer, die niemals blinzeln, sprich: eines professionellen Irren.

»Schieß los!« sagte ich zu ihm.

»Nicht hier. Draußen«, sagte er.

»Wieso nicht hier?«

»Zu gefährlich.«

Ich sagte unserem Faktotum Earl, daß ich mal kurz nach draußen ginge und gleich wiederkäme. Faustregel: Funkeläugige Leute sollte man grundsätzlich so schnell wie möglich aus dem Laden schaffen, aber ohne Gewaltanwendung, denn diese Typen sind meistens schmerzunempfindlich, da funktioniert das nicht.

Er ging nach draußen und bedeutete mir, ihm noch ein Stück die Straße runter zu folgen. Ein Blick zum Himmel zeigte mir, daß wir Vollmond hatten, und ich dachte nur »Aha«.

Der Nichtblinzler blieb mitten auf dem Gehweg stehen und sagte: »Halt!«, und ich hielt an. Dann ging er in die Knie, nahm ein Stück Kreide aus seiner Tasche und malte einen Kreis um die Schuhe, die ich an den Füßen trug. Als er wieder die Vertikale eingenommen hatte, legte er die Hände auf meine Schultern, packte sie fest, fixierte mich mit seinen glänzenden Guckern und erklärte mir, ich sei in großer Gefahr. Ich sollte nicht aus dem Kreis heraustreten, den er gemalt hatte, und auf gar keinen Fall ins Malachy's zurückkehren. Dann verkrümelte er sich Richtung Downtown.

New York ist eine Stadt ununterbrochener Aktivität und Bewegung, und somit gibt es, abgesehen von den Obdachlosen, die an Hauswände gedrückt schlafen, und den Flugblattverteilern, niemanden, der reglos auf dem Gehweg herumsteht. Ich war hin und her gerissen zwischen der Angst, daß mir etwas zustoßen könnte, und dem Gefühl, daß ich mich komplett zum Narren machte, weil ich auf diesen Spinner hörte, der eben noch vor mir gestanden hatte.

Als ein paar Leute vorüberkamen, bückte ich mich, um einen imaginären Schnürsenkel an meinem Slipper zuzubinden. Ein paarmal nahm ich meinen Gewerkschaftsausweis heraus und studierte ihn eingehend.

Nachdem ich ungefähr zwanzig Minuten mit mir gerungen hatte, trat ich aus dem Kreidekreis heraus und ging in die Sixty-second Street, zur nächsten Telefonzelle. Ich rief in der Kneipe an, ließ mir Earl geben und bat ihn nachzusehen, ob in der Nähe der Bar ein Päckchen oder eine Tasche herumstand, da mir der Gedanke gekommen war, daß der Nichtblinzler uns womöglich eine Bombe untergejubelt hatte. Earl unterzog den Laden einer schnellen Erkundung und berichtete, er habe keine herrenlosen Päckchen oder Taschen gefunden.

Diskret, wie er war, fragte er nicht, weshalb ich rausgegangen war und dann von der Straße aus angerufen hatte, und so kehrte ich unversehrt an Körper und Seele zurück.

Ein anderer Pappenheimer namens Ted brachte eines Abends, als ich sowohl die Bar als auch die Tische bediente, ein hinreißendes junges Ding mit. Wie das nun mal so ist, spielen manche Männer sofort den Pfau, wenn sie vom Besitzer eines Lokals mit Namen begrüßt werden, und dieses Exemplar war keine Ausnahme.

Wenig später vertraute mir der Typ in einem Gespräch von Mann zu Mann an, daß ihm sehr daran gelegen sei, besagtes junges Ding ins Bett zu kriegen, und bat mich, ihm einen Gefallen zu tun, indem ich ihren Southern Comfort mit Ginger Ale heimlich mit einem Schuß Wodka verstärkte, ihm hingegen einen sehr sparsam dosierten Wodka mit Grapefruitsaft servierte, da er für die Verführungsnummer fit bleiben müsse.

Natürlich willigte ich ein, aber nur theoretisch. Ich tat keinen Wodka in ihren Drink – und nur einen winzigen Schuß Southern Comfort –, gab Ted dafür aber eine doppelte Portion Wodka, und sobald ich sah, daß er schon zu breit war, um den Unterschied zu schmecken, eine dreifache. Innerhalb von ein paar Stunden fielen Ted die Augen zu und der Kopf auf die Brust, derweil das hübsche junge Ding munter mit mir plauderte und meine Gesellschaft höchst anregend fand.

Ted schnarchte vor sich hin, und ich verfrachtete das Mädchen in ein Taxi und schickte es nach Hause. Ich ließ Ted den Schlaf des Lüsternen schlafen, bis ich dichtmachte. Dann weckte ich ihn mit einem Kaffee, präsentierte ihm eine schwindelerregende Rechnung und erzählte ihm, das junge Ding habe alles getrunken, was ihr unter die Finger gekommen sei, und sei dann mit einem Zeitungsverkäufer abgezogen. Als ich ihn rauskomplimentierte, sah er aus wie ein begossener Pudel, hatte aber ein zu schlechtes Gewissen, um wegen der enormen Rechnung zu maulen.

Ich hatte bei einigen von den weiblichen Stammgästen des Malachy's mehr Erfolg als Ted, aber es waren nur oberflächliche Begegnungen, bis eines Abends ein schlankes, hübsches, quicklebendiges Modelmädchen »Hi« zu mir sagte und mich etwas Merkwürdiges fragte: Sie spüle ihr Haar mit Bier, um es fülliger erscheinen zu lassen, und ob ich ihr zu diesem Zweck eine Flasche von dem Zeug geben könne. Wenn ich geahnt hätte, welche Folgen meine Zustimmung haben sollte, wäre manches in meinem Leben ganz anders verlaufen. Doch wie ich irgendwann feststellte, hingen all meine Schwierigkeiten mit Alkohol zusammen, ob es nun Bier im Haar war oder Whiskey im Magen.

»Ich hol' dir eine leere Flasche aus der Küche«, sagte ich in der Absicht, sie am Zapfhahn der Bar zu füllen. Ich wanderte nach hinten, schnappte mir besagte Flasche und machte kehrt, um die Küche zu verlassen. Da stand sie und lächelte mich an.

»Komm zu mir«, sagte ich, stellte die Flasche auf das Schneidbrett, schlang meine Tentakeln um ihren schlanken Körper und zog sie an mich. Es war ungefähr die schnellste Verbindung zweier Körper, die ich je erlebt hatte, und ich fand's herrlich: sämtliche Pumpen an, die Säfte am Brodeln und bereit zum Austritt!

Plötzlich erklang von der Tür her ein verärgertes »Verzeihung«. Wir wandten uns um und erblickten einen wutschnaubenden jungen Mann, der uns anstarrte. Völlig gelassen sagte sie zu mir: »Oh, das ist der Typ, mit dem ich verabredet war, Tony. Oder Teddy. Oder so.« Ohne ihn anzusehen, fügte sie hinzu: »Und das ist Malachy.«

Donnerwetter! Meinen Namen kannte sie. Er wollte wissen, was hier vorging, und sie sagte: »Nichts Besonderes«, außer daß er jetzt gehen könne und *ich* sie nach Hause bringen würde.

Das mit dem Nachhausebringen war mir neu, aber ich hielt natürlich die Klappe, und so zog ihr Heini ab und überließ uns unseren Forschungen. Schließlich kehrten wir an die Bar zurück und füllten die Bierflasche, auf Kosten des Hauses, versteht sich. Wir plauderten über dies und das. Sie erzählte mir, daß sie Linda Clair hieß und vor kurzem in diese Gegend gezogen war. Das Malachy's gefiel ihr wirklich gut, und sie kam oft hierher. Sie arbeitete als Model, aber für die Haute Couture fehlten ihr ein paar Zentimeter.

»Ich fand eigentlich nicht, daß irgendwo was fehlte«, sagte ich.

Sie schien diese alberne Bemerkung ziemlich komisch zu finden und lachte ein wenig zu laut.

Noch ein paar Absacker, dann sagte ich: »Zeit, dich nach Hause zu bringen.« Vor ihrer Tür fragte ich, ob ich noch mit raufkommen dürfte, sie war einverstanden, und so blieb ich über Nacht.

Die Wohnung war spärlich möbliert, und wir schliefen auf einer Matratze, die sturmsicher auf dem Boden lag. Der Morgen war angenehm. Es war Herbst, und man hörte noch ein paar Vögel zwitschern, als wir unsere lebensnotwendige Koffeindosis schlürften, sie ihre Pall Mall qualmte und wir beide krampfhaft versuchten, nichts von uns preiszugeben. Statt dessen quatschten wir irgendwelchen Blödsinn.

Da saßen wir, zwei Menschen, die sich nur wenige Stunden zuvor der biblischen Fleischeslust hingegeben hatten, und rangen nervös darum, uns nicht näher kennenlernen zu müssen.

Doch wir zogen uns an und spazierten hinaus in den sonnigen Septembertag, und tatsächlich war Gott in seinem Himmel und die Welt in bester Ordnung.

Es gab noch mehr solcher Tage und vor allem Nächte. Sie sagte mir, sie habe genug Geld verdient, um eine Weile davon leben zu können, und im übrigen würden ihre Eltern ihr jederzeit unter die Arme greifen. Fragen nach den Eltern wurden jedoch abgewehrt. »Ich komme nicht gut mit ihnen klar, und ich mag sie auch nicht besonders, und deshalb will ich nicht über sie reden.«

Das Recht auf Redefreiheit schließt ja auch das Recht zu schweigen ein, und so hatte ich nichts dagegen.

Ich hingegen schleppte wegen der ärmlichen und »einfachen« Verhältnisse, aus denen ich stammte, eine ganze Tonne voller Scham mit mir herum und bemühte mich im allgemeinen, meine Herkunft zu verbergen. Auch Linda gegenüber war ich diesbezüglich nicht besonders gesprächig. Ich ließ nur hier und da durchschimmern, daß meine Familie wohlhabend und gebildet sei. Ich hatte nicht die Absicht, etwas von dem geistig zurückgebliebenen Onkel mütterlicherseits zu erzählen, der seinen Lebensunterhalt als Zeitungsverkäufer bestritt, oder preiszugeben, daß meine Mutter nur einen einzigen Job gehabt hatte, und zwar als Küchenmagd in verschiedenen Häusern, und daß mein Vater lediglich seinen Geschlechtstrieb abreagiert und sich danach keinen Dreck mehr um uns gekümmert hatte.

Ich stürzte mich auf ein paar mittelprächtige Errungenschaften der väterlichen Verwandtschaft, obwohl die weit weg von Limerick im Norden Irlands lebte und kaum etwas von meiner Familie wußte, außer der Tatsache, daß meine Mutter aus einfachsten Verhältnissen stammte.

Der Bruder meines Vaters arbeitete für die Regierung. Das erzählte ich ihr, behielt aber für mich, daß er Busfahrer war und als Katholik in einer reformationswütigen Ecke von Hibernia verdammt froh sein konnte, überhaupt einen Job zu haben. Eine von den Tanten hatte ein kleines Hotel, genaugenommen ein Bed & Breakfast, zwei weitere waren Lehrerinnen, und ich dachte, das würde Linda vielleicht beeindrucken.

Eine weitere Tante war Nonne, und zwar nicht nur eine einfache Nonne, sondern eine Mutter Oberin, Mother Mary Comgall von den Sisters of Mercy. Linda, die nicht dem römisch-katholischen Glauben angehörte, wirkte nicht besonders beeindruckt und sagte nur: »Wie nett.«

Wir hielten uns nicht lange bei den Wurzeln unserer Stammbäume auf, da es wesentlich spannender war, die Früchte dieser Ahnenreihe zu genießen.

Überall auf der Welt verkünden die Barden und Dichter die Ankunft des Frühlings. Sie trällern von Vögeln, die ihre Nester bauen und ihre kleinen Löchlein für jedes vorbeischwänzelnde Männchen bereithalten. Sie säuseln von Lämmern, die über den grünen Rasen springen, vom Krokus, der sich durch den Schnee kämpft, von den aufspringenden Knospen an Büschen und Bäumen, von jungen Liebespaaren, die händchenhaltend am plätschernden Bach entlangschlendern, der sich gerade vom eisigen Griff des Winters befreit hat, und allem möglichen anderen Mist in dieser Art.

Der New Yorker Dichter hingegen findet seine Muse im Herbst. Das ist die Zeit, in der die Stadt zu neuem Leben erblüht: Die Könige des Kommerzes kehren zurück und bevölkern die Restaurants, Taxifahrer müssen sich nicht länger gegenseitig umbringen, um einen Fahrgast zu bekommen, und für die Wohlhabenden beginnt die gesellschaftliche Saison: Symphonien, bei denen man gesehen werden muß, unverständliche Opern, durch die man sich hindurchgähnt, Modenschauen, die man nicht verpassen darf, Hüte, die gekauft werden wollen, Museen und Ausstellungen, die bekreischt werden müssen.

Und dann die Eröffnung der Vereinten Nationen, die Menschen von jedem nur erdenklichen Fleck des Globus' nach New York lockt. Man sieht die unglaublichsten Kleider, gekrönt von Turbanen, Burnussen, Kepis, Sombreros, Tams, Fezen und so vielen anderen exotischen Kopfbedeckungen, daß man sich fragt, wozu wir überhaupt Haare auf dem Kopf haben.

Die Straßen wimmeln nur so von Königen, Königinnen, Ministern (Premier- und anderen), parvenühaften Diktatoren, päpstlichen Beobachtern und Präsidenten, alle auf dem Weg zu oder auf dem Rückweg von irgendeiner Veranstaltung und ein ständiges Hindernis für die Einwohner.

Dennoch hat es etwas Munteres und Lebendiges, und dieses Jahr, 1958, war das Jahr, in dem der irische UN-Botschafter zum Präsidenten der Generalversammlung gewählt wurde. Was waren wir Iren stolz auf dieses Ereignis! Der Erwählte war Freddie Boland, ein herzlicher und diplomatischer Mann mit einem wunderbaren Sinn für Humor und alles Absurde. Irland, diese winzige Nation, die nur ein Zehntel der Fläche von Texas umfaßt und ein Sechstel der Bevölkerung von Kalifornien, war jetzt der Schiedsrichter in Streitfällen zwischen Ländern der ersten, zweiten und dritten Welt.

Dabei war es noch gar nicht so lange her, daß Irland selbst den erniedrigenden Status eines Dritte-Welt-Landes innehatte, als nämlich der britische Löwe noch mit seinem stinkenden Arsch auf Irlands Kopf hockte. Irland war die erste unterdrückte Nation, die den Löwen in den Schwanz gezwickt und ihm einen kräftigen Tritt in seinen furzenden

Hintern versetzt hat, was wiederum Indien, Afrika, Palästina und sämtlichen arabischen Nationen den Anstoß gegeben hat, endlich zum Knüppel zu greifen und sich von der bleichgesichtigen, vertrottelten Plage zu befreien, die England ausgesandt hatte, um ihre Länder ordentlich in den Sand zu setzen.

Tagsüber war die irische Delegation sehr gefragt bei Konferenzen und Beratungsgesprächen, aber abends kamen sie zum Spielen ins Malachy's. Und wie sie gespielt haben! Diese verspielte Bande – bestehend aus Conor Cruise O'Brien, Eamon Kennedy, Maire McEntee (die spätere Frau von Conor Cruise O'Brien, zu dem Zeitpunkt allerdings nur heimliche Gespielin, da O'Brien damals noch mit einer anderen Lady verheiratet war, aber fragen Sie mich nicht, wie die beiden das auf die Reihe gekriegt haben), Bob McDonagh, Sean Ronan und Robin Fogarty – war der unkomplizierteste Haufen, den man sich nur vorstellen konnte. Sie kannten eine Menge Lieder, Balladen und schlüpfrige Geschichten, die sie auch ganz zwanglos darboten. Ich freundete mich mit ihnen an und war so oft im UNO-Hauptquartier, daß die Wachleute dachten, ich gehöre zur Delegation.

Nikita Chruschtschow war inzwischen in der Sowjetunion an die Macht gekommen und sorgte, stürmisch, wie er war, für heftige Böen, als er seinem Vorgänger José Stalin öffentlich Brutalität und Unterdrückung vorwarf. Hoffnung machte sich breit, daß die Kommunisten nun vielleicht ihren Irrtum einsehen und den Herren Nixon, McCarthy und dem selbsthasserischen Roy Cohn ihr kollektives, nationales Arschloch für einen kapitalistischen Fick hinhalten würden. Denkste! Der gute alte Nicky meinte, das kommunistische System würde durchaus funktionieren, man müsse den Leuten nur ermutigend auf die Schulter klopfen, anstatt ihnen ein Würgehalsband anzulegen.

Bei einer Versammlung – die ich zu meinem grenzenlosen Bedauern verpaßt habe, deren Ablauf mir jedoch abends im Malachy's genauestens geschildert wurde – unterbrach Nikita jemanden in seiner Rede, woraufhin Freddie Boland ihn prompt darauf hinwies, daß er warten müsse, bis er an der Reihe sei. »Was soll das heißen, ›an der Reihe‹?« fragte Nicky. »Wie beim Onkel Doktor«, erklärte Freddie. »Hör' ich zum ersten Mal«, sagte Nicky störrisch.

»Laut Roberts Parlamentsregeln hat nur der was zu vermelden, der das Mikro und das Wort hat.«

Woraufhin Nicky der Stürmische verlauten ließ, dieser komische Robert sei ein kapitalistischer Überläufer, und seine Regeln stammten von einer geheimen Direktive ab, die von einem Haufen dicklippiger, zigarrenrauchender Unterdrücker der Arbeiter bei einem heimlichen Rendezvous in den Schweizer Alpen veröffentlicht worden sei.

»Stimmt, aber deshalb müssen Sie trotzdem warten, bis Sie an der Reihe sind«, sagte unser Kumpel Freddie und klopfte, um seiner Aussage Gewicht zu verleihen, mit dem geschnitzten Teakholzhammer, der dazu diente, die vereinten Gangster, Ganoven und Großmäuler zusammenzurufen, dröhnend auf seinen Tisch.

Nikita sehnte sich von ganzem Herzen nach dem historischen russischen Gegenstück zum Holzhammer, der Kosakenknute, doch da gerade keine greifbar war, zog er einen Schuh aus (den linken, versteht sich) und schlug damit in rhythmischem Gegenklang zu Freddies Herausforderung schwungvoll auf das Pult vor ihm.

Freddie pochte mit seinem Hammer, doch Nikita, der wegen des Gummiabsatzes lautstärkemäßig etwas im Nachteil war, hielt sich ganz wacker. Musikalische Zwischenspiele dieser Art erlebt man bei den Sitzungen der UNO nur selten, vor allem das Trommeln mit Gegenständen des Arbeitsalltags. Freddie klopfte, Nikita knallte, und bald vermischten sich die beiden unterschiedlichen Trommelklänge zu einem hypnotischen Rhythmus, der die gesamte Generalversammlung in ein Wiegen versetzte, vor und zurück, Schulter an Schulter, bis sie in die Hände klatschten und Gott, Allah, Buddha und Madalyn Murray O'Hair priesen.

Doch plötzlich zerbrach in einem überwältigenden Sieg für den atheistischen Kommunismus Freddies Hammer, wodurch die Kontrolle über den Rhythmus in die Hände Nickys des Stürmischen und damit an die Sowjetunion fiel. Als Nicky sah, daß er gewonnen hatte, versetzte er seinem treuen Pult noch ein paar schwungvolle Schläge, schwenkte den siegreichen Schuh in Richtung der jubelnden Menge und schlüpfte dann wieder mit seinem (linken) Fuß hinein. Freddie winkte mit dem abgebrochenen Griff des verstummten Hammers, verneigte sich vor Nicky und bat den sprachlos dastehenden Redner (der, der unterbrochen worden war), mit seiner Rede über die Urbarmachung des Meeresbodens fortzufahren.

Fragen wurden laut, wie es geschehen konnte, daß ein kapitalistischer, handgearbeiteter Hammer einem billigen Kommunistenschuh vom Fließband unterlag, aber die Ergebnisse der Untersuchungskommission wurden nie veröffentlicht. Wieder so eine vertuschte kapitalistische Verschwörung.

(Nikita, glücklich über die Entdeckung seiner bisher verschütteten Trommeltalente, brachte sie später bei einem Trauerlied in Erinnerung an den Westen zum Einsatz, als er verkündete: »Wir werden euch begraben.«)

An dem Abend gab's im Malachy's eine Riesenparty anläßlich Nikitas »Schuh-In«. Die gesamte irische Stammcrew war da und goß sich mächtig einen auf die Lampe. Linda saß an der Bar und sah zu, und Sam Jeffe, ein Freund von mir und Reporter bei der CBS, brachte den UNO-Korrespondenten von der Nachrichtenagentur TASS mit, einen überschwenglichen Moskowiter namens Wladimir Bogatschew, der irischste Russe, der sich je nach Amerika verirrt hatte. Wladimir schätzte nicht nur hochgeistige, geschmacksneutrale Wasser, sondern auch Lieder, Geschichten und den spontanen, primitiven Tanz, und von allem gab es reichlich.

Kenneth Tynan hat mal gesagt, die einzigen Leute, die russisches Drama spielen könnten – außer den Russen selbst –, seien die Iren. Ich schätze, das kommt daher, daß die Gefühle bei uns immer zwei bis drei Nummern größer ausfallen. Es ist nicht weiter schwierig, von den finstersten Tälern zum Gipfel der Fröhlichkeit hinaufzusegeln, wenn das Gemüt von allem Lebendigen und Singenden getragen wird. Und es ist sogar noch einfacher, im Sturzflug in den Abgrund der Verzweiflung und völligen Hoffnungslosigkeit abzutauchen, wenn man begreift, daß es, wie Daniel Patrick Moynihan mal so treffend sagte, vollkommen nutzlos ist, Ire zu sein, solange einem nicht klar ist, daß einem die Welt irgendwann das Herz brechen wird. Vielleicht geht es den Bewohnern der Steppe genauso.

An jenem Abend in der Kneipe vereinten sich die irischen und russischen Geister, die flüssigen wie die spirituellen, zur feierlichen Ehrung des Duells zwischen Hammer und Schuh.

Die regelmäßigen Treffen mit Linda hatten sich zu etwas Festem entwickelt, das zusehends einer regelrechten Beziehung ähnelte. Ich ließ mich vom Strom treiben, obwohl ich natürlich auch über Bord hätte springen und ans Ufer schwimmen können, aber da ich eine Heidenangst hatte, sie zu verletzen, tat ich so, als fände ich es spaßig, auf den Wasserfall zuzutrudeln.

Ich hatte vorgehabt, über Weihnachten nach Irland zu fahren, um die Mutter und den jüngeren Bruder Alphie zu besuchen, die alten Kumpels mal wiederzusehen und ein bißchen mit meinem neu erworbenen Ruhm und dem be scheidenen Wohlstand anzugeben, den ich mir in sechs Jahren Amerika erarbeitet hatte.

Die Erwähnung dieses familiären Unterfangens gegenüber dem aktuellen Objekt meiner fleischlichen Gelüste rief einen Wutausbruch vulkanischen Ausmaßes hervor:

»Du willst was?«

»Ähm, nach Irland fahren.«

»Du willst mich allen Ernstes an Weihnachten hier allein lassen, ohne irgendeine Beschäftigung oder eine Party, zu der ich gehen könnte? Du bist ein egoistischer, rücksichtsloser Mistkerl, der immer nur an sich selbst denkt!«

Ich versuchte einzuwerfen, daß ich mit meinem Besuch bei Mutter und Bruder doch gerade Rücksicht zeige und daß ihr, da sie dem Volke Israels angehörte, doch Jesus' Geburtstagsfeier kaum so wichtig sein könne.

Doch die Flut verbaler Lava war zu heiß und zu schwer für mich, um sie einzudämmen, und so ließ ich sie fließen, bis der Vorrat erschöpft war. Dann schilderte ich ihr das strenge Moralverständnis, das die Grüne Insel damals im Würgegriff hielt: daß wir, wenn wir gemeinsam zur Mutter reisten, getrennte Zimmer mit sehr dünnen Wänden haben würden, daß man uns ständig beobachten und jeden Klaps, jedes Kitzeln und überhaupt jeglichen Versuch, Körperkontakt aufzunehmen, augenblicklich unterbinden würde und daß ich schlichtweg durchdrehen würde, wenn ich wüßte, daß sie im Nebenraum läge, ich aber nicht zu ihr dürfte.

»Das alles ließe sich regeln«, sagte sie, »indem wir heiraten.«

Dieser Gedanke war mir bis dato nicht mal im Traum eingefallen, da ich erst sechsundzwanzig war und die Ehe stets als eine Beschäftigung angesehen hatte, die ausschließlich geistig und seelisch voll ausgereiften Erwachsenen vorbehalten war, was auf mich noch längst nicht zutraf. Doch als ich nun mit der »Willst du«-Frage konfrontiert wurde, sagte ich »Ja« und brachte einen ehelichen Schwertransporter in Gang, der mich bald überrollen und an dessen schrecklichen Folgen ich noch viele Jahre zu kauen haben sollte.

Es ist erstaunlich, was so alles ans Tageslicht kommt, wenn man sich mit einem anderen Menschen verlobt. Ich erfuhr, daß das junge Ding, mit dem ich meinen restlichen Lebensweg zurücklegen sollte, in Wirklichkeit Louise Clara Wachsman hieß. Ihre Eltern waren geschieden. Die Mutter war inzwischen mit Carl Friedlander verheiratet, und der Vater, Bill Wachsman, wohnhaft in L. A., hatte zwischenzeitlich sechs oder sieben weitere Damen geehelicht.

Ihr Vater war ein erstaunlicher kleiner Kerl, eine Art Inneneinrichter für Restaurants, glaube ich, mit einem Ring weißer Haare um die schimmernde Glatze, einem zahnlückenreichen Lächeln und chaplinschen Füßen, die nur unter Einsatz äußerster Willenskraft zur Zusammenarbeit gezwungen werden konnten. Nichtsdestoweniger gelang es ihm, eine beachtliche Reihe wohlhabender Witwen zu betören.

Des weiteren erfuhr ich, daß meine Zukünftige schon einmal verheiratet gewesen war, und zwar mit einem gewissen Lance und im Rahmen einer presbyterianischen Zeremonie, außerdem, daß sie zum Christentum übergetreten war und somit nach Ansicht einer ganzen Anzahl von Glaubensrichtungen nach wie vor als verheiratet galt. Demzufolge würden »sie« – die allgegenwärtigen »sie« – uns nicht in einer ihrer orthodoxeren Kirchen heiraten lassen, und so entschieden wir uns für die gute alte standesamtliche Variante in der City Hall.

Ich mußte die Mutter über die Anschaffung einer Schwiegertochter informieren und sie anweisen, für die Feiertage das Bett für zwei Leute zu beziehen und den roten Teppich für die junge Braut auszurollen. Da die Cunard Lines die Atlantiküberfahrt zu ganz anständigen Preisen anbot, beschloß ich, mit dem Schiff zu reisen, und buchte zwei einfache Fahrten erster Klasse. Landen würden wir in Port Cobh, von wo ich am 12. Juni 1952 tränenreich und mit einem Gefühl der Verlassenheit in See gestochen war, weil ich dachte, ich würde Irland nie wiedersehen.

Wir mußten uns um Geburtsurkunden, elegante Klamotten, Verlobungsring, Trauringe und einen kleinem Empfang kümmern, außerdem um eine Bleibe für die Zeit nach der Rückkehr aus den Flitterwochen. Die Zeit reichte vorne und hinten nicht.

Josh Reynolds sollte mein Trauzeuge sein. Lindas Trauzeugin war eine junge Freundin namens Ellen White, die diese Funktion bereits bei Lindas erster Hochzeit übernommen hatte, was ich jedoch nicht wußte.

Dann kam der Tag, an dem der Standesbeamte mit ausgesprochen hoher Stimme fragte: »Willst du, Louise …?«, und sie antwortete: »Ja, ich will.«

»Willst du, Malaschi …?«

Ich sagte: »Es heißt Malachy, und ich will auch.« Und damit war die Sache erledigt.

Ein kleiner Empfang, dann ab in ein Hotel – das wir ohne jeden ersichtlichen Grund geheimgehalten hatten –, Abendessen in einem französischen Restaurant und wirres Gerede darüber, wer auf dem Empfang gewesen war und wer nicht. Weder ihre noch meine Eltern waren dabeigewesen: Ihr Vater becircte nach wie vor alte Damen in L. A., und ihre Mutter und ihren Stiefvater hatte Linda aus mangelnder töchterlicher Zuneigung gar nicht eingeladen. Meine Mutter war in Limerick, und mein Vater war vermutlich immer noch jähzornig und saß mal wieder seinen Monat im Gefängnis von Coventry ab, wegen Trunkenheit, ordnungswidrigen Verhaltens und tätlichen Angriffs von Polizeibeamten. Bruder Frank war aufgrund wüster Schimpfkanonaden und Drohungen seiner Verlobten, des Kriegsministeriums, ebenfalls nicht zur Hochzeit erschienen.

Das Gespräch versiegte, und ein ziemlich naheliegender Gedanke schoß mir durchs Hirn: »Mich verbindet überhaupt nichts mit dieser jungen Frau. Ich mag sie, ja, aber ich merke keine Spur von den berühmten Schmetterlingen im Bauch, und worüber sollen wir uns bloß für den Rest unseres Lebens unterhalten?«

Am nächsten Morgen brachte uns ein Taxi zum Anleger der Cunard Lines an die Piers der West Side, wo wir an Bord der *Saxonia* stiegen. Zu meiner Freude stellte ich fest, daß die UNO-Delegation ebenfalls mit der *Saxonia* über Weihnachten heimwärts reiste.

Bei der Abfahrt eines Überseedampfers herrschen immer große Aufregung und Feststimmung: Die Musik spielt, Gepäck und Frachtstücke werden eingeladen, überall knallen die Champagnerkorken, die kleinen Schlepper gondeln umher, um den Koloß, dessen Horn ein trommelfellerschütterndes Tuten von sich gibt, in den Atlantik hinauszuziehen. Die gewaltigen Trossen werden eingeholt und an Bord gehievt, Pfiffe, Befehle und Schreie ertönen, und das Schiff entfernt sich Zentimeter für Zentimeter von der Pier. Wir winken den Leuten an Land zu, die zum Abschied gekommen sind, und dann sind wir unterwegs.

Darauf die Erkundung des Innern: eine geräumige Kabine mit Seeblick, eine Bibliothek, Speisesäle, ein Kino und natürlich unzählige Bars. Ein wahrhaft luxuriöses Leben, jeder Wunsch wurde einem erfüllt. Nur kam, als das Land außer Sicht war, eine kräftige Brise auf, die so manchen Grüngesichtigen zur Reling schlittern ließ.

Ein kurzer Halt in Halifax, Nova Scotia, und dann ging's wieder auf die turbulente See. Ja, der Atlantik war bei meiner Hochzeitsreise ganz schön stürmisch, aber da ich ein ziemlich guter Segler war, hielt mich das nicht vom Trinken mit der irischen Bande ab. Linda war schwanger, was wir zu dem Zeitpunkt noch nicht wußten, und so hatte das arme Ding zwischen der morgendlichen Übelkeit und der Seekrankheit keine Minute Ruhe. Ich feierte jedoch ungerührt weiter.

Es waren auch ein paar Kerle von der britischen Kriegsmarine an Bord – ein Admiral und diverse Kapitäne und Fregattenkapitäne –, und es dauerte nicht lange, bis sie ihre dienstliche Zurückhaltung fallen ließen und sich zu unserer munteren Truppe gesellten.

Wie es sich für die erste Klasse gehörte, war zum Dinner große Abendgarderobe angesagt, sprich: Smoking. Ich schlenderte aber auch ungeniert zur zweiten Klasse oder in die Mannschaftsquartiere, je nachdem, wo es was zu Saufen gab. Die Biervorräte waren am dritten Tag erschöpft – das erzählte man uns jedenfalls. Später fand ich heraus, daß die Mannschaft ihren eigenen Vorrat hatte –, so daß alle gezwungenermaßen Hochprozentiges, Wein und Aperitifs trinken mußten. Mir war das egal: Es gab nicht eine Nacht, in der ich nüchtern in unsere Kabine gekommen wäre, wo mich meine neue Missus mit einem Warum-tust-du-mir-das-an-Blick empfing. Meine Antwort darauf lautete: »Erstens hat keiner was davon, wenn wir alle beide unglücklich sind. Zweitens bin ich inmitten von Krankheit und Tod aufgewachsen, drei meiner Geschwister sind vorzeitig zu himmlischer Ruhe abkommandiert worden, und ein gutes Dutzend von meinen Klassen- und Spielkameraden ist, in Särgen verpackt, unter dem grünen Rasen gelandet, so daß mir ein leichtes Unwohlsein wie zum Beispiel Seekrankheit bei den Wohlgeborenen und Wohlhabenden keinerlei Mitgefühl einflößt. Genaugenommen akzeptiere ich überhaupt keine Krankheit, weder bei mir noch bei anderen, es sei denn, sie ist tödlich, aber das ist bei mir meines Wissens bisher nicht der Fall. Wenn man in einer Gemeinschaft aufgewachsen ist, in der blutiger Lungenauswurf, verkrustete, eiterverklebte Augen und mit Warzen und aufplatzenden Furunkeln übersäte Haut an der Tagesordnung waren, fällt es einem verdammt schwer, sich das Gewimmer über Husten, Schnupfen, Grippe und Seekrankheit anzuhören.«

Nachdem ich so meiner Verantwortung gegenüber meiner neuen Angetrauten nachgekommen war, räumte ich beim Einschlafen noch großzügig ein: »Na ja, vielleicht sollte ich ein bißchen mehr Mitgefühl für das sogenannte Leid anderer Leute aufbringen.«

Am letzten Abend der Überfahrt fuhr die *Saxonia* Cobh Harbour an und ging ein paar Meilen vor der Stadt vor Anker, da das Wasser nicht tief genug war, um im Hafen anzulegen. Ein Beiboot sollte die Passagiere am nächsten Morgen an Land bringen, dann würde das Schiff nach Southampton weiterfahren.

Der Abend stand im Zeichen der Geselligkeit und Heiterkeit. Die Drinks flossen reichlich, die Lieder wurden noch einmal gesungen, und die Anekdoten wurden erzählt, als wäre es das erste Mal.

Bande ewiger Freundschaft wurden geschmiedet, Adressen ausgetauscht und Versprechen gegeben, einander zu besuchen. Es war laut und lustig, bis um elf die Stimme des Barmanns den gefürchteten Ruf erschallen ließ: »Letzte Bestellung, meine Herren.« Wir lachten natürlich herzlich über den drolligen Humor dieses Barmanns, fanden jedoch bald heraus, daß es alles andere als ein Scherz gewesen war. Er wies alle weiteren Drinkbestellungen mit der Erklärung zurück, wir befänden uns in irischen Gewässern und müßten somit die örtlichen Gesetze befolgen.

Es wurde Einspruch eingelegt. »Beim heiligen Jesus, Mann, glauben Sie allen Ernstes, daß sich die hiesige Garde einen Kutter schnappt, klammheimlich die zwei Meilen rübertukkert, diesen Dampfer erklimmt und uns alle verhaftet – Sie, weil Sie uns nach elf Uhr Getränke ausschenken, und uns, weil wir sie trinken?«

Doch der stoische Brite ließ sich nicht erweichen. Wir wiesen den sturen Tugendwächter darauf hin, daß die Briten die Iren achthundert lange und finstere Jahre hindurch abgeschlachtet, ihre Frauen vergewaltigt und ihre Kinder in die Sklaverei verkauft hatten. Sie haben uns während der Mißernten in den vierziger Jahren des vorigen Jahrhunderts verhungern lassen, uns weder eine ordentliche Rechtsprechung noch politisches Mitspracherecht zugestanden, und jetzt kommst du, du dämlicher Holzkopf, daher und erzählst uns irgendwelchen verlogenen Bockmist von der Einhaltung irischer Gesetze und verweigerst den heimkehrenden Auswanderern den Willkommenstropfen. Wie du willst, du hirnloser Hampelmann – in den irischen Gesetzen steht auch, daß ein rechtschaffener Reisender, der mehr als drei Meilen von zu Hause entfernt ist, ein Recht auf eine Erfrischung während der Reise hat.

Der Kerl sagte, davon wisse er nichts und er habe die Anordnung, das Pub zu schließen.

Unwissenheit schützt weder vor Bestrafung noch vor Befolgung eines Gesetzes. Dieses thomistische Argument rief bei dem unterbelichteten Barmann nur einen verständnislosen Blick und eine Wiederholung des altbekannten Refrains hervor: »Letzte Bestellung, meine Herren.«

Conor O'Brien und Maire McEntee zogen sich allzu bereitwillig zurück, fand ich, und die anderen ebenso. Da ich jedoch sah, daß die Schlacht verloren war, beschloß ich, ebenfalls zu gehen.

Doch halt! Die Schlüssel sind verschwunden! Die Schränke mit den Alkoholika können nicht gesichert, die Türen nicht verschlossen, die Kassenschublade nicht zugesperrt werden – ein Notfall ersten Grades!

Der Oberzahlmeister wurde herbeigerufen und äußerte den Verdacht, einer von der irischen Truppe habe die Schlüssel stibitzt. Ich schlenderte ein wenig auf Deck herum und näherte mich Conor Cruise O'Brien, dem zukünftigen persönlichen Berater von UNO-Generalsekretär Dag Hammarskjöld, zukünftigen Kanzler der Universität von Ghana, zukünftigen irischen Minister für Telekommunikation und zukünftigen Inhaber des Albert-Schweitzer-Lehrstuhls an der Universität von New York, und fragte beiläufig, ob er etwas über den Verbleib der Schlüssel wisse.

Wie es bei den Iren üblich ist, die es stets vermeiden, einander beim Reden anzusehen, blickte er konzentriert auf das dunkle Wasser im Hafen von Cobh und sagte, er habe wohl eine vage Ahnung, wo sich besagte Schlüssel derzeit befänden.

Daraufhin äußerte ich die Frage, ob er meine, die Rückgabe der Schlüssel veranlassen zu können, falls ich beim Oberzahlmeister im Austausch einen angemessenen Proviant heraushandelte, um die abendliche Feier fortzusetzen.

Den Blick nach wie vor auf das Wasser gerichtet, nickte er gemessen.

So kehrte ich also zum Zahlmeister zurück und informierte ihn darüber, daß ich jemanden getroffen hatte, der jemanden kenne, der gehört habe, die Schlüssel ließen sich wohl wieder auftreiben, sofern er sich zum Verkauf einiger Erfrischungen in flüssiger Form bereitfände.

»Nichts da«, sagte der Kerl. »Und wenn die Schlüssel nicht augenblicklich zurückgegeben werden, hole ich den Padre.« Diese Drohung sollte wohl das Herz jedes priestergeschädigten Iren vor Angst erstarren lassen.

Ich erklärte ihm, daß er damit bei mir auf Granit beiße, da die Bande von Beelzebuben, die ich vertrat, aus einer Ansammlung von Agnostikern, Abtrünnigen, gefallenen Katholiken, pensionierten Katholiken und (wie Brendan Gill sich selbst bezeichnete) abgedankten Katholiken bestünde. »Und ich bin Gott sei Dank Atheist. Es ist also völlig zwecklos, den Kirchenmann aus seiner keuschen Schlafstätte zu zerren. Aber wenn Sie sich dazu durchringen könnten, mir ein paar Fläschchen vom Wasser des Lebens zu verkaufen, wären all unsere Probleme gelöst.«

Widerstrebend willigte er ein und packte das Dutzend Flaschen, das wir für den Rest des Abends brauchten, in einen Karton. »Und tun Sie noch ein paar Kästen Bier dazu, wo Sie schon mal dabei sind. Und erzählen Sie mir nicht, Sie hätten keins, unten in den Mannschaftsquartieren gibt's nämlich jede Menge, Sie hinterfotziger Hurensohn.«

Er stierte mich an, fügte sich aber und stellte die Rechnung zusammen, die ungefähr der Staatsverschuldung von Großbritannien entsprach. »Was soll das denn sein?« fragte ich.

»Die Rechnung«, erwiderte er. Er hatte mir statt der auf See üblichen Duty-free-Preise den normalen Festlandskurs berechnet.

»Die können Sie sich sonstwohin stecken.«

»So ist aber das Gesetz«, plärrte er.

»Kein Duty-free, keine Schlüssel. Ganz einfach.«

Er gab nach, und ich sagte, ich käme gleich mit Informationen über den Schlüsselverbleib zurück. O'Brien sagte mir, er habe gehört, sie seien im Verbandskasten auf dem A-Deck, und ich gab diesen Tip an den Oberschatzmeister weiter, der sie fand und endlich seine geliebte Bar für die Nacht verschließen und verriegeln konnte. Und wir machten uns an unsere stürmische Party auf mittlerweile ruhiger See.

Meinen ersten richtigen Drink genehmigte ich mir als elfjähriger Junge in Limerick, Irland, zusammen mit meinem Freund Jackie Adams, der mittlerweile Geistlicher ist. Jackie hatte ein paar Pfund aus einem kleinen Loch in der Wand gemopst, das sein Bruder als Versteck benutzte. Und ab ging's ins nächste Pub, das Bowles's, in eine Ecke, die für Frauen reserviert war, eine Art Séparée mit einer Tür und einer verschließbaren Durchreiche, in der ab und zu Hände auftauchten, um Gläser mit Whiskey oder Bier in das düstere Innere dieses sogenannten snug *zu holen.*

Es war noch früh am Tag, und so waren keine Frauen im snug. *Wir konnten kaum über die Bartheke schauen, aber wenn man das nötige Kleingeld hatte und nicht gerade mit einer Haubitze bewaffnet war, bekam man ohne Schwierigkeiten zwei Halfpints eines alkoholischen Getränks namens »Bulmer's Cider«, ein gehaltvolles Gebräu, das, so mich meine suffgeschädigte Erinnerung nicht täuscht, aus den Äpfeln des County Tipperary gekeltert wurde. Der säuerliche, herbe Cider entlockte uns eine John-Wayne-mäßige Grimasse, als er über unsere Geschmacksnerven perlte, den Rachen erwärmte und sich ins Blut schlich.*

Nachdem wir den ersten ausgetrunken hatten, klopften wir gegen die Schiebetür der Durchreiche, als Zeichen, daß wir Nachschub wollten. Wir taten so, als seien wir erwachsene Männer, die jeden Tag ins Pub gingen, und als fehlten uns nur noch die rauchenden Meerschaumpfeifen, um das Bild zweier Weiser zu vervollständigen, die in tiefgründige Gespräche über Gott und die Welt versunken waren. Ein neutraler Beobachter hätte natürlich nur zwei kleine Jungs in kurzen Hosen und durchgelaufenen Schuhen gesehen, mit Rotznase und aufgeschürften Knien, deren Haar aussah, als sei es mit Messer und Gabel geschnitten und seit längerem nicht mehr gewaschen worden.

Ein wundervolles Gefühl von Glück und Frieden senkte sich

aus dem Himmel auf mich herab und hüllte mich sanft und zärtlich in prachtvolle Phantasiegewänder und die Überzeugung, daß ich der allerbeste Junge auf der ganzen Welt war und daß es nichts gab, was ich in meinem Leben nicht tun oder sein konnte.

Adams räusperte sich und sagte, ein Halfpint Porter würde doch gut auf den Cider passen. Ich war so überwältigt von dieser brillanten Idee, daß es mir glatt die Sprache verschlug und ich nur stumm nicken konnte. Adams klopfte erneut an die Schiebetür, die mich jetzt an die Zwischenwand in einem Beichtstuhl erinnerte. Als der Barmann sie zur Seite schob, dachte ich, Jackie würde gleich sagen: »Vergib mir, Vater, denn ich habe gesündigt«, und ich mußte mich schwer zusammenreißen, um mein ciderbeschwipstes Kichern zu unterdrücken.

Als wir unsere beiden Halfpints reinholten, erzählte ich Jackie von meiner Idee mit dem Beichtstuhl, und wir wären beide fast vor unterdrücktem Gelächter erstickt. Schließlich beruhigten wir uns wieder, und erneut stieg diese geisterhafte Euphorie in mir auf. Was war das für ein phantastisches Zeug! Und wenn schon ein Halfpint solche Kraft in einem Jungen freisetzen konnte, würde dann nicht ein Pint doppelt soviel bewirken?

Adams war der gleichen Ansicht, und wieder wurde der gnädige Barmann beziehungsweise Priester gerufen, um uns zwei Pints Porter zu bringen. Weitere Träumereien, diesmal schweigend. Und als auch von diesen Pints nur noch Schaum auf dem Boden der prächtigen Gläser übrig war, klopfte ich erneut gegen die Schiebetür. In irgendeinem englischen Benimmbuch hatte ich mal gelesen, daß es angebracht war, Bedienstete und überhaupt alle gesellschaftlich niedriger stehenden Leute mit der Bezeichnung »guter Mann« anzureden. Als nun also unser freundlicher Padre noch einmal die Tür aufschob, sprach ich ihn so gedrechselt und hochnäsig an, wie ich es nur fertigbrachte.

»Guter Mann«, sagte ich, »hätten Sie wohl die Güte, unsere Humpen erneut mit diesem erfrischenden Gebräu zu füllen?«

Er starrte mich an, als hätte ihn gerade eine Königskobra in sein bestes Teil gebissen. Mir fiel noch ein Satz ein, den einer von diesen dämlichen englischen Offizieren zu einem etwas begriffsstutzigen Soldaten gesagt hatte: »Und zwar ein bißchen plötzlich, mein Lieber.«

Der Gute nahm die Farbe eines trinidadschen Sonnenuntergangs an, und seiner Kehle entstiegen undefinierbare gurgelnde und röchelnde Geräusche, aber seine Worte waren klar und eindeutig: »Beim barmherzigen Jesus und den zwölf Aposteln! ›Guter Mann‹ – ich hab' mich wohl verhört! Wenn ihr zwei euch nicht augenblicklich aus diesem gottverdammten Pub verkrümelt, komm' ich in den snug, *und wenn ich dann immer noch zwei pickelige, triefäugige, heruntergekommene Gören aus den dreckigsten Straßen von Limerick vorfinde, werd' ich euch meine Absätze so tief in den Arsch treten, daß ich euch für den Rest meiner irdischen Tage als Schuhe benutzen muß. Verpißt euch, ›und zwar ein bißchen plötzlich‹!«*

Ich bemühte mich, diesem feindseligen Gesellen klarzumachen, daß er sich seiner Stellung geziehmend benehmen und sich gegenüber Höherstehenden eines anderen Tones befleißigen solle. Adams, der unseren unmittelbar bevorstehenden Untergang erahnte, zerrte mich aus der Tür und hinaus in das helle Sonnenlicht der St. Joseph's Street, wo wir in einen hysterischen Lachkrampf ausbrachen und uns zur Belustigung der Passanten, die nicht wußten, daß wir besäuselt waren, taumelnd und stolpernd aneinander festklammerten.

Jackie sagte, dieses Pub würden wir nie mehr mit unserem Besuch beehren, was weitere Lachsalven zur Folge hatte. Wir beruhigten uns, tippelten zu einem anderen Pub auf der Henry Street und zogen auch dort unsere Cider-Nummer ab, gefolgt vom Porter, und dann bestellten wir einen Baby Powers, eine kleine Flasche mit etwa hundert Milliliter irischem Whiskey, mit der wir vorsichtig bis zum Shannon gingen, und als die Möwen kreischend über dem Fluß schwebten und die Sonne ihre Reise nach Australien antrat, probierten wir den goldbraunen Saft. Wir ließen die Flasche wie geübte Straßensäufer gerecht hin und her gehen, und auf einmal eröffneten sich mir neue spirituelle Perspektiven. Ich war wie hypnotisiert vom vorüberfließenden Wasser und dem leisen, unablässigen Klatschen gegen die Kaimauer. Dann schloß ich die Augen und spürte, wie ich an einen höheren Ort getragen wurde. Langsam und sanft, beglückend sanft, hielt mich eine milde, aber mächtige Kraft, während ich durch die Wolken schwebte. Das beglückende Gefühl wuchs, bis ich fast geplatzt wäre vor Freude, vor Begeisterung über die Befreiung von irdischer Armut.

Ich sang aus meinem Herzen, aus meinen Lungen, aus jeder einzelnen Pore meines Körpers, und mein Lied wurde zu einem Lobgesang auf alles Schöne in Gottes Schöpfung, es wurde zu einem Opfer an den Höchsten, und da Er unsichtbar blieb, wußte ich, daß mein Opfer angenommen war, und so schwang ich mich erneut in den Himmel, höher und höher, bis ich schließlich spürte, daß ich die Grenze erreicht hatte, hinter der es kein Zurück mehr gab. Mit unendlichem Bedauern kehrte ich zur Erde zurück und fand mich allein in der Dunkelheit des Kais wieder.

Da war ich wieder nur ein Gossenjunge aus Limerick mit Rotznase und aufgeschürften Knien und immer noch arm.

Auf dem Heimweg dachte ich, daß irgend jemand an dem Ort, wo ich meine Vision gehabt hatte, einen Schrein errichten sollte, wie sie es für die Kinder in Fatima und Lourdes gemacht haben.

In all meinen Jahren als Trinker habe ich nie wieder eine solche Euphorie erlebt. Es fehlte immer der Höhepunkt: Er lag entweder vor oder hinter mir, aber er war nie wieder genau da.

Als uns das Beiboot an Land brachte, wartete Maire McEntees Vater, der irgendein Minister in De Valeras Regierung war, mit mehreren Autos und Fahrern im Hafen. Ich bekam meine erste vom Steuerzahler finanzierte Mitfahrgelegenheit nach Limerick, der verfluchten Stadt meiner Kindheit. Als ich so während der Fahrt meine Gedanken ziehen ließ, fragte ich mich träge, was in Gottes Namen ich eigentlich hier in Irland verloren hatte, mit einer Ehefrau, die ich kaum kannte, auf dem Weg zu einer Mutter, die ich nicht besonders mochte, und in eine Stadt, die mich abwechselnd mit Wut und Nostalgie erfüllte. Mir war klar, daß ich zeigen wollte, was für ein wichtiger Mann ich geworden war: Gast in einer Fernseh-Talkshow, angehender Star in einem Off-Broadway-Stück, Inhaber der beliebtesten New Yorker Kneipe und verheiratet mit einem wunderhübschen Mädel von der Park Avenue. Wie ich fand, kam keine Party in New York ohne meinen Witz, meine Belesenheit und meine gute Laune aus, ganz zu schweigen von meiner Gegenwart.

Wir kamen in Limerick an und wurden an Mutters staatlich gefördertem Häuschen abgesetzt. Die Bleibe hatte ich in weiser Voraussicht für die Mutter und die beiden Brüder organisiert. Ich hatte mir bei den Pfadfindern ein Abzeichen in der Gesundheitspflege verdient und wußte, daß der Arzt, der die Prüfung abnahm, für den gesamten Gesundheitskram in Limerick zuständig war. Und so schrieb ich ihm später aus New York und erklärte ihm, daß die Mutter und die beiden

Brüder Mike und Alphie in erbärmlichen Verhältnissen lebten. Eine Unterschrift mit seinem Füllfederhalter verschaffte ihr ein sehr komfortables Haus mit drei Schlafzimmern, einem Wohnzimmer, großer Küche und, o Wunder, einem Badezimmer mit Wanne sowie einem kleinen Stück Garten vor und einem etwas größeren Stück hinter dem Haus.

Mutter freute sich, mich zu sehen, doch ihre schmalen Lippen ließen eine gewisse Abneigung gegen ihre neue Schwiegertochter erkennen. Ihren allzu beiläufigen und leicht durchschaubaren Versuch, mir Informationen über Lindas Religionszugehörigkeit, den Ort unserer Trauung und den Namen des Priesters zu entlocken, wehrte ich ab.

Dann kam die Nummer mit der armen, alten, leidgeprüften irischen Mutter, die schon mit einem Bein im Grab steht. Sie muß damals einundfünfzig gewesen sein, tat aber so, als sei sie achtzig. Sie schraubte ihre Stimme in die schrille Höhe des althergebrachten Rituals der Wehklage, wie die Frauen Irlands sie an der Bahre eines Verstorbenen anstimmen: »Willst du denn nicht die gequälte Seele einer alten Frau in ihrem Lebensabend besänftigen, die zitternd dem Abgrund der Ewigkeit zuwankt, und dich im warmen Schoß von Mutter Kirche trauen lassen? In dieser Stadt gibt es eine Menge Priester, die dich mit Freuden vor dem Höllenfeuer erretten würden, zu dem du verdammt bist, weil du in Sünde lebst, denn eine Ehe, die nicht von der Kirche gesegnet ist, ist auch nicht von Gott gesegnet, und du wirst kein Glück in deinem Leben kennen, und deine Nachkommen werden in Finsternis irren, bis du zum wahren Glauben zurückkehrst!«

Und das aus dem Munde einer Frau, die noch nie etwas von John Millington Synge gehört oder gar gelesen hat. Mir klappte die Kinnlade runter angesichts der Wortgewalt meiner Mutter, und fast hätte ich ihrem Flehen nachgegeben, mir einen Priester zu suchen und die Ehe kirchlich absegnen zu lassen, aber das war natürlich unmöglich. Wenn Linda Jüdin geblieben wäre, hätte die heilige römisch-katholische Kirche, um ihr mal ihren vollen, selbsterwählten Titel zu geben, ihre erste Heirat als ungültig angesehen. Aber nein, sie mußte ja unbedingt abtrünnig werden und sich zur Presbyterianerin taufen lassen, als sie meinen Vorgänger heiratete, und diese Taufe war laut Mama Kirche gültig, und demzufolge auch ihre Heirat.

Seltsam, daß Juden, Hottentotten, Moslems und Tutsis im Verzeichnis der zu Errettenden nicht zählten, weil ihnen kein Wasser auf den Schädel gespritzt worden war, begleitet von den Worten: »Ich taufe dich im Namen von Papi, Sohnemann und seinem Gespenst«, und so weiter. Linda jedoch hatte dem Höllenschlund den Presbyterianismus vorgezogen, und damit waren unsere Chancen für das ewige Glück gleich Null, jedenfalls nach Ansicht meiner irdischen Mutter. Dabei hatte diese Frau ihr Leben lang gegen die Kirche gewettert, weil sie die Reichen unterstützte, die Armen ignorierte und nur an Geld und Macht interessiert war. Jetzt auf einmal war die Kirche der Weg, das Leben und die Wahrheit, weil ich außerhalb ihres Machtbereichs geheiratet hatte.

Kleine Anmerkung für Thomas Wolfe: Du kannst ruhig zu Hause vorbeischauen, aber bring bloß keine jüdisch-presbyterianische Ehefrau mit, schon gar nicht an Weihnachten.

Was wir zu dem Zeitpunkt noch nicht wußten, war, daß Linda mit unserer Erstgeborenen Siobhan schwanger war. Sie dachte, sie hätte eine Art Seekrankheitskater. Wir stritten uns pausenlos, und ich brüllte sie selbstgerecht an: »Schieb mir nicht die Schuld in die Schuhe! Die Idee mit dem Heiraten war doch von dir! *Du* wolltest unbedingt mit mir nach Irland kommen, und jetzt verdirbst du mir den Spaß und versaust mir meinen Urlaub.«

Ich besorgte uns Karten für den Silvesterball vom Young Munsters Rugby Football Club, eine richtige Edelparty. Doch an dem großen Abend war ihr zu übel, um auszugehen, woraufhin ich vorschlug, mich allein dorthin zu begeben.

Da barsten die Pforten der Hölle, und brodelnde Ströme glühendheißer Lava ergossen sich über mich und versengten jeden einzelnen Fetzen meines Körpers, meiner Seele, meines Geistes und meiner Abstammung. Falls es irgend etwas gab, was meine flitterwöchelnde Geliebte ausgelassen hat, so habe ich es vergessen.

Dennoch startete ich einen Versuch, mich in den Smoking zu werfen, doch ein flinker Griff seitens meiner schwachen, leidenden Gattin, und ich hatte nur noch etwas weniger als ein halbes Anzughemd samt Manschettenknopf in der Hand, Linda hingegen etwas mehr als ein halbes, da sie die Seite mit der Knopfleiste ergattert hatte.

In diesem Moment betrat die Mutter im Zustand höchster Aufregung das Schlafzimmer und verkündete, sie sei in diesem Krieg vollkommen auf meiner Seite, sei es immer gewesen und würde es immer sein. Anscheinend hatte sich nie jemand die Mühe gemacht, sie darüber zu informieren, daß, statistisch gesehen, mehr Polizeibeamte bei häuslichen Streitigkeiten getötet wurden als in irgendeinem anderen Bereich des Gesetzesvollzugs.

Woraufhin Linda und ich uns prompt versöhnten und meiner Erzeugerin erklärten, sie solle sich gefälligst um ihren eigenen Kram kümmern und sich aus unserem heraushalten. Fluchtartig zog sie sich zurück, und wir hockten schlaff wie zwei geplatzte Luftballons da. Da ich nun meines Hemdes beraubt war, gab ich mich geschlagen, verzichtete auf die Festlichkeiten und blieb mißmutig zu Hause.

Am nächsten Abend fühlte sich Linda jedoch wohl genug, um auszugehen, und als wir gegen Mitternacht nach Hause kamen, fanden wir eine der Märtyrermütter Irlands auf allen vieren in der Küche vor, wo sie den Boden schrubbte, denn der erste Januar war ihr Geburtstag, und ich hatte es vergessen.

Da hockte meine Mutter mit vor Selbstmitleid zitternder Unterlippe auf einem Boden, der seit Bruder Mikes Parodie von Al Jolsons Lied »Mammy« kein Knie mehr zu spüren bekommen hatte. Es war völlig absurd und klischeehaft, und ich hatte auch mehr als ein Gläschen hochgeistigen Muntermacher getrunken, so daß ich in schallendes Gelächter ausbrach und damit das Andachtsbild der Mater Dolorosa mit Eimer, Schrubber und Feudel ruinierte.

Mein Weib war schockiert über meine Gefühllosigkeit, und die Märtyrerin stinksauer. Sie warf mit der Schrubberbürste nach mir, gefolgt von einem großen Stück Lifebuoy-Seife und einem nassen, seifigen Wischlappen, der mir genau in den Mund flog, das Lachen erstickte und mich auf der Flucht vor dem Zorn einer rasenden Johanna von Orleans die Treppe hinaufjagte.

Es war Zeit weiterzureisen. Im Winter war Limerick so anheimelnd wie die sibirische Steppe, aber ohne Wintersportmöglichkeiten, und so dampften wir ab nach Dublin: Pubs, Theater, Schauspieler, Kaufleute, Rechtsanwälte, Unterhaltung und vor allem der wüsteste Tratsch in ganz Europa. Ob tot und begraben oder noch halbwegs lebendig, je hochgestellter eine Persönlichkeit war – sei es Joyce, der heilige Franz von Assisi, der Präsident, Jesus oder ein Minister der Regierung, ob Erzbischöfe, Nonnen oder die Hinterwäldler aus Cork, die davon lebten, daß sie brave, christliche Dubliner schröpften –, desto hemmungsloser wurde sie in der Luft zerfetzt und desto befriedigender war ihre Zerstörung.

Die leidende Angetraute nippte an ihrem Bier, während ich das Zeug flaschenweise runterkippte, und da sie gerne rauchte, war sie mit der Nipperei und Qualmerei nicht allzu unglücklich.

Dann ging's nach London. Dort spielte sich das gleiche ab, außer daß Linda mit einer drohenden Fehlgeburt im Charing Cross Hospital landete. Sie lag in einer dieser riesigen, altmodischen, fabrikähnlichen Stationen, mit ungefähr vierzig anderen Patienten um sie herum. Sie hatte Blut verloren, aber die Briten retteten die Lage, meine Frau und meine zukünftige Tochter.

Mittlerweile fanden meine Geschäftspartner in New York, ich sei schon zu lange weg, und stellten die Finanzierung meines Flitterwochenurlaubs ein. Ich hatte in Limerick, Dublin und London diverse Schecks eingelöst, in der Annahme, daß meine Partner das Geld auf meinem Konto hinterlegt hätten. Hatten sie aber nicht, und so flatterten etliche geplatzte Schecks über den Atlantik und versetzten diverse Freunde und Bekannte, die sich gegenüber verschiedenen Banken für meine finanzielle Integrität verbürgt hatten, in Panik. Ein wütender Kerl aus Dublin folgte mir bis nach London und heulte mir was von Betrug, Vertrauensbruch und so weiter vor, was mich überhaupt erst darauf brachte, daß meine Partner mir den Geldhahn abgedreht hatten.

Wir hatten noch ein paar Pfund, doch als wir aus dem Hotel auschecken wollten, reichten sie nicht, um die Rechnung zu begleichen, und da keine weitere Kohle zur Verfügung stand, düsten wir zur amerikanischen Botschaft rüber, in der Annahme, daß man uns mit Begeisterung einen Sack Scheine in die Hand drücken würde, damit wir unsere Flitterwochen fortsetzen konnten.

Wir wurden zu einer Gesellschaft zur Unterstützung mittelloser Amerikaner geschickt, wo wir von zwei granitgesichtigen Töchtern des britischen Empires ausgefragt wurden, die ganz offensichtlich etwas gegen die Existenz von Amerikanern und Iren hatten.

Nach einem langwierigen Verhör beschlossen die Damen, uns gnädig die Summe von fünf Pfund zu gewähren, womit man zur damaligen Zeit ungefähr ein Abendessen für zwei Personen und ein Glas Wein bekam, und genau dafür gaben wir es auch aus.

Den Leuten im Hotel erklärte ich, mein Vermögen sei in New York blockiert, aber ich würde dafür sorgen, daß die Rechnung nach meiner Rückkehr in die Vereinigten Staaten und nach Rücksprache mit meinen Anwälten umgehend beglichen würde. Da die Zeiten damals noch ruhiger waren, verließ man sich auf mein Wort.

Als nächstes mußten wir nach Irland zurück. Ich sollte vielleicht anmerken, daß ich nur eine einfache Überfahrt gebucht hatte, da ich vor der Abreise nicht genug Geld für Hin- und Rückfahrt besaß, wohl aber den guten Glauben, daß es auf wundersame Weise auftauchen würde. Doch das Wunder ließ sich Zeit, und jetzt hatten wir nicht einmal mehr genug, um nach Irland zurückzukehren. Wir begaben uns zum Bahnhof und stiegen in den Erster-Klasse-Waggon eines Zuges nach Holyhead, von wo die Nachtfähre nach Irland abfuhr.

Alsdann bemühte ich mich umgehend, den Zugschaffner davon zu überzeugen, daß unsere Fahrkarten verlegt worden waren. In weiser Voraussicht hatte ich mich zuvor nach dem Preis der Fahrkarte für die erste Klasse erkundigt – selbstverständlich fuhren wir immer erster Klasse, auch wenn wir uns eigentlich nicht einmal das Zwischendeck leisten konnten –, so daß ich diese Information parat hatte, als der gewiefte Schaffner danach fragte. (Wie schon gesagt, Genauigkeit geht oftmals für Wahrheit durch.) Ich nannte ihm meinen Namen und meine Adresse und sagte ihm, genau wie dem Hotel, daß die Rechnung nach unserer Rückkehr in die Staaten umgehend bezahlt würde. Er ließ uns mitfahren und mehr wollte ich ja nicht von ihm.

Die nächste Hürde war die Fähre. Wir wurden zu einem Haufen Beamten geschickt, die ein Stück abseits an einem Tisch saßen. Vor uns standen drei Leute, alles Männer, die behaupteten, ihre Fahrkarten verloren zu haben. Einen von den dreien ließen sie an Bord gehen, den anderen beiden sagten sie, sie sollten wiederkommen, wenn sie Fahrkarten vorweisen könnten.

Dann ich: »Meine Herren, mir ist klar, daß Sie schon zahllose Geschichten über verlorene, gestohlene und zerrissene Fahrkarten gehört haben, und ich kann Ihnen auch keine außergewöhnliche Geschichte erzählen, außer, daß meine schwangere Frau und ich offenbar unsere Fahrkarten nicht dabeihaben. Wir reisen erster Klasse, und Sie können sich darauf verlassen, daß ich selbstverständlich alles Nötige veranlassen werde, sobald ich in Irland bin, da sich mein Vermögen eher dort als in London befindet.«

Das war natürlich blühender Blödsinn, aber es funktionierte, und wir wurden nicht nur an Bord gewinkt, sondern bekamen sogar noch eine Kabine, damit wir uns nicht unter die Arbeiter und Bauern in der niederen dritten Klasse mischen mußten.

So waren wir also wieder in Dublin, wo wir uns die Pfunde zusammenborgten, um uns was zu futtern, das eine oder andere Pint und, wie es in Dublin so schön heißt, »einen Schuß Malt« (sprich: Whiskey) zu besorgen.

Bei den katholischen Iren in New York werden Familienmitglieder anhand ihrer Gemeinde bestimmt. Zum Beispiel: »Kennst du Terry Moran?« – »Na klar. Der lebt in der Holy-Name-Gemeinde.«

Aber in Irland geht das so: »Kennste Terry Moran?« – »Na klar. Der trinkt in Eric Lynchs Kneipe.«

Jedes Pub in Irland hat sein festes Inventar aus Menschen und Möbeln. Genaugenommen waren die Menschen sogar noch fester als die Möbel. Wie so viele Außenseiter, zu denen ich jetzt auch gehörte, suchte ich in den finsteren Nischen der Pubs nach bunten und schillernden Typen, und wenn man lange genug in einem blieb, fand man einsame, ungewaschene Männer mit dunkler Kleidung und dunklem Gesicht, die voller Überzeugung und Leidenschaft uralte Klischees verkörperten und ihren matt gewordenen Glanz mit frischer Wortgewalt aufpolierten.

Mein Weib war fasziniert vom Pub-Leben, vom gedämpften Lautstärkepegel, dem Ritual des Pintzapfens und dem subtilen Nicken, mit dem irische Männer sich verständigen: Ein kleines Nicken vorwärts bedeutet noch ein Pint, ein winziges Nicken Richtung Schulter zeigt, über welchen Kerl sie gerade reden, und das könnte der Papst, der Präsident, der Premierminister oder, falls er gerade mal wieder in den Nachrichten war, Haile Selassie sein.

Iren sehen sich nicht an, wenn sie miteinander reden – meistens blinzeln sie hinaus auf einen imaginären Ozean –, und sie mögen keine Berührungen. Was man in irischen Gemeinden am seltensten zu sehen bekommt, ist eine Handfläche. Da sieht man noch eher einen entblößten Penis oder einen nackten Busen. Die kürzeste Bewegung in Irland ist das Handeschütteln, da es ein fleischliches Streben ist und jansenistischen Maximen zufolge Gelegenheit zur Sünde bietet.

Dann gab es auch noch die gehobenen Treffs: das Shelbourne Hotel, das Gresham Hotel, das Nearys und das Davy Byrnes, die heller und edler, eine Spur lauter und vor allem teurer waren als die Pubs, in denen wir unsere Tage verbrachten. Für die Spätschicht nach der Sperrstunde gab es das Groom's Rooms in der Nähe des Gate Theatre, Stammtreff von Richtern, Schauspielern, Schriftstellern, IRA-Männern und den Detektiven, die von Ministern der Regierung dafür bezahlt wurden, diese zu beobachten. Ein phantastischer Ort.

Das wichtigste Produkt in Dublin war damals das Reden. Man traf sich mit Freunden zum Trinken und Quatschen, und dann verabredete man sich direkt noch mal für später zum Trinken und Quatschen, und so wanderten die Grüppchen von Pub zu Pub, um sich zu treffen und Neuigkeiten auszutauschen, und zum Schluß traf man sich im Groom's, nachdem in allen anderen Pubs der Ruf erklungen war: »Letzte Bestellung, meine Herren. Auch wenn Sie kein Zuhause haben, hier können Sie nicht bleiben.«

Drinks, Zigaretten und endloses Reden. Wenn dort überhaupt jemand arbeitete, dann nur, um das Allernötigste zum Überleben zu verdienen. Untermauert wird die irische Sorglosigkeit von dem Wissen, daß Adam und Eva deshalb aus dem Paradies geflogen waren, weil sie gesündigt hatten, und für Eva und die restliche Weiblichkeit bestand die Strafe darin, unter Schmerzen zu gebären und benebelte Männer zu ertragen, die ihren Pimmel in sie reinstecken. Adam und seinesgleichen mußten dafür das Land bestellen, das voller stacheliger Dornen und Disteln war, und gewaltige Steine aus dem Boden ziehen, um das Land urbar zu machen. Anders ausgedrückt, sie mußten »arbeiten«, im Schweiße ihres Angesichts ihr Brot verdienen.

Die Iren jedoch sagten: »Wir haben's nicht getan, Himmeldonnerwetter! Wir kennen Gott nicht mal, und geärgert haben wir ihn schon gar nicht, warum also sollen wir arbeiten, wenn wir noch gar nicht gesündigt haben?« Deshalb sieht man irische Arbeiter meistens auf ihre Schaufel gestützt dastehen, den Blick in dieselbe Richtung gewandt wie die Kühe, oder sie streiken oder sind im Pub. Wer arbeitet, gibt zu, gesündigt zu haben. Zum Glück für den auf Urlaub heimgekehrten verlorenen Sohn sind die Iren jederzeit bereit, Werkzeug oder Stift hinzulegen und sich ein Gläschen zu genehmigen.

Mittlerweile erreichten mich gebieterische Aufforderungen, meinen Hintern zurück ins Malachy's zu schwingen, da meine Partner nicht die Absicht hatten, mir auch nur einen Penny zu geben, solange ich nicht wieder auftauchte. Damit hockte ich in der klassischen Zwickmühle: Ich bekam kein Geld, solange ich nicht zurückkehrte, und ich hatte kein Geld, um zurückzukehren, um wiederum Geld zu bekommen. Da ich auch keine Schecks mehr hatte, bastelte ich mir selbst welche aus länglichem, braunem Papier, die auch angenommen und ausbezahlt wurden, wenn sich jemand dafür verbürgte. Der Anblick der zierlichen, Audrey-Hepburn-ähnlichen, schwangeren Linda trug noch das Seine dazu bei, das Herz eines gestrengen Bankdirektors zu erweichen.

Damals dauerte es noch zwei bis drei Wochen, einen Scheck einzulösen, und ich betete, daß ich nach Hause kam, bevor die braunen Papierschecks herüberflatterten, vor allem, weil es gute Freunde waren, die sich für mich verbürgt hatten.

So zog ich großspurig durch Dublin, bettelnd, borgend und scheckbetrügend, ein erfolgreicher »großer Fisch« aus New York, gab eine Runde nach der nächsten aus und schwitzte Blut und Wasser, ob ich meine Angetraute und mich jemals wieder aus Irland herausbekommen würde. Dann ging's zurück nach Limerick, zur Märtyrermutter, die keine Ahnung von meiner erbärmlichen finanziellen Situation hatte.

Ich schmiß Partys in dem kleinen Mietshaus meiner Mutter, mit leckerem Essen und Gesöff »für lau«, wie man so sagt. Die alten Kumpels rollten an: Mickey Kenihan, Jackie O'Brien, Tony Gaffer O'Brien, Eamonn »Smacky« Tobin, Paddy und Alice Egan und Ger South, dessen Bruder Sean kurz zuvor bei einem Überfall auf ein Polizeigebäude im Norden getötet worden war und das vermutlich großartigste Begräbnis der irischen Geschichte erhalten hatte. Sean Costelloe, unser Nachbar von nebenan, hatte ein Klagelied für ihn verfaßt.

Die meisten irischen Lieder sind Lobeshymnen auf Niederlagen. Stets in der Minderzahl, stets heroisch, edel und mutig, kämpften unsere Jungs furchtlos gegen die wilden Sachsen und Angelsachsen, die uns nur durch Verrat und schiere Überzahl besiegten und unterwarfen. Aber wenn wir in unserer frühen Geschichte siegreich gewesen wären, hätten wir Massen von Buchhaltern, Brokern und Bänkern hervorgebracht anstelle von Dichtern, Barden, Sängern und Musikern, ganz zu schweigen von Schlachtenkriegern.

Um einen guten Wein zu keltern, muß man die Trauben zerquetschen, und da die Engländer uns Iren zerquetscht haben, kam ein gehaltvoller Wortwein zustande:

An einem düstren Neujahrstag,
Als sich die Nacht schon senkte,
Da zog ein starker Kämpfertrupp
In eine Stadt an der Grenze.
Die Männer kamen aus Dublin und Cork,
Aus Fermanagh und Tyrone,
Doch ihr Führer war aus Limerick,
Sean South von Garryowen.

Und als sie durch die Straße zogen,
die feindliche Mauer fest im Blick,
Da kannte keiner Furcht noch Zaudern,
Und alle vertrauten ihrem Glück.
Sie kämpften um ihr Vaterland,
Um Ihrer Seele größten Schatz,
Und der Mutigste des stolzen Trupps
War Sean South von Garryowen.

Doch der Wächter ahnte die Gefahr,
Er sah sie durch die Tür,
Rief seine Männer zu den Waffen
Und streckte nieder, was er traf.
Und als die schlimme Nacht vorüber,
Warn zwei Männer kalt wie Stein.
Der eine stammte von der Grenze,
Der andere aus Garryowen.

Nie mehr hört er den Schrei der Möwen,
Des Shannon rauschendes Gewell,
Denn er fiel im Kampf für Irland,
Der mutge Hanlon sein Gesell.
Nun sitzt er an der Helden Seite,
Bei Plunkett, Pearse und Tone,
Ein stolzer Kämpfer für die Freiheit,
Sean South von Garryowen.

Es war seltsam, einen Freund aus Kindertagen zu haben, der zum Nationalhelden aufgestiegen war. Das war fast so, als stünde man auf du und du mit Patrick Henry.

Es war denn auch Ger South, der mich eines Abends zu einem Halfpint *poitín* einlud, einem göttlichen Schwarzgebrannten, über dessen Aussprache sich ein gewisser Carrol O'C. des langen und breiten ausgelassen hatte, dessen Genuß jedoch, wie sich herausstellte, bei weitem nicht so einfach war wie ein Kuß auf die zarten Lippen der Geliebten. Obwohl das Zeug höchst berauschend ist, dauert es eine ganze Weile, bis sich Trunkenheit einstellt. Es scheint alle Sinne wie in Zeitlupe zu wecken, eine Art geistiges Dehnen, wenn man so will. Die Augen kreisen langsam zum Licht, die Lippen teilen sich in ein küssendes Lächeln, die Nase schnuppert die zarten Düfte des Lebens, die Ohren öffnen sich der Musik der Luft, und der Geist füllt sich mit großartigen Gedanken von atemberaubendem Ausmaß.

Mit dem Saft im Körper konnte ich nicht schlafen, und so strich ich über die Felder hinterm Haus, wo das fahrende Volk (auch Zigeuner genannt) seine Esel, Ponys und Pferde weiden ließ. Ich suchte mir eines der Rösser für einen kleinen Ritt aus. Da besagtes Roß jedoch von dieser Idee alles andere als begeistert war, spielten wir ein bißchen Fangen, bis ich es schließlich in die Enge getrieben hatte. Aber das blöde Pferd meinte, es könne mir entkommen, indem es auf mich zurannte.

Im Zustand völligen Suffs gibt es Augenblicke, in denen man plötzlich erstaunlich klar im Kopf wird, was in dem Moment auf mich zutraf, und in denen sich alles um einen herum in Zeitlupe bewegt, was auf das stürmende Pferd zutraf. Ich erinnerte mich an die Angriffstechnik aus meinen Rugbyzeiten – »schnapp dir deinen Mann am vorderen Bein, halt ihn mit beiden Armen fest und laß dich nach hinten fallen, dann legt er sich hin« – und warf mein Reittier zu Boden. (Mit einem Crash Tackle wie im American Football – eine prima Technik, wenn man dafür bezahlt wird.)

Ich beruhigte es mit ein paar leisen Worten und brachte es wieder auf die Beine. Dann ritt ich damit nach Hause und parkte es in der Küche meiner Mutter, was sie ein wenig aus der Fassung brachte, als sie morgens nach unten kam. Sie lief zu den Nachbarn nebenan und sagte, in ihrer Küche stünde ein Pferd. Da die Nachbarn sich mittlerweile an meine Gegenwart und deren Konsequenzen gewöhnt hatten, sagten sie nur etwas in der Art von: »Aha. Und was gibt's sonst Neues?«

Das Pferd wurde ohne großes Aufhebens nach draußen gebracht und freigelassen, und meine Mutter schnappte sich eine Schaufel, um die Spuren des vierbeinigen Küchenbesuchers zu entfernen. Ich wachte gegen Mittag auf, aufgeschürft und angeschlagen, schlammbespritzt und blutbeschmiert und mit einem Mordsdurst.

Ich verbrachte meine Flitterwochen mit vielen interessanten Freizeitbeschäftigungen, wie zum Beispiel Rugby spielen, trinken, zu Bällen gehen, trinken, auf Partys gehen, trinken, in Pubs gehen und trinken, und das alles mit Geld, das ich nicht hatte. Aber in Irland ist das wie mit dem Wunder der Brotlaibe und Fische – wenn auch das Geld für das Essen und die Miete fehlt, fürs Saufen ist immer was da. Wie Brendan Behan sagte: Zu essen ist eine Leistung, sich zu betrinken ein Sieg.

Dieser Wirbel gesellschaftlicher Aktivitäten bewahrte mich natürlich vor Gesprächen mit Linda, die einen gewissen Hang dazu hatte, sich über meine mangelnde Aufmerksamkeit und die dauernde Geldnot zu beklagen und mich mit Fragen zu bombardieren, wie und wann wir in die Vereinigten Staaten und zu den warmen Duschen zurückkehren würden.

Die Partner in New York, Roland und Hal, gaben schließlich nach und buchten für uns einen Flug mit einer Propellermaschine der Aer Lingus. Es folgte eine zwölfstündige, turbulente Heimreise, aber es war eine verdammte Erleichterung, wieder nach Hause zu kommen.

Wir waren wieder in New York, es war März, es war hell und sonnig, und es war mal wieder die Zeit des grünen Ghettos: St. Patrick's Day mit seinen hohlköpfigen Heuchlerhorden und dem Bier und den Bagels, die in gräßlichen Grüntönen eingefärbt waren.

Die ganze Chose wird von einem sogenannten Komitee organisiert, das aus Mitgliedern des Ancient Order of Hibernians besteht, einer Ansammlung von patriotischen, engstirnigen Schnarchsäcken. Paul O'Dwyer, der große, unverfrorene Liberale, spöttelte, sie wären einzig und allein mit der Frage beschäftigt, wen sie alles von der Parade fernhalten könnten. Und mein Bruder Frank meinte: »Wenn man in diese schauerliche Versammlung eine Bombe werfen würde, wäre die Creme des irischen Mittelmaßes ausgelöscht.«

Diese armseligen, unterbelichteten Möchtegern-Iren kennen den Unterschied zwischen einer Parade und einer Prozession nicht. Es gibt keine Festwagen, keine Spur von irischer Kultur, nur militaristische Jugendliche mit Gewehren, die Soldat spielen, grauenhafte pseudo-irische Musik und Tausende von Rotschöpfen, die auf der Suche nach Sündern und Missetätern grimmig die Fifth Avenue entlangstapfen, das Ganze unter dem liebevollen Blick ihres Herrn und Meisters, der trotz seiner öffentlichen Verdammung von Trans-, Homo- und Bisexualität wie die personifizierte kirchliche Heuchelei auf den Stufen der St. Patrick's Cathedral steht, gewandet in prächtiges Rot und klassisches Schwarz, mit Schärpen, Ringen, Juwelen und Gucci-Slippern, die jeden gewöhnlichen Transvestiten, der nicht das nötige Kleingeld dafür hat, vor Neid erblassen ließen.

Freude ist an diesem Tag verboten, da sie zur Sünde verleitet, aber Heuchelei ist oberstes Gebot, wenn die Schafsficker, frommen Seitenspringer, Bumsheinis, Schwindler, Diebe, Frauenprügler, Wichser und Geschiedenen selbstgerecht gen Norden stampfen – alles praktizierende Katholiken, denn nur die werden aufgenommen. Homos, Schwule, Warme, Häschen und Schwuchteln sind nicht zugelassen – nicht einmal Gay Licks darf sich beteiligen. Und doch stand ich nach der Rückkehr aus Irland wieder da, in der Hoffnung, daß sich vielleicht alles geändert hatte, was natürlich nicht der Fall war, und wieder trieb ich in der grünen, galligen Flut zu Ehren der Fremden, die Irland versaut hatten.

Aus Jux beschlossen Bruder Frank und ich und Tony Hendra, ein ehemaliger Benediktinermönch urbritischer Abstammung – später Herausgeber des *National Lampoon*, Schauspieler, Kabarettist und Weinkritiker beim *New York Magazine* –, bei der Limerick Men's Association mitzumarschieren. Der Obermacker dieses Haufens war ein zackiger Zuchtmeister namens Geary, bewaffnet mit einem Schlagstock und offenbar sehr gut vertraut mit den Ausbildungsrichtlinien der SS.

Hendras britischer Akzent fiel sofort auf, und ein paar stämmige Kerle rückten ihm auf die Pelle, für den Fall, daß er unterwegs einen Treueeid an die Queen vom Stapel ließ.

Während wir marschierten, trat Geary hinter Frank und befahl ihm, die Hände aus den Hosentaschen zu nehmen. Frank sagte: »Geht nicht.«

»Wieso nicht?« fragte Führer Geary.

»Ich hab 'ne Lungenentzündung.«

»Soso«, sagte Geary triumphierend. »Wenn Sie 'ne Lungenentzündung haben, sollten sie gar nicht marschieren.« Woraufhin er sich mir zuwandte.

Dank meiner Auftritte im Fernsehen hatte ich die Aufmerksamkeit einiger Zuschauer auf mich gezogen, die mir winkten und mir etwas zuriefen. Ich winkte und rief natürlich zurück.

»Schluß mit dem Winken und Rufen«, bellte Geary. »Sie sind hier in einer Parade! Blick geradeaus!«

Ich fand, daß der Mann irgendwie eine negative Ausstrahlung hatte. Aus seinem schmallippigen Mundwerk kam eine endlose Flut von »Neins«, »Nichts«, »Halts«, »Nicht-Erlaubts«, »Untersagts«, »Nicht-Gestattets«, »Verbotens« und »Schluß-Jetzts«, die ausgereicht hätte, um eine eigene Prozession entlang der Fifth Avenue zu bilden, ohne irgendwelche Hilfe von uns Zusammengeschissenen.

»Beim gepeinigten und gekreuzigten Christus«, sagte ich zu ihm, »das hier soll ein fröhlicher Tag des Feierns sein, und Sie laufen hier mit 'nem Knüppel in der Hand rum und verbreiten miese Stimmung.« Der Hilfsführer rief einen Polizeitrupp zu sich, um uns wegen ungehörigen Benehmens aus der Prozession werfen zu lassen, doch da die Klage nicht an Ort und Stelle überprüft werden konnte, weigerten sich die Polizisten, uns zu entfernen, und so wanderte ich weiter.

Wenn sie uns rausgeworfen hätten, wären wir in bester Gesellschaft gewesen: Mike Quill, der großartigste und ehrenhafteste Gewerkschaftsführer aller Zeiten, der in den Fünfzigern gefeuert wurde, und der gesellige, unglaublich witzige Brendan Behan, ein diabetischer Alkoholiker (oder war es andersrum?), wurden als potentielle Schandflecke betrachtet und nicht zugelassen.

Jahre später versuchte die ILGO, die irische Lesben- und Schwulenorganisation, an der Prozession teilzunehmen, doch nach dem ersten Jahr, in dem sie unter der schützenden Flagge der 9. Division des Ancient Order of Hibernians mitmarschiert waren, wurden sie nicht wieder zugelassen.

In jenem ersten und einzigen Jahr beschlossen einige von uns, zu ihrer Unterstützung mitzumarschieren. Als unsere Mannschaft vor dem Ehrenpodium ankam, drehten die hohen Herrschaften in Zylinder und Cut dem Grüppchen Schwuler doch tatsächlich geschlossen den Rücken zu.

»Mein lieber Herr«, sagte ich so zu mir selbst. »Wenn der gute alte Freud jetzt hier wäre, fände er es sicher hochinteressant, daß die den angeblich Perversen ihre ollen Ärsche zudrehen.«

Doch das kam erst später, und ich muß mit einem gewissen Bedauern berichten, daß ich nie aus der trübseligen Veranstaltung auf der Fifth Avenue gefeuert worden bin.

3

Zweifelhafter Luxus

Ich habe meine Mutter und meinen Vater nie als verheiratete Leute gesehen, so was gab's nur in der Zeitung oder im Kintopp. Sie waren einfach nur Mam und Dad und sonst gar nichts. Natürlich benahmen sie sich wie ein typisches irisches Paar. In meiner Gegenwart wurden nie irgendwelche Liebesworte ausgetauscht, sie nahmen sich auch nie in die Arme, küßten sich nicht und ließen sich auch sonst in keiner Weise anmerken, daß sie einander womöglich mochten oder gar so etwas wie Leidenschaft füreinander empfanden. Wenn die Mutter wütend auf den Mann war, hieß er nur »dein Vater«, und er wiederum sagte immer »deine Mutter hier, deine Mutter da«. Sie gingen nie zusammen spazieren, und wir sind auch nirgends mit der ganzen Familie hingegangen.

Meine Mutter genoß es, andere um sich zu haben, egal ob Mann, Frau, Hund, Teufel oder Kind, während der Alte ein Einzelgänger war, der unnützes Gerede und Tratsch nicht leiden konnte. Ich habe ihn mal sagen hören, daß sich eine verheiratete Frau nie ohne ihre Kinder in der Öffentlichkeit blicken lassen dürfe und daß kein arbeitender Mann mit irgendwelchen Päckchen oder Taschen auf dem Arm durch die Straßen laufen solle.

Sie gingen durchaus höflich miteinander um, und oft lachten sie sogar gemeinsam über Geschichten aus der Nachbarschaft. Wenn er einen befristeten Job bekam und den Lohn versoff, schimpfte sie ihn einen gemeinen Mistkerl, woraufhin er dann mit seinem nordirischen Akzent sagte: »Na, na, Ange, sprich nicht so vor den Kindern«, und dann herrschte tagelang Stille zwischen den beiden, bis sie schließlich den Waffenstillstand ausrief, indem sie ihm eine Tasse Tee anbot. Sie waren kein gutes Vorbild für einen heranwachsenden Jungen, denn offenbar war für sie, wie für viele andere irische Katholiken, die Ehe eine Verführung zur Sünde, so daß man alle äußeren Anzeichen davon vermeiden mußte.

Wir schrieben das Frühjahr 1959, ich war achtundzwanzig und fand das Leben als verheirateter Mann sehr merkwürdig. Jeden Morgen, wenn ich in das kleine Apartment zurückkehrte, das an der Ecke First Avenue und Sixty-sixth Street über einer alten Kneipe lag, fand ich das gleiche schwangere junge Ding in meinem Bett vor. Mal betrunken, mal nüchtern und erschöpft, zwängte ich mich neben Linda, murmelte »Gute Nacht« und versank in eine Art Bewußtlosigkeit. Ich muß damals ziemlich bekloppt gewesen sein, denn einmal kam ich nachts nach Hause, mein Weib schlief, und das Licht war noch an. Sie schien im Schlaf zu lächeln, und ich mit meinem besoffenen Kopf war überzeugt, daß sie von einem ehemaligen Liebhaber träumte, steigerte mich in einen orkanartigen Wutanfall und riß sie mit einer fürchterlichen Tirade von Anschuldigungen wegen ihrer geistigen Untreue aus dem Schlaf.

Das arme Mädel hatte nicht die leiseste Ahnung, weshalb ich sie anbrüllte, und erinnerte sich nicht einmal mehr an ihren Traum. Mir scheint, das war der erste Felsen, der gegen den Bug unseres kleinen Eheschiffes schrammte.

Bruder Frank war zu der Zeit mit der Frau verlobt, die wir unter der Bezeichnung »das Kriegsministerium« kannten. Es gab häufig Ausbrüche von Feindseligkeit, und eines Abends kam er zum Schlafen zu uns. Später, etwa gegen zwei Uhr morgens, wurde hartnäckig an die Tür gehämmert, und als ich öffnete, standen zwei Herren mit breitkrempigen Hüten vor mir und hielten mir ihre FBI-Plaketten unter die Nase. Sie teilten mir mit, daß sie einen Deserteur der Kriegsmarine suchten, und fragten, ob er hier sei. »Nein, ist er nicht.«

»Wer ist denn hier?«

»Mein Bruder Frank.«

»Dann würden wir gerne mit ihm sprechen.«

Ich weckte Frank, damit die Hoover-Jungs einen Blick auf ihn werfen, Leine ziehen und uns weiterschlafen lassen konnten.

»Aha«, sagte einer der beiden, »Jesus Fernandez! Mitkommen!«

»Ich bin nicht Jesus Fernandez. Ich bin Frank McCourt.«

»Schon gut«, sagte der FBI-Typ, »wir haben Sie, und Sie entkommen uns nicht.« Sie zeigten uns ein unscharfes Foto von Jesus und versuchten, uns davon zu überzeugen, daß sich mein irischer Bruder über Nacht in einen spanischen Deserteur der Kriegsmarine verwandelt hatte.

Zufällig erkannte ich in dem Kerl auf dem Foto einen der zahlreichen Besucher meines schwulen Nachbarn. Als Ire mit einer Tradition aus Heldentum und Hochverrat war ich nicht geneigt, meinen Nachbarn zu verpetzen. Fast hätte ich's getan, aber nur, um mein Bruderherz vor der Gefangenschaft in einem Schiffskerker zu bewahren. Glücklicherweise hatte

Frank jedoch genügend Ausweispapiere dabei, um seine Identität als Nicht-Deserteur zu beweisen, und so verkrümelten sich die beiden Uniformierten.

Wenig später heiratete das Kriegministerium recht plötzlich einen anderen, um Frank eins auszuwischen, was ihn ziemlich aus dem Gleichgewicht brachte. Doch sie ließ sich ungefähr zehn Minuten später wieder scheiden und kehrte zu Frank zurück, um ihn zu heiraten – eine Ehe, gegen die der Dreißigjährige Krieg wie eine kleine Kabbelei zwischen Freunden wirkte.

In der Zwischenzeit war Bruder Mike, der ebenfalls von Frank rübergeholt worden war und seinen Dienst bei der US-Luftwaffe geleistet hatte, entlassen worden und auf der Suche nach einem einträglichen Job, und so bildeten wir ihn im Malachy's sowohl zum Barmann als auch zum Trinker aus. Mike ist ein wunderbarer, scharfsichtiger Beobachter der kleinen Sünden und Spinnereien der menschlichen Gattung und der beste Geschichtenerzähler, den man sich vorstellen kann. Aber er ist auch ein launischer Mann, und wenn ihn die Laune packte, hatte er den Hang, mit finsterem Blick sogenannte »Arschlöcher« zu fixieren, sprich: Leute mit Ehrgeiz, Vermögen und einer angesehenen Stellung.

Eines Abends, so gegen zehn, schlenderte ich nach dem Abendessen mit meinem Weib Linda, die mich überredet hatte, ein bißchen länger zu bleiben und zu Hause zu essen, aus meiner Wohnung. Es war ein klarer Abend, und ein herrlicher Vollmond hing oben am Himmel und lächelte das dämliche Lächeln dessen, der keine Ahnung von dem Chaos und dem Wahnsinn hat, die diesen verrückten Planeten belagern.

»Oh, oh«, sagte ich zu mir selbst. »Jetzt weiß ich, warum ich zum Abendessen zu Hause geblieben bin. Bin gespannt, wie der Abend weitergeht.« Lange brauchte ich nicht zu warten. Als ich von der Sixty-fourth Street in die Third Avenue einbog, erblickte ich zwei in einen Kampf verwickelte Gestalten vor den Türen des Malachy's. Bei näherer Betrachtung stellte sich heraus, daß beide Kampfhähne Blutsverwandte von mir waren. Um genau zu sein, waren es meine Brüder Frank und Michael. Mick war sturzbesoffen und besinnungslos vor Wut, und als ich mich einmischte, fiel Mikes blutunterlaufener Blick auf mich, woraufhin er in seiner unnachahmlichen und höchst wortgewandten Art seinen rasenden Zorn mit voller Wucht an mir ausließ.

Mit Adam und Eva beginnend, sprang er verbal durch die Zeiten wie eine ballettverrückte Bergziege, gab mir die Schuld am Sündenfall, an der Pest, den Kriegen und sämtlichen genetischen Defekten und krönte das Ganze mit der Bemerkung, ich sei der englischste Ire, der ihm je über den Weg gelaufen sei.

Auch andere gestandene Iren wie George Bernard Shaw, Oscar Wilde und Samuel Beckett sind schon beschuldigt worden, Engländer zu sein, aber es ist immer noch die übelste Beleidigung, die man einem Hibernianer an den Kopf werfen kann, und vom eigenen Bruder kommend, fiel der Hieb noch unendlich schmerzlicher aus.

Wie man sich denken kann, zog sich Mike alsbald aus dem Malachy's zurück. Mein Partner Roland gab ihm einen Job in einer anderen Kneipe namens The Minute Tavern, wo er einen exklusiven Kreis brillanter Spinner um sich scharte, zum Beispiel Montgomery Clift, Sidney Chaplin, Orson Bean und andere. Doch das ist eine andere Geschichte, und außerdem Mikes.

Das Jahr 1959 zog langsam dahin. Linda versuchte eitel – im wörtlichen wie im biblischen Sinne –, die rundlichen Spuren des kommenden neuen Erdenbürgers zu verbergen, und plagte sich mit ihrem abweisenden, gleichgültigen Gatten herum, der sich von der Ehe gefesselt fühlte und Angst vor der baldigen Vaterschaft hatte.

Der New Yorker Sommer mit seiner schwülen Hitze und dem gelblichen, stinkenden Dunst, der die Straßen und Gebäude einhüllt, ist für jede Art von Lebewesen unerträglich, und so, wie der damalige Bürgermeister Robert Wagner dreinschaute und redete, schien er eher über ein Leichenschauhaus zu herrschen als über eine lebendige Stadt.

Das Gegenstück dazu war der Gouverneur des Staates, Nelson Rockefeller, ein nerviger, unermüdlich grinsender Heini, der sich aufführte, als sei er der Leiter eines Kindergartens und als brauchte man nur ein paar muntere Liedchen und frische Windeln, um das Kind zu schaukeln.

So erduldeten wir tapfer einen höllischen Sommer in der Stadt. In dem Jahr bekam ich meinen ersten Fernsehjob, und zwar bei einer Liveaufnahme einer Bühnenfassung von *Billy Budd* mit Don Murray und – ursprünglich – Jason Robards in den Hauptrollen, doch Robards ging wegen künstlerischer Differenzen mit dem Regisseur, Robert Mulligan, und wurde durch Alfred Ryder ersetzt. Der Inspizient, beziehungsweise dessen Äquivalent, war Joe Papp, der sich über meinen völligen Mangel an Professionalität aufregte. Wütend beschwerte er sich bei meiner Agentin, Joan Scott, die mich wiederum annörgelte, weil ich nicht zu meinem Einsatz erschien, nicht geschminkt, nicht umgezogen, nicht pünktlich und sowieso kein Schauspieler war.

Was die beiden nicht wußten: Ich war nicht unprofessionell,

sondern litt unter den Auswirkungen der beiden Zwillingsdämonen Arroganz und Ignoranz. Ich bildete mir ein, daß die Regeln des Gewerbes auf mich nicht zuträfen.

Dennoch war es aufregend, live zu spielen, wie Ihnen jeder Thespisjünger bestätigen wird. Bei der anschließenden Party tauchten auch Leute von anderen Shows auf. Roddy McDowall war da, und Kim Stanley, die mit Eric Portman im Clinch lag, alle drei spielten in O'Neills *Fast ein Poet.* Stanley und Portman konnten sich nicht riechen, und an dem Abend der Party beleidigte Portman, einer der spitzzüngigsten und witzigsten Schwulen, die ich je kennengelernt habe, Miß Stanley während des Vorhangs, woraufhin sie ihm eine schallende Ohrfeige verabreichte, und zwar genau in dem Moment, als sich der Vorhang für eine erneute Verbeugung hob. Es gibt nichts Besseres als eine Broadway-Fehde, um herrlich gemeinen Tratsch zu verbreiten und den Kartenverkauf zu steigern.

Die großartige Helen Hayes gehörte auch zur Besetzung; sie tat gelassen ihre Arbeit, ohne die Kämpfe um sie herum zu beachten, und spielte alle an die Wand. Während die anderen ihren Text aufsagten, wischte sie mit einem blendendweißen Staubtuch über die Möbel, das die Blicke des Publikums magnetisch anzog. Dies beweist meine Überzeugung, daß eine Menge Leute als hervorragende Schauspieler bezeichnet werden, die im Grunde nichts anderes getan haben, als alt zu werden, gehfähig zu bleiben, sich jeden Tag in die Vertikale zu erheben und ein oder zwei Zeilen zu behalten.

Der Treffpunkt der Broadwaystars war das Sardi's mit den unzähligen Hirschfeld-Cartoons an den Wänden und Vincent, dem illustren Herrscher über dieses Reich, der niemals einen Namen vergaß. Da man sich dort in jenen Tagen als Mann in Jackett und Krawatte werfen mußte – wieder dieser Quatsch mit der Kleiderordnung! –, ging ich nur selten hin.

Das einfache Fußvolk des Showbiz versammelte sich im Jim Downey's. Downey war hungerleidenden Schauspielern gegenüber immer sehr großzügig. Man bekam bei ihm ein Steak mit Backkartoffel und Grünzeug für zwei Dollar fünfundsechzig, und es war keine Kinderportion. Im Downey's lernte ich auch Edward Mulhare kennen, einen Mann aus der Stadt Cork, der Rex Harrison in *My Fair Lady* ablöste und später in der Fernsehserie *The Ghost and Mrs. Muir* mitspielte. Bei Gott, ich wäre nie im Leben auf die Idee gekommen, daß der Junge aus Cork kam, mit seinem makellosen Benehmen und dem astreinen Oxfordakzent. Aber schließlich sollten wir nicht vergessen, daß *Pygmalion*, die Vorlage zu *My Fair Lady*, ebenfalls von einem Iren geschrieben wurde, warum sollte dann nicht auch ein Ire die Hauptrolle darin spielen? Was wir nicht alles für diese bleierne Sprache getan haben!

Die Premierenfeier von Brendan Behans *Die Geisel*, seinem ersten Broadwaystück, fand im Downey's statt, und es war ein triumphaler Abend für die Iren. Wie immer warteten wir auf die Kritiken, und es gab kaum eine schlechte. Behan trank an dem Abend nichts, weil seine Frau und zahlreiche Verwandte dabei waren und er sich anständig benehmen mußte.

Jackie Gleason war voll wie eine Strandhaubitze und versuchte unablässig, Brendan zum Saufen zu animieren. Die anderen sagten Jackie immer wieder, er solle ihn in Ruhe lassen, doch er ließ nicht locker, und irgendwann wurde er so aufdringlich, daß wir den Großen Gleason rauswerfen und die Tür hinter ihm abschließen mußten. Es war ein seltsamer Anblick, wie er da auf dem Gehweg umherschwankte und hüpfte wie ein Luftballon bei Macys Thanksgiving-Parade, die fleischigen Fäuste schüttelte und mit wütend verzerrtem Gesicht Flüche und Beleidigungen ausstieß – zumindest vermuteten wir das, denn durch die geschlossene Tür konnten wir nichts hören.

Nach einer Weile verschwand er, und unsere überaus gepflegte Party nahm ein ruhiges, heiteres und nüchternes Ende. Es dauerte allerdings nicht lange, bis Brendan wieder an der Flasche hing und zur Verwirrung der Schauspieler und zur Erheiterung von Publikum und Presse plötzlich auf die Bühne sprang. Ein gefundenes Fressen für die Zeitungen und die beste Werbung für das Stück, denn die Leute hofften natürlich, eine von Brendans Sondereinlagen mitzuerleben. Manchmal erzählen mir Leute, die zu der Zeit etwa zweieinhalb gewesen sein müssen, sie seien dabeigewesen, als Brendan den Schauspielern unverblümt eine Gardinenpredigt hielt, weil sie sein Stück verhunzten.

In Brendans Kopf schienen dauernd wütende kleine Dämonen umherzuflitzen. In nüchternem Zustand hatte er die schöne, klangvolle Sprechweise eines Arbeiters aus Dublin und eine leicht schüchterne Art an sich – »unsicher« wäre vielleicht der treffende Ausdruck. Die bösen Geister und der Alkohol waren ständige Begleiter in seinem Leben, und es fiel ihm schwer, der Bewunderung der einen und dem Geschmack des anderen zu widerstehen. Er war Diabetiker und klappte manchmal bewußtlos zusammen, weil er zuwenig Insulin und zuviel Alkohol im Blut hatte – ein wundervoller Mensch mit einem zu schwachen Körper. Als er 1964 im Alter von nur einundvierzig Jahren starb, soll er zu der netten Nonne im Krankenhaus, die ihm die fiebernde Stirn abtupfte, gesagt haben: »Mögen alle Ihre Söhne Bischöfe werden!«

Nach den Abenteuern in Übersee war ich bei meiner Rückkehr ins Malachy's von meinen Partnern ein wenig kühl empfangen worden. Doch ich kehrte den Charmanten und Reumütigen heraus und stürzte mich voller Angst, mich mit Ehefrau und Nachwuchs auf der Straße wiederzufinden, in das anstrengende Dasein eines pseudo-irischen Kneipenwirts.

Die erfolgreichsten New Yorker Kneipenwirte trinken selten. Sie tauchen pünktlich auf, bleiben stets bis zum Schluß und sind so ölig wie ein ganzes Faß voller Schmiere, vor allem die irischen. Sie machen den Frauen Komplimente, merken sich die Namen der Männer und schütteln Hände, daß die Knochen nur so krachen. Das tat ich auch ein Weilchen, bis ich mich von den Orten und Leuten, von der Nüchternheit und den Anstandsregeln eingeengt fühlte und mich mein innerer Schweinehund wieder auf die Straße trieb.

Bei den gelegentlichen Begegnungen mit meiner Angetrauten bemerkte ich, daß sie in der Bauchgegend zuzulegen schien und sich offenbar mit der Tatsache abgefunden hatte, daß sie mit einem Junggesellen verheiratet war. Es gab viele Nächte, in denen ich nicht ins eheliche Bett heimkehrte, weil ich ein appetitliches, verliebtes junges Ding fand, dessen Bettfedern auf ihre Belastbarkeit überprüft werden mußten und dessen Wände einen Schalltest benötigten.

Ich steckte keine großen Gefühle in diese körperlichen Kontakte, und es war immer klar, daß für mich als verheiratetem Mann, der lediglich ein Ventil für seine fleischlichen Gelüste brauchte, keine feste Bindung drin war. Und ich hätte jedem, der es hören wollte, erklärt, daß ich Linda trotz all meiner Seitensprünge nie betrogen hatte, da ich sie immer noch liebte.

Drüben in Irland war die Mutter, Angela, mit Bruder Alphie in ein neues städtisches Häuschen umgezogen und hatte hart zu kämpfen, weil wir drei in den Staaten häufig vergaßen, ihr Geld zu schicken. Alphie, ein hochintelligenter, belesener und talentierter Junge, arbeitete sich erfolgreich durchs Gymnasium – der erste in unserer Familie, der es so weit gebracht hatte. Irgendwo steht sogar, daß Bruder Frank der einzige Highschool-Lehrer des New Yorker Schulsystems ist, der selbst keinen Highschool-Abschluß hat.

Doch Alphie würde es schaffen und damit sich und die ganze Familie ehren, wenn ihm auch noch die Lebenserfahrung fehlte.

Frank hatte sein Kriegsministerium geheiratet und war eifrig damit beschäftigt, nicht auf dem Schlachtfeld abgemurkst zu werden. Mikes üble Launen hielten mich auf Abstand, da er unserem Vater immer ähnlicher wurde und damit die Erinnerung an das Entsetzen, den Lärm und die kindliche Verlegenheit gegenüber den grotesken Spinnereien eines betrunkenen Elternteils zurückbrachte.

Mein Vater konnte sich nach einer solchen Episode tagelang verdrücken, aber wir mußten uns der Welt stellen, sprich: den Schulfreunden und Spielkameraden, und die Spötteleien, Beleidigungen und gemeinen Witze ertragen, die Kinder so gnadenlos verteilen. Damals hatte ich diesen Zusammenhang natürlich noch nicht erkannt. Ich wußte nur, daß ich Mikes Verhalten nicht leiden konnte, wenn wir etwas tranken.

Linda beschloß, das Baby nicht mit Betäubung, sondern unter Hypnose auf die Welt zu bringen, was damals gerade »in« war, und suchte sich für diesen Scherz einen Geburtshelfer indischer Abstammung. Der Mann kam mir vor wie ein Svengali aus einem Wanderzirkus mit seinem todernsten Singsang und der Überzeugung, daß seine Hypnose funktionierte. Nachdem er, wie er meinte, die Trance erfolgreich hergestellt hatte, ging er hinaus, um sich um sein nächstes Opfer zu kümmern. Prompt öffnete mein boshaftes Weib ihr eines Auge und teilte mir mit, daß es nicht funktionierte, sie ihn aber nicht deprimieren wollte.

»Jetzt hör mal zu«, sagte ich, auf einmal ganz verantwortungsvoll, »das hier ist kein Scherz. Ein Baby zu kriegen kann ziemlich weh tun.« Doch Linda lachte nur und sagte: »Ich kann mir ja immer noch eine Spritze geben lassen.«

»Stimmt.«

Dann kam der große Tag, der 1. September 1959. Die Wehen, das schnelle Zusammenpacken von Klamotten und Kosmetiksachen, die Treppe runter, in ein Taxi auf der First Avenue und ab ins French Hospital an der Ecke Thirtieth Street und Eight Avenue. Schwuppdiwupp ins Krankenhausbett, hinlegen, Wehen, wieder hinlegen. Wie befürchtet, wirkte die Hypnose nicht, und Linda bekam eine Spritze. Ich hatte gehofft, bei der Geburt dabeisein zu können, aber in jenen finsteren Zeiten war das vollkommen unmöglich, und für den Fall, daß ich auf die Idee käme, den Entbindungssaal zu stürmen, hatten sie ein paar Wachmänner aufgestellt, die mich gegebenenfalls an die Luft setzen würden. Also blieb ich draußen. Dann kam die Botschaft, daß das Kind da sei – ein Mädchen, sechseinhalb Pfund und alles an seinem Platz: zehn Finger, zehn Zehen, Augen in den dafür vorgesehenen Höhlen, ein Ohr an jeder Seite des Kopfes, ein Mund direkt unter ihrer Nase, die wiederum in der Mitte des hübschesten Gesichts saß, das je das Licht der Welt erblickt hatte.

Wie bei allen frischgebackenen Vätern gab es eine Menge

Freudentränen, einen kritischen Blick in die Vergangenheit und den festen Entschluß, endlich solide zu werden, ein wundervoller Vater, liebender Ehemann und rechtschaffener Bürger. Schließlich war ich achtundzwanzig und hatte, wie ich fand, in dem langen Leben, das bereits hinter mir lag, einen Haufen Mist gebaut. Und mir ging die ganze Zeit durch den Kopf, daß ich, wenn ich so weitermachte, eine großartige Vergangenheit vor mir hätte. Also faßte ich entsprechende Vorsätze, beschworen und geheiligt von der Geburt meiner Tochter Siobhan (»Schiwohn« ausgesprochen) Elizabeth McCourt.

Als allererstes mußte ich Siobhan, das zerbrechliche kleine Wesen mit den süßen Lippen, den wundervollen Augen und den winzigen, zappelnden Händen und Füßen, und die blasse, erschöpfte Linda, die unter postnatalem Trauma und schwerem Zigaretten- und Kaffeeentzug litt, verlassen und stadtaufwärts ziehen, um die Kumpels zum feierlichen Umtrunk um mich zu scharen. Natürlich verteilte ich Zigarren und nahm jeden angebotenen Gratulationstrunk an. Natürlich war ich bald sturzbetrunken und wankte quer durch die Stadt, von Wasserloch zu Wasserloch, erreichte bei jedem Halt neue Höhen der Berauschtheit, sackte wieder ab und machte mich erneut auf die Suche.

Das Objekt meiner Suche fand ich nie, aber Linda und die Kleine sahen mich erst Tage später wieder.

Als Linda mit der kleinen Siobhan in unser winziges Pappmaché-Apartment zurückkam, war ich gleichermaßen glücklich und genervt. Es roch ständig nach vollen Windeln, und alle paar Stunden mußte ein schreiender Säugling gefüttert werden, ob wir müde waren oder nicht. Wir schliefen im engen Wohnzimmer, da Siobhan das Schlafzimmer mit Beschlag belegt hatte.

Ich glaube, ich schlug einen weiteren Nagel in unseren Ehesarg, als Linda mir sagte, sie fühle sich deprimiert und gefangen in dieser Rolle als Hausfrau und Mutter. Meine brillante Antwort darauf lautete, ich könne ihr nicht helfen, damit müsse sie schon allein zurechtkommen, und dann zog ich ab in die Bars und überließ sie ihren langen Nächten.

Und damit es nicht zu langweilig wurde, beschloß ich, meine Mutter Angela und Bruder Alphie über die Feiertage zu uns einzuladen.

»Wo sollen sie schlafen?« fragte Linda.

»Hier natürlich«, erwiderte ich.

»Es ist zu eng.«

»Soll daß heißen, daß meine Familie hier nicht willkommen ist? Außerdem ist es doch nur für ein paar Wochen. Das werden wir ja wohl noch durchstehen.«

Alles war sehr festlich, als die Mutter und Bruder Alphie kurz vor Weihnachten ankamen, und wir waren bereit, die Überfüllung in unserer kleinen Wohnung zu ertragen. Linda und ich schliefen auf einer Ausziehcouch im Wohnzimmer, Mutter auf einem schmalen Bett im Schlafzimmer, Alphie neben ihr auf dem Fußboden und Siobhan in ihrem Kinderbett.

Doch ich vergaß, meine Mutter über die zeitliche Begrenzung des Besuchs zu informieren, und so blieb sie, und blieb, und blieb, bis die Vögel aus ihren Winterquartieren zurückkehrten, was meine Mutter ihrerseits nicht vorzuhaben schien. Auf meine vorsichtigen Andeutungen bezüglich ihrer Rückkehr nach Irland bekam ich zu hören, wie einsam es dort sei und wieviel besser es ihr hier gefalle.

Die Frau, deren Schoß ich entsprungen bin, hatte die romantische Phantasie, daß Amerika ein Land pausenloser Partys sei, ein Märchenland, ein Ort, an dem Arbeit nur eine lästige Begleiterscheinung war und man vor allem Spaß hatte. Die Tatsache, daß ich in einer Bar arbeitete und mit den Schönen und Reichen auf du und du stand, nährte ihre Phantasien bis ins Absurde. Ihre Lieblingsbeschäftigung bestand darin, ihren nicht unbeträchtlichen Körper in eine Ecke des Malachy's zu verfrachten, sich ein paar Highballs – Whiskey mit Ginger Ale – zu Gemüte zu führen und mit jedermann zu plaudern. Gelehrt, elegant, gepflegt und geistreich, wie ich war, war mir die Anwesenheit meiner bäuerlichen Mutter, die ein Fischmesser nicht von einem Krummsäbel unterscheiden konnte, ein wenig peinlich, doch bald schwärmten die Leute, wie reizend sie sei und wie weise, und zur allgemeinen Begeisterung war sie auch nie abgeneigt, ein Lied zu singen, wenn sie ein paar Gläschen intus hatte, so daß meine Scham dann doch ein wenig nachließ. Aber sie blieb immer noch zu lange. Sie hatte sich festgesetzt wie eine Muschel am Schiffsrumpf.

Die ehelichen Beziehungen zwischen Linda und mir waren eingestellt, da durch die Anforderungen eines kleinen Kindes und die ständige Anwesenheit anderer Leute keine Gelegenheit für derartige Unternehmungen blieb. Die Gereiztheit stieg, und Wutausbrüche waren an der Tagesordnung, doch die Mutter blieb noch immer, und so kam ich später und später nach Hause, bis ich irgendwann ganz wegblieb.

Schließlich hielt ich es für eine gute Idee, das Land zu verlassen, und fuhr mit Alphie für ein paar Rugbyspiele nach Kanada. Auf dem Rückweg erklärten uns die Leute von der Immigrationsbehörde, sein Visum sei nur für eine Einreise gültig, und holten ihn aus unserem Bus. Er wurde nach Montreal gebracht, wo er ein Jahr bleiben mußte, bevor er wieder in die Vereinigten Staaten einreisen durfte.

Die Mutter wiederum hatte sowohl ihr Visum als auch unsere Gastfreundschaft überstrapaziert, da in unserer winzigen Wohnung jegliche Spur von etwas Ähnlichem wie Familienleben verschwunden war, und so mußte ich sie nach meiner Rückkehr praktisch eigenhändig nach Irland zurückschicken, was ich auch tat, wenn auch mit dem Versprechen, sie zum nächsten Weihnachten wieder zu uns zu holen.

Dann erklärte mir Linda, sie erwarte wieder ein Kind.

Woraufhin ich als gestandenes Mannsbild fragte: »Wie konnte das denn passieren?«, aber trotzdem mußten wir uns eine größere Bleibe suchen.

Linda hatte zu Siobahns Geburt endlich ihr kleines Vermögen, etwa zehntausend Dollar, ausgehändigt bekommen. Ihre Mutter und ihr Stiefvater hatten sich bis dahin geweigert, es ihr auszuzahlen, da sie mich für einen Mitgiftjäger hielten. Wir zogen an die West Side von Manhattan, an die Ecke Broadway und Ninety-third Street, in eine große, geräumige Wohnung mit Hausmädchenzimmer, also besorgten wir uns ein Hausmädchen und leisteten mit unserem letzten Geld eine Anzahlung auf eine Fünfunddreißig-Hektar-Farm mit zwei Gebäuden und einem Forellenbach, in der wir nicht ein einziges Mal waren. Außerdem kaufte ich mir einen gebrauchten Cadillac, den ich direkt am gleichen Abend zu Schrott verarbeitete, als ich besoffen nach Hause fuhr und in einen entgegenkommenden Lincoln Continental knallte, wobei ich fast die beiden Insassen getötet hätte.

Jetzt, wo wir eine rundum sichere Wohnung mit Türsteher und Hausmädchen hatten, meinte ich, ohne Sorge, Reue oder Schuldgefühle durch die Gegend ziehen zu können, aller meiner Pflichten als Ehemann und Vater entledigt. Dummerweise sah Linda das etwas anders, und es gefiel ihr auch nicht, ihr Dasein als grüne Witwe zu fristen.

Das Showbusineß war ziemlich eingeschlafen, mit Ausnahme eines Auftritts in einem Fernsehfilm, dem ersten, glaube ich, bei dem vor Ort Videoaufnahmen gemacht wurden. Wir drehten auf einem Schiff in Bayonne, New Jersey. Bei der Gelegenheit lernte ich Peter Falk kennen, und Val Avery, einen wunderbaren Charakterschauspieler.

Bei dieser Produktion hob ich mich vor allem dadurch hervor, daß ich den firmeneigenen Bus verpaßte und mir ein höllisch teures Taxi nach Bayonne nehmen mußte, wo ich unter Jubel und Gelächter von der versammelten Mannschaft empfangen wurde. Ich hielt mich für interessant und exzentrisch, aber wenn man einem Unternehmen Kosten verursacht, sollte man vorsichtig sein, denn dann kommt ganz schnell die schwarze Liste auf den Tisch, und schon steht man drauf.

Amerika ist schon ein komisches Land. Firmen haben genau die gleichen Rechte wie ein menschliches Wesen, aber wenn ein ganz normaler Kerl versichert, daß sein Körper, das einzige Gerät, von und mit dem er leben kann, alt und unzuverlässig wird, erklärt ihm die Steuerbehörde: »Erzähl keinen

Quatsch, Junge! Deinen Körper kannste nicht abschreiben, auch wenn die Seele unten rausläuft.«

Es war das Ende der Eisenhower-Ära, und Vietnam war für die meisten Leute noch ein »Wo ist das denn?«-Land, obwohl Spellman, der Kardinal von Vaseline, der windige Richie Nixon und die Gangsterbande in Saigon versuchten, Ike dazu zu kriegen, »die Bombe« über Hanoi abzuwerfen. Die Franzosen hatten schon 1954 in Dien Bien Phu die Rechnung serviert bekommen, aber die USA latschten trotzdem munter drauflos, um ihr Hinterherhinken in bezug auf den Kolonialismus auszugleichen.

Das alles war mir grob bewußt, aber es war nicht so wichtig wie die hedonistischen Beschäftigungen meines Alltags.

Linda schleppte sich voran, durch die Hitze eines weiteren schwangeren Sommers, mit der kleinen Siobhan am Rockzipfel, die auch versorgt werden mußte. Ich wollte nur dasein, wenn die Kleine lächelte.

Am 24. August 1960 kam Malachy William McCourt auf diesem Planeten an, wieder im French Hospital. Und wieder ließen sie mich nicht hinein, um bei der Geburt meines ersten Sohnes dabeizusein. Diesmal gab es keine Hypnose, sondern nur das übliche Zeug, um die Schmerzen auszuschalten.

Ein munteres Kerlchen, dieser Malachy William. Wie man mir sagte, kam er mit einem gewaltigen Schrei an, und er hörte auch für eine ganze Weile nicht mehr mit dem Schreien auf, ganz der Vater. Und wieder verschwand ich zum Feiern, sentimental und tränenäugig angesichts des neuen Lebens, das in meines getreten war, und plante große Dinge für meine Kinder. Trunkene Träume von Ruhm tobten durch meinen

Kopf, als ich von Kneipe zu Kneipe zog, durch die Wände donnerte – Frank bemerkte einmal, daß ich anscheinend nie die Türen benutzte –, Barbesitzer erschreckte und Barkeeper mit üppigen Trinkgeldern erfreute.

Ungefähr zu dieser Zeit beschlossen meine Partner beim Malachy's, daß ihr Angestellter sein Geld nicht wert war und die Kneipe auch prima ohne ihn auskam. Die beiden boten mir für meine zwanzig Prozent an dem Laden siebentausend Dollar, zahlbar in siebzig wöchentlichen Raten zu hundert Dollar – nicht viel für ein Stück von dem florierenden Unternehmen, das meinen Namen trug. Um es noch schlimmer zu machen, akzeptierte ich die Zahlungen in vorausdatierten Schecks und ohne Zinsen.

Einst war ich durch New York stolziert, erfolgreicher Besitzer einer der beliebtesten Kneipen der Stadt, Schauspieler und Fernsehberühmtheit, und jetzt hockte ich hier mit Frau und zwei kleinen Kindern und fragte mich verzweifelt, ob ich in meinem hohen Alter von fast dreißig Jahren wohl je wieder Arbeit finden würde.

Obwohl ich es erniedrigend fand, bekam ich durch Vermittlung von Joe Allen und John Cobb einen Job als Barkeeper in ihrem beliebten Laden an der Ecke Seventy-third Street und Third Avenue. Mittlerweile hatte ich eine starke Abneigung gegen die Arbeit als Barmann entwickelt. Ich hatte das Gefühl, in der Falle zu sitzen, auf Gedeih und Verderb sämtlichen Idioten, Volltrotteln, Blödmännern, Hornochsen, Zurückgebliebenen, Abartigen, Arschlöchern, Torfköpfen und Schnapsnasen ausgeliefert, die es alle auf mich abgesehen zu haben schienen und mich mit ihrem hohlen Gesülze über ihr sinnloses Leben nervten.

Tagein, tagaus, tobte ich innerlich vor Wut, und als mir jemand ein paar Pillen gab, angeblich zum Abnehmen, die die Wut mit einer Art hibbeliger Euphorie überlagerten, stürzte ich mich gierig darauf wie ein Baby auf die Brust.

Da ich die Frühschicht machte, begann ich den Tag mit Kaffee, Sahne, Honig, einem Schuß Hine-Cognac und einer von diesen kleinen Pillen, und im Laufe des Tages hielt ich das euphorische Feuer mit ein paar weiteren Schlucken Hine-Cognac am Brennen.

Ich wechselte zu einer anderen Kneipe von John Cobb, die ein Stück weiter an der Third Avenue lag, doch ein kleines Problem mit vergessenen Mietzahlungen führte zu einer Räumung. Die Vollzugsbeamten zerrten die gesamte Einrichtung auf die Straße, und als sie die eigentliche Bar mit Brecheisen vom Boden hebelten, schossen aus allen Bierleitungen bernsteinfarbene Fontänen zur Decke, schäumten dort einen Moment vor sich hin und regneten dann auf die Barhebler herab, die daraufhin stanken wie eine verlassene Kneipe.

Anläßlich des Verlusts meines Einkommens war ein Zug durch die Gemeinde angesagt. Ich kam gegen drei oder vier Uhr morgens nach Hause zurück und verkündete meiner besorgten Angetrauten, daß ich die Lösung für alle unsere Probleme gefunden hätte. Mit meiner landesweiten Berühmtheit und meinem großen schauspielerischen Talent würde ich mich nach Hollywood begeben, um zu sehen, welches Studio oder welche Agentur meinen Anforderungen genügen würde. »Schön«, sagte meine ungläubige Lady, »aber wovon sollen wir in der Zwischenzeit leben?«

»Meine Güte, Weib! Vergiß diese negative Einstellung! Lösch sie aus deinem Gehirn! Schleuder sie in eine der vier Windrichtungen! Setz sie vor die Tür, denn sobald ich in Hollywood lande, werden so gewaltige Reichtümer über uns hereinbrechen, daß wir professionelle Kassierer brauchen, um das ganze Geld zu zählen und unterzubringen! So, und jetzt ab ins Bett.«

Ich sah, daß sie meine Begeisterung für diesen Plan nicht teilte, aber dank der Pillen und des Alkohols war ich restlos überzeugt von der Richtigkeit meines neuesten ökonomischen und künstlerischen Kreuzzugs, der uns ewigen Wohlstand bringen würde.

Zwei Anrufe – einen beim Schwiegervater, Bill Wachsman, dem plattfüßigen, kurzgeratenen Don Juan der sieben Ehefrauen, um einen Schlafplatz auf seiner Couch zu sichern, und einen beim Reisebüro, um einen billigen Flug in einer Propellermaschine mit Donut und Kaffee zu reservieren –, und weg war ich.

Nachdem mich Bill vom Flughafen abgeholt hatte, rief ich Peter Falk an, der mich mit Sandy Lieberson von der Agentur William Morris in Kontakt brachte, der mir wiederum mitteilte, daß mein Freund Richard Harris in der Stadt sei, da er gerade mit Marlon Brando und Trevor Howard ein Remake von *Meuterei auf der Bounty* drehte. Ein weiterer Anruf bei Harris brachte mir eine Einladung in sein Haus.

Harris war damals mit der geborenen Elizabeth Reese Williams verheiratet, Tochter von Lord Ogmore. Sie war gerade schwanger mit ihrem Sohn Damien und ausgesprochen hübsch. Es war ein munteres Haus, in dem rund um die Uhr Leute ein und aus gingen und bei jeder Gelegenheit Partys gefeiert wurden. Ein überaus praktischer, beheizter Swimmingpool half beim Nüchternwerden, und daneben stand eine nette kleine Hütte mit Bett, in der ich oft übernachtete, wenn die Nacht zu weit vorangeschritten war, um noch zum Schwiegervater zurückzukehren.

Obwohl ich mich unter bekannten Leuten aus dem Showbiz tummelte, fand ich keinen Agenten, der bereit war, mich zu vertreten. Ich hatte keine Fotos, keinen Lebenslauf und kein Auto – und ohne Auto ist man in L. A. hilflos wie ein Baby –, aber auf Schusters Rappen und mit dem lächerlichen Bussystem kam ich gerade so über die Runden, wenn ich mich vor Tagesanbruch auf den Weg machte. Und dennoch schaffte ich es irgendwie, mir einzubilden, ich sei alles andere als ein gewöhnlicher, durchschnittlicher Schauspieler, der in Hollywood Arbeit suchte.

Schließlich bekam ich für eine Woche einen Job in einer albernen Fernsehserie – ich glaube, sie hieß *Surfside Six* –, eine vorläufige Rettung vor der völligen Armut.

Während ich bei den Aufnahmen war, mußte Harris das gemietete Haus in Beverly Hills seinen Besitzerinnen überlassen, zwei alten Jungfern namens Crumby, da deren anderes Haus bei einem der berüchtigten kalifornischen Buschfeuer beschädigt worden war.

Ich wußte nicht, daß Harris dort ausgezogen war und fürs erste im Bel-Air-Hotel wohnte. So schwankte ich also nach meiner Rückkehr zu dem alten Haus hinauf, nachdem die Zapfstellen um zwei Uhr morgens dichtgemacht hatten, befreite mich von sämtlichen störenden Kleidungsstücken, zog mir für den Fall des Kenterns ein Paar Schwimmflügel an und ließ mich splitterfasernackt in das wohltuende warme Wasser des einladenden Pools fallen. Den halbherzigen Schwimmversuch gab ich bald auf und ließ mich einfach im Dämmerzustand treiben.

Meine Träumereien wurden jedoch aufs unangenehmste

von einer barschen Stimme unterbrochen, die in Kasernen-Tonfall bellte: »Raus aus dem Pool! Sofort!« Ich öffnete die Augen und stellte fest, daß der Pool von einem Trupp hochglanzpolierter schwarzer Stiefel umringt war. Als ich den Blick nach oben wandern ließ, sah ich mit Handschellen, Patronentaschen, Pistolen, Kugeln und allerlei anderem Polizistenzeug bestückte Gürtel.

Oberhalb der schimmernden Knopfleiste erblickte ich grimmige, sonnenbebrillte Gesichter, die mich mit bohrenden Blicken fixierten. »Warum?« fragte ich vorsichtig, doch als ich sah, wie sich ein paar Hände Richtung Schußwaffenhalfter bewegten, beschloß ich, daß die Antwort auf meine Frage durchaus warten konnte.

Jetzt war ich nicht mehr unbekleidet, sondern nackt, und ich sah die Verachtung in den Mundwinkeln der versammelten Polizeimannschaft, als sie meinen zusammengeschrumpften Dreiteiler in Augenschein nahmen. Sie befahlen mir, die Hände hochzunehmen, was ich ziemlich spaßig fand, und so wagte ich einen kleinen Scherz: »Wollen Sie mich durchsuchen?« Ich hatte gedacht, sie würden bei der Vorstellung, einen nackten Mann zu durchsuchen, vor Lachen zusammenklappen.

»Halt deine verfluchte Schnauze, du popliger, perverser Pimmelschwenker!« bölkte einer der grimmigen Gesellen. Ich fand die Alliteration recht gelungen und wollte ihm gerade ein Kompliment über seine sprachlichen Fähigkeiten machen, als ich grob ergriffen und Richtung Toreinfahrt geschubst wurde.

Ich schaffte es gerade noch, mir ein Handtuch zu schnappen, als wir das Poolgelände verließen, und dann steckte man mich unter lautstarkem Protest – ich sei Gast von Harris und so weiter – hinter Schloß und Riegel.

Im Polizeirevier wurde ich wegen Erregung öffentlichen Ärgernisses eingebuchtet. Offenbar waren die Misses Crumby mitten in der Nacht von einem lauten Platschen aufgewacht und hatten, als sie aus dem Fenster sahen, einen großen, nackten, bärtigen Mann in ihrem Pool treiben sehen. Nach einer angemessenen Frist hatten sie die Polizei gerufen.

Außerdem wurde ich noch wegen Hausfriedensbruchs und Diebstahls der Schwimmflügel angeklagt. Mittlerweile war mein Geduldsfaden kurz vorm Zerreißen, denn jedesmal, wenn ich versuchte, meine Anwesenheit auf dem Grundstück zu erklären, hieß es: »Maul halten!« Man verfrachtete mich grob in eine Zelle. Die Matratze auf dem Feldbett war mit dubiosen Flecken übersät und strömte eine Duftwolke aus, die nicht von Estée Lauder stammte. Es gab auch weder Decken noch Laken oder ein Kissen, auf das der erschöpfte Missetäter sein pochendes Haupt hätte legen können.

Als um sechs Uhr morgens die Frühschicht kam, schenkte mir endlich einer meiner Ergreifer sein Ohr, hängte sich ans Telefon und überzeugte sich davon, daß meine Geschichte, Richard Harris habe das Haus gemietet und sei dann anscheinend ausgezogen, stimmte. Daraufhin rief der mitfühlende Bulle Harris im Bel-Air-Hotel an und sagte ihm, sie hätten einen gewissen »Malarky McCord« in U-Haft, der behaupte, mit ihm befreundet zu sein.

Mein Kumpel Harris erklärte dem Bullen, er habe noch nie etwas von mir gehört, und legte auf, woraufhin mein Samariter stinksauer wurde, weil ich ihn angelogen hatte. Nachmittags kam Harris dann doch, um mich auszulösen, und er amüsierte sich königlich, als er mich im hellen Sonnenlicht nur mit einem kleinen Handtuch und den Schwimmflügeln bekleidet vor dem Polizeirevier auf und ab tigern sah.

Ich war gern mit Harris zusammen. Er konnte unglaubliche Mengen Whiskey vertragen und hatte einen ausgezeichneten Geschmack in bezug auf Wein und Essen, so daß sein Tisch stets voller Köstlichkeiten war, gekonnt dekoriert mit Blumen, Kerzen und edlem Porzellan. Er war in mancherlei Hinsicht ein wilder Kerl, und wenn seine vielen Geschichten auch erfunden waren, so konnte er sie doch hervorragend erzählen.

Als nächstes bekam ich eine Rolle in einem Film mit Robert Mitchum und Shirley MacLaine, in dem ich eine Mischung aus Brendan Behan und Dylan Thomas spielen sollte. Harris war ein alter Kumpel von Mitchum und sagte mir, ich solle mich ihm als Freund vorstellen. Obwohl ich etwas Bammel hatte, den Star anzusprechen, marschierte ich auf ihn zu, streckte ihm die Pfote entgegen und erklärte, ich sei Malachy McCourt, ein Freund von Dickie Harris aus Limerick.

Die berühmt-berüchtigte Hollywoodlegende begrüßte mich wärmstens und lud mich direkt ein, auf ein Gläschen in seine Stargarderobe zu kommen, wo er ein besonderes Gebräu für eine besondere Gelegenheit und einen besonderen Gast bereithalte. »Und der Moment ist gekommen«, sagte er.

Ich war ganz seiner Meinung und trottete, wie befohlen, hinter ihm her.

In seinem Kabuff enthüllte der reizende Robert einen schier unerschöpflichen Vorrat an Literflaschen mit Guinness. Dann öffnete er eine Flasche Powers (die mit den drei Schwalben), schenkte uns zwei ordentliche Portionen ein, servierte uns mit geschickter Hand zwei Halfpints vom Saft Irlands und stellte das Ganze vor uns hin.

Ich ließ verlauten, es sei ein Anblick, der die Augen, das Herz und die Innereien jedes anständigen Mannes erwärmen müsse, der über Gottes schöne Erde wandele.

»Hör auf zu quatschen«, sagte Mitchum unverblümt, »und runter damit.« Er hatte ein paar Filme in Irland gedreht und kannte daher unser Kauderwelsch, das einem beim Saufen schon mal hinderlich sein konnte.

Im Handumdrehen hatten wir unseren Rachen mit dem Lebenswasser und der schwarzen Gurgelbrühe angewärmt. Nach ein paar weiteren Schlückchen wurde es richtig gemütlich, wir schwatzten über dies und das, und es störte ihn auch nicht, als ich eine alte Geschichte hervorkramte, die ein gewisser Richard Harris gelegentlich erzählte.

Eines Abends hatte sich in Dublin, in den Wänden einer Notfallklinik für Schauspieler, auch bekannt unter der Bezeichnung Pub, jenes längst entschwundenen, geheiligten Ortes namens Groom's, die gesamte Mannschaft des Films, den Harris und Mitchum gerade drehten, versammelt. Mitchum konnte durchaus mithalten, wenn's ums Erzählen ging, selbst bei der mächtigen Konkurrenz, die einem in Dublin häufig begegnete. (Bei Gott! Schließlich war allgemein bekannt, daß Shaw wegen der Konkurrenz weggegangen war.) Im Laufe des Abends jedenfalls taucht ein kurzgewachsener Dubliner neben Mitchum auf, zupft ihn am Ärmel und verkündet, seine Frau wolle ein Autogramm.

»Jetzt nicht«, sagt Mitchum.

»Wieso nicht?« fragt der Kurze.

»Weil ich gesagt habe, ›Jetzt nicht‹.«

»Bilden Sie sich vielleicht ein, Sie könnten hier rüberkommen, sich aufführen wie der Heilige Geist und sich weigern, einer anständigen, hart arbeitenden kleinen Frau, die zu schüchtern ist, Sie selbst zu fragen, Ihren beschissenen Namen auf ein Stück Papier zu schreiben? Beim barmherzigen Jesus, wofür halten Sie sich eigentlich?«

Darauf Mitchum: »Gib her«, unterschreibt und erzählt weiter seine Geschichte. Der Kurze nimmt den Zettel ohne ein Wort des Dankes und geht zu seiner Frau und seinen Freunden zurück. Sie sieht auf den Zettel, stößt einen erstickten Schrei aus und fällt in Ohnmacht. Daraufhin wirft auch ihr kurzgewachsener Gatte einen Blick auf das Autogramm, springt auf, stürzt sich auf Mitchum, versetzt ihm einen klassischen Aufwärtshaken und schlägt unseren Filmhelden bewußtlos.

Auf dem schmuddeligen Stück Papier stand: »Leck mich, Kirk Douglas!«

Mitchum sagte nichts zu der Story, lächelte aber.

Es klopfte an der Tür. »Herein«, sagte mein Gastgeber. Es war Frank Sinatra, der nebenan *Botschafter der Angst* drehte und gerade Pause hatte. Der Junge aus Hoboken war ein eher stiller Typ und nicht besonders motiviert, randvolle Gläser mit Powers und Guinness zu leeren. Irgendwie wollte das Pint nicht so recht zu dem mageren Kerlchen passen. Die beiden sprachen über Dinge, von denen ich nichts verstand, und so lauschte ich nickend und setzte eine wissende Miene auf.

Sinatra verschwand, und dann klopfte es wieder an die Tür.

»Mr. Mitchum, man erwartet Sie am Set.«

»Verpiß dich.«

»Mr. Mitchum, der erste Regieassistent, Mr. Wise, sagt, Sie müssen jetzt am Set erscheinen.«

»Verpiß dich.«

»Aber Mr. Mitchum ...«

»Verpiß dich!«

Noch ein paar Drinks, dann beschloß er, es sei Zeit, sich wieder an die Arbeit zu begeben. Wir verließen seine Garderobe und gingen Richtung Set. Kurz bevor wir dort ankamen, blieb er stehen. »Sing ›Die kühnen Fenier‹ für mich«, sprach dieser großartige Schauspieler, und so sangen wir gemeinsam:

Als ich zog durchs tiefe Tal, sah ich ein altes Weib,
Junge Nesseln sammelte sie und bemerkte mein Nahen nicht.
Ich lauschte ganz leis auf das Lied, das sie sang:
Preiset, o preiset die kühnen Fenier.
Still ging ich vorüber und dankte dem Herrn,
Nie werd ich sie vergessen, wie lang mein Leben auch sei.
Große Männer hat unser Land, doch keine waren größer,
Preiset, o preiset die kühnen Fenier.

Manch einer starb im tiefen Tal, mancher unter Fremden,
Und weise Männer sagten, sie kämpften umsonst.
Doch sie liebten unser Irland, zogen mutig in die Schlacht.
Preiset, o preiset die kühnen Fenier.

»Ruhe am Set, verflucht noch mal!« erklang eine sehr wütende Stentorstimme. Sie gehörte dem ersten Regieassistenten. Er kam auf uns zu, forderte Mitchum auf, sich zum Set zu begeben, und verkündete mir, ich sei gefeuert.

»Moment! Nicht so hastig!« mischte sich Mitchum ein. »Wenn er gefeuert ist, bin ich's auch. Komm«, sagte er zu mir, »laß uns wieder zurückgehen und da weitermachen, wo wir aufgehört haben.«

Meine Pumpe fühlte sich an, als wenn eine große, eiserne Faust sie gepackt hätte und fest zusammenpreßte. »Mein erster richtiger Film, und ich bin gefeuert!« war alles, was ich denken konnte. »Das war's dann wohl mit meiner Kinokarriere.«

Es war verdammt schwer, meine Angst und Enttäuschung zu verbergen, und das Gefühl, mich wie ein erstklassiger Vollblutidiot benommen zu haben, aber angesichts von Mitchums Gelassenheit war es natürlich Ehrensache. Ihm war es wurscht, es war nur einer von vielen Jobs. Er sagte mir, ich solle mir keine Sorgen machen, da Sorgen einem das Trinken verderben, und tatsächlich wurde ich wenig später zu Robert Wise zitiert. Er hielt mir einen strengen Vortrag über das Saufen, das Rumhängen mit Stars, die nichts zu verlieren hatten, über Professionalität und Pünktlichkeit und sagte mir, ich solle mich zum Set schwingen und mich benehmen. Daraufhin stellte sich auch Mitchum wieder ein, und so entstand *Spiel zu zweit*, ein Film, von dem man nie wieder etwas hörte.

Richard Harris beendete gerade seinen turbulenten Aufenthalt auf der Bounty. Immer wieder brachte er Brando in Rage, indem er ihn auf völlig überzogene Weise nachahmte und sich über seine Schauspieltechnik lustig machte. In einer Szene sollte Brando ihn wegen Befehlsverweigerung schlagen, gab ihm jedoch nur einen läppischen kleinen Klaps. Woraufhin Harris sagte: »Hau mir gefälligst ordentlich eine rein, verdammt noch mal!«

Brando meinte, erstens würde Harris das wohl kaum verkraften, und zweitens ließe er sich von niemandem erzählen, wie er zu spielen hätte. Oder zu schlagen.

Die Sache endete damit, daß Harris Brando erklärte, er

könne ihn mal sonstwo, und vom Set stolzierte. Ein paar Jahre später rächte sich Brando, indem er in *Duell in Missouri* eine köstliche Parodie von Harris und seinem Limericker Akzent einbaute.

Letzten Endes wurde Harris' Part in *Meuterei auf der Bounty* fast auf eine Komparsenrolle zurückgeschnitten. Am Abend der Premiere, als die Namen Brando, Howard und Harris in Großbuchstaben über dem Titel prangten, rief Mitchum Harris in London an und erzählte ihm, Harris' Name sei in aller Munde.

»O Mann, Donnerwetter, klasse«, sagte Harris, vollig uberwältigt. »Ich hätte nie gedacht, daß ich so gut war, daß alles über mich redet!«

»Warst du auch nicht«, sagte Mitchum. »Sie fragen alle, ›Wer zum Henker ist Richard Harris?‹«

Aber ich greife voraus. Zum Abschied von Hollywood gab Harris eine Party im Montecito Hotel, einem ziemlich überdrehten Laden, in dem hauptsächlich New Yorker Schauspieler wohnten. Harris war dorthin gezogen, nachdem seine Frau Elizabeth ins Land ihrer Namensvetterin zurückgekehrt war. Das Motto seiner Party war Sadomasochismus – er war seiner Zeit stets ein wenig voraus. Ein Besuch in der Requisitenabteilung des Studios und eine saftige Portion Dollars versorgten uns mit Peitschen, Ketten, Handschellen, Zwangsjacken und Henkersmasken sowie ein paar Schädeln, diversen Körperteilen und ein paar Beuteln Filmblut.

Harris verbrachte den ganzen Nachmittag damit, ein paar irritierten Hotelangestellten zu erklären, wie man eine Suite in eine Folterkammer verwandelte und wo das Blut nun genau an die Wände geschmiert werden sollte. Um den Effekt noch zu steigern, wurde das Szenario nur mit dicken Kerzen erleuchtet.

Da die Gäste nichts von dem Motto wußten, war es höchst interessant, ihre Gesichter zu beobachten, als ihr Blick auf die ungewöhnliche Dekoration von Wänden und Stühlen fiel. Die meisten versuchten, so zu tun, als sei es völlig normal, in einen Raum zu kommen, der aussah, als habe ihn die spanische Inquisition gemietet, doch sosehr sie sich auch bemühten, gleichgültig zu wirken, sie mußten das Zeug immer wieder anstarren.

Die durchschnittliche Verweildauer auf dieser Party war ungefähr so lange, wie man seinen Finger in eine Flamme halten kann. Eine Menge Leute hatten plötzlich irgendwelche Notfälle zu Hause oder einen unvorhergesehenen Termin, der sie zum Gehen zwang. Ein paar Hartnäckige – und vielleicht auch einige potentielle S&M-Fans – blieben, und als die Drinks sie ein wenig entspannt hatten, begannen die Fragen. Harris ergötzte sie mit Geschichten von Orgien und anderen schauerlichen Geschehnissen, die, wie so viele von seinen Storys, weitab von der Wahrheit lagen, aber besser eine gut erzählte erfundene Geschichte als eine schlecht erzählte wahre.

Die meisten Partys, zu denen ich ging, waren jedoch weniger extrem. Bei einer von diesen ließ ich mich neben eine ältere, etwas verlebt aussehende Frau fallen, die an einem Stumpen herumpaffte. Da ich dachte, ich würde einer alten Frau einen Gefallen tun, machte ich ihr Komplimente, wie verführerisch und sexy sie sei. »Ich kann mich kaum beherrschen«, erklärte ich ihr, »Sie in meinen Armen zu einer Gondel zu entführen. Wenn es denn ein solches Gefährt in L. A. gäbe.«

Sie sah mich mit einem verzückten Blick an und schien alles, was ich so vor mich hin faselte, gierig aufzusaugen. Als ich meine blumige Rede beendet hatte, hielt ich inne und wartete darauf, daß sie ihre Dankbarkeit äußerte, daß ein so reizender junger Mann sich die Mühe gemacht habe, ihr zu schmeicheln. Großzügig, wie ich war, fügte ich noch hinzu, daß mir eine Nacht mit ihr ewige Glückseligkeit schenken würde.

Wenn ihre Zunge aus Sandpapier gewesen wäre, hätte sie mich nicht übler zurichten können. Sie fiel über mich her, was für ein eingebildeter, verlogener und dämlicher Kerl ich sei. Ihr ganzes Leben lang hätten die besten Männer ihr ehrliche Komplimente gemacht, und meine seien zwar durchaus angemessen, aber verletzend, da ältere Frauen es schon schwer genug hätten, das Altern zu akzeptieren, ohne daß ihnen irgendein Vollidiot erzählte, sie ständen in der Blüte ihrer Jugend.

Gründlich ernüchtert, machte ich ihr ein Kompliment über ihre spitze Zunge, was sie zum Lachen brachte, und dann begannen wir ein richtig nettes Gespräch. Genaugenommen stellte sie mir Fragen, die ich ausführlich beantwortete. Sie sagte mir, sie heiße Dorothy und habe »ein paar Kleinigkeiten« geschrieben. Wir trennten uns in bestem Einvernehmen, und später fand ich heraus, daß meine neue Freundin Dorothy Parker war. Ich finde es schade, daß wir uns nie wieder getroffen und unterhalten haben – erst nach ihrem Tod.

Der Nachlaßverwalter des parkerschen Vermögens war Paul O'Dwyer, ein großartiger, unbezähmbarer Mann mit Anstand, Mitgefühl und Bürgerrechten. Die Urne mit Dorothys Asche, die niemand haben wollte, landete schließlich in seinem Büro im Zentrum von Manhattan, und eines Tages, als ich den guten alten Paul besuchte, fragte ich ihn, ob ich sie sehen dürfe. Da sprach ich zum ersten Mal in meinem Leben mit einer Urne voller Asche. Ich entschuldigte mich dafür, daß ich nicht gewußt hatte, wer sie war, und daß ich ihre »Kleinigkeiten« nicht gelesen hatte, und dann sagte ich ihr *au revoir*.

Meine Madame in New York wurde unruhig wegen meiner langen Abwesenheit und der Ebbe in der Kasse, und der Schwiegervater wurde unruhig wegen meiner langen Anwesenheit auf seiner Schlafcouch, da dies seine Bohrversuche bei wohlhabenden Witwen behinderte.

Die liebevollen Anrufe bei der Ehefrau wurden nicht mit großer Begeisterung oder Energie aufgenommen. Über dem »Wie geht's dir?« und dem »Wie geht's den Kindern?« hing eindeutig ein frostiger Windhauch in der Luft.

Obwohl ich gelegentlich ein paar Jobs bekam, arbeitete ich die meiste Zeit nicht, und von dem wenigen Geld, das ich verdiente, floß noch weniger heim zu Linda. Sie war gezwungen, ihren Stolz sausen zu lassen und ihre Eltern um Hilfe zu bitten. Woraufhin die sie mit einem Hagel von »Ich hab's dir ja gleich gesagt« überschütteten, bis Linda nicht mehr wußte, wo vorne und hinten war.

Trotz des finanziellen Engpasses amüsierte ich mich auf zahllosen Partys, was meiner Dame natürlich gegen den Strich ging. Sie hockte bis zu den Nasenlöchern im beißenden Gestank der schmutzigen Windeln und bis zu den Knien in kleinen Kindern, und so war es nicht überraschend, daß sie von den unbedachten Beschreibungen meiner gesellschaftlichen Abenteuer nicht begeistert war.

Nach einer langen Phase ohne Arbeit buchte ich schließlich wieder einen von diesen zwölfstündigen Kaffee-und-Donut-Flügen für neunundneunzig Dollar, die ich mir von verschiedenen Freunden und Kollegen zusammengeschnorrt hatte.

Der fliegende Eselskarren landete mit einer Stunde Verspätung auf dem Idlewild Airport, und als ich an meiner Tür Ecke Ninety-third Street und Broadway ankam, war es nach fünf. Die Liebste begrüßte mich nur flüchtig, hielt mir für den Willkommenskuß statt ihrer Lippen die Wange hin und entwand sich eilig meiner allzu leidenschaftlichen Umarmung.

Siobhan und Malachy brauchten einen Moment, um sich wieder an mich zu gewöhnen, kletterten dann aber auf mir herum wie auf einer großen Eiche. Da ich nach dem rappeligen Flug ziemlich erschlagen war, sagte ich zu meiner kühlen Gattin, ich würde mich ein Weilchen hinlegen, dann einen Happen essen, und: »Man weiß ja nie, was so alles passiert, wenn die Kinder erst mal im Bett sind.«

Als ich aufwachte und ins Wohnzimmer kam, saß mein Bruder Alphie neben Linda. Sie sagte, er habe hier gewohnt, da er vorübergehend quartierlos gewesen sei. Ich sagte, das sei völlig in Ordnung. Dann sagte sie, wir würden essen gehen und sie habe Alphie eingeladen mitzukommen.

Beim Essen versuchte ich, den Unterhalter zu spielen, aber ohne Erfolg. Lindas zusammengepreßte Lippen und ausgezupften Augenbrauen sahen aus wie wütende Hiebe in einer geschnitzten Maske. Der Bruder war höflich und ahnungslos, daß er als Schachfigur in ihrem Malachy-Abwehr-Spiel benutzt wurde. Schließlich sagte ich, ich würde tot umfallen, wenn ich nicht in mein Bett käme, doch mein Weib verkündete, wir sollten in die Stadt gehen und meine Rückkehr feiern.

Ich erwiderte, ich sei zu müde, und ohnehin sei die beste Art zu feiern doch, ins Bett zu gehen.

Keine Reaktion, also stand ich auf und sagte: »Ich gehe jetzt ins Bett.« Ich fiel hinein und in einen komaartigen Schlaf, aus dem ich erst am nächsten Morgen gegen neun erwachte. Erfrischt und guter Laune suchte ich nach meinem Weib, doch wieder entwand sie sich meiner Umarmung und sagte, sie habe zu tun, als ich ihr vorschlug, noch ein Weilchen ins Bett zu kommen.

»Ist hier irgendwo was zu essen im Haus?« fragte ich.

»Das, was hier ist, haben meine Eltern bezahlt«, sagte meine ehemalige Bettgenossin kühl.

Die aufkeimende Furcht vor dem drohenden Schiffsbruch niederkämpfend, fragte ich: »Kann ich was davon haben?«

»Hol's dir selber.«

»Verstehe«, sagte ich, obwohl ich es nicht verstand, weil ich es nicht verstehen wollte, und ging zurück ins Schlafzimmer, um mich anzuziehen und nachzudenken. Ich hatte noch nicht ausgepackt, und so schnappte ich mir in einer einfachen Bewegung, die mein Leben veränderte, den Koffer und ging durch den Flur zur Wohnungstür.

Linda kam heraus und sagte: »Ich hoffe, du weißt, was du tust.«

»Nein, weiß ich nicht«, sagte ich und spazierte hinaus in den Tag, ohne zu ahnen, daß dies für viele Jahre der letzte zivilisierte Wortwechsel zwischen uns sein würde.

Ich trödelte am Aufzug herum, in der Hoffnung, daß sie mir nachkäme, dann ging ich.

Den restlichen Tag verbrachte ich mit wechselnden Anfällen von Wut, Gewissensbissen, Zerknirschung, Trauer, Schmerz, Fragen, leiser Sentimentalität, Nostalgie für etwas, das es nie gegeben hatte, verspäteten Vatergefühlen, Rachegelüsten und vor allem Selbstmitleid.

Mein innerer Monolog lautete etwa wie folgt: »Verflucht noch mal, wofür hält die sich eigentlich? Ich hab' sie geheiratet und ihr zwei Kinder geschenkt, ein aufregendes Leben und die Gelegenheit, eine Menge interessanter Leute kennenzulernen. Ich hab' sie zu Partys mitgenommen, wo sie sich im Glanz meines Ruhm gesonnt hat, und auf einmal soll Schluß sein: Schluß mit dem Gesellschaftsleben, Schluß mit den Partys, Schluß mit dem Spaß und Schluß mit den Reisen! Jetzt hockt sie da, und keiner will mehr was mit ihr zu tun haben, weil sie alle Angst vor mir haben. Wie kann sie es wagen, mich zu verlassen! Ist ihr überhaupt klar, wer ich bin? Alle lieben mich, außer ihr, und sie hat sowieso keine Ahnung. Sie wußte doch, was sie erwartete, als sie mich geheiratet hat! Sie wußte, wie ich lebe und wie ich bin und daß ich meine Freiheit brauche, aber sie mußte mich ja unbedingt heiraten, und das alles nur wegen einer verdammten Reise nach Irland. Sie wird schon sehen! Es gibt genügend aufmerksame, liebevolle Frauen, die mich verstehen und mir keine Szene machen, wenn ich mir mal ein bißchen Spaß und ein oder zwei Drinks genehmige!«

Ein Freund von mir, John Cobb, ein beliebter Rettungsanker für allerlei bedürftige Spinner, bot mir an, bei ihm zu wohnen, und nicht nur das: Er gab mir sogar einen Job als Barkeeper in seinem Laden im Financial District.

Die ganzen nächsten Tage brütete ich über meine plötzliche Trennung vom alles andere als gemütlichen Heim und Herd, führte Selbstgespräche, sandte telepathische Nachrichten, um alles wieder gutzumachen, und trank – Öl ins Feuer. Ein Großbrand war unausweichlich, und eines Nachts, nachdem ich mich in mehreren Kneipen mit irgendwelchen Typen angelegt hatte und in einigen anderen gar nicht erst bedient worden war, fand ich mich gegen zwei Uhr morgens mutterseelenallein auf der Straße wieder.

Ich stand eine Weile so da, und dann überkam mich plötzlich großer Friede. Ich wußte, was ich zu tun hatte. Ich würde sie anrufen, ihr die ganze Sache erklären und alles wieder ins Lot bringen. Ich suchte mir eine Telefonzelle und rief an.

»Was willst *du* denn noch?« fragte sie.

»Ich möchte, daß wir uns aussprechen.«

»Das ist zwecklos. Ich liebe dich nicht mehr.«

»Was?!«

»Und ich will die Scheidung.«

Ich fühlte mich, als hätte mir jemand mit einer Hellebarde auf den Schädel gedonnert. Durch den Nebel hörte ich sie sagen: »Ich habe mit dem Anwalt meiner Eltern gesprochen, und die Trennungsvereinbarung ist bereits aufgesetzt. Du brauchst nur noch zu unterschreiben, und dann können wir die Scheidung in Angriff nehmen.« Jedes Wort von ihr war wie ein neuer Stoß mit der Hellebarde, abwechselnd ein Schlag auf meinen Kopf und ein Stich in mein Herz.

»Du hast mit Anwälten gesprochen!« schrie ich. »Hinter meinem Rücken! Und du hast nicht mal den Anstand besessen, es mir zu sagen!«

»Du wußtest doch, daß unsere Ehe kaputt war«, sagte sie, und dann war mein Geld alle, und wir wurden getrennt.

Brüllend und wimmernd wie ein verwundeter Büffel schnappte ich mir ein Taxi, das gar nicht im Dienst war und dessen Fahrer mich zu verscheuchen versuchte, aber ich schaffte es hineinzuspringen und drohte ihm mit Mord und Totschlag, falls er mich nicht zur Ecke Ninety-third Street und Broadway brächte. Der arme, angstgeschüttelte Kerl flehte mich an, ihm nichts zu tun, und sagte, er würde mich überall hinfahren und sogar umsonst, wenn ich ihn nur in Ruhe ließe, sobald wir angekommen wären.

Wir kamen am Haus an, und ich segelte am Türsteher vorbei – meine schauspielerischen Talente reichten aus, um halbwegs normal zu wirken –, schnappte mir den Ersatzschlüssel, der auf dem Türrahmen lag, und schloß auf. Ich stürzte ins Schlafzimmer, schaltete das Licht an, herrschte das erschrokkene Weib an: »Keine Scheidung, keine Trennung!« und forderte, daß sie ihren ehelichen Pflichten nach napoleonischem Gesetz nachkam.

Von dort stampfte ich ins Wohnzimmer, wo sich mein Bruder verschlafen von der Couch erhob. Ich beschuldigte ihn, sich mit meiner Feindin verschworen zu haben. Dann holte ich das Hausmädchen und verkündete der versammelten Mannschaft, daß jeder, der sich weigerte, meinem Gesetz zu gehorchen, verschwinden solle, und zwar sofort. Sie schnappten sich die verstörten Kinder und flohen zur Wohnung von Lindas Eltern in der Park Avenue, von wo sie nur noch einmal zurückkehrten, um Kinderbett, Kleider und Krimskrams zu holen, und den Rest dieser verrückten Nacht wanderte ich von Raum zu Raum und redete wie ein Besessener auf die Möbel ein.

Natürlich war ich komplett übergeschnappt. Ich hatte das Heim zurückerobert, aber die Familie daraus vertrieben, die es überhaupt dazu gemacht hatte. Als der Morgen dämmerte, legte ich mich angezogen ins Bett und weinte mich in den Schlaf.

Dann folgte mein langsamer Abstieg in den Wahnsinn. Tagsüber arbeitete ich als Barkeeper, und abends stürzte ich mich aus Angst, in die leere, hallende, verlassene Wohnung zurückzukehren, in einen rastlosen Wirbel von Pubs, Partys und

Prügeleien. Barmänner fürchteten sich vor meinem Besuch, und ich kam in den Ruf, ein streitsüchtiger Schreihals und eine Gefahr für die Allgemeinheit zu sein. Innen war ich eine einzige Masse aus grauem, steinernem Schmerz, den ich zu lindern versuchte, indem ich pausenlos andere verletzte.

Unempfänglich für körperlichen Schmerz, kämpfte ich wie ein Wilder, bis das Blut spritzte. Ich ging mit zahllosen Frauen ins Bett, log und betrog, ohne zu wissen, wer sie waren, und ohne mich darum zu scheren, ob ich sie je wiedersehen würde.

In Bars zu gehen wurde wieder zum Abenteuer. Ich setzte mich stets neben den kräftigsten Kerl und sagte, egal was er bestellte: »So was trinken nur Schwuchteln.« Ein paar Minuten später lag der Typ dann auf dem Boden, und ich verkündete dem Publikum, er habe keinen Sinn für Humor.

Eines Abends traf ich Bruder Frank, den Mann mit dem großen Herzen. Oft tröstete und beriet er mich auf seine zurückhaltende Art, aber ich wollte nicht auf ihn hören. An jenem Abend begegnete ich ihm auf dem Weg zu einer Party bei irgendwem an der East Side und lud ihn ein mitzukommen. Nach ein paar Drinks fuhren wir mit dem Taxi dorthin und mit dem Aufzug nach oben. Im Flur vor der Wohnung saßen ein paar Leute im Kreis auf dem Boden, warum, weiß ich nicht. Auf dem Weg nach drinnen stieß ich eines von ihren Gläsern um, warf ein beiläufiges »Tschuldigung« über die Schulter und stürzte mich in die Party, die bereits in vollem Schwung war.

Von allen Seiten erklang »Grüß dich«, »Hallo« und »Schön, dich zu sehen«, aber in mir machte sich das nagende Gefühl breit, daß irgendwas fehlte, und tatsächlich: Bruder Frank war verschwunden. Ich raus auf den Flur, aber keine Spur von Frank oder der Sitzgruppe. Polternd lief ich die vier Stockwerke zur Lobby runter, wo eine Handvoll Idioten auf mein Bruderherz einprügelte, der bereits in die Knie gegangen war, aber durchaus noch ein paar treffsichere Hiebe losließ.

Ich war in meinem Element: Ein kurzer Blick auf das Schlachtfeld ergab ein Verhältnis von fünf Rüpeln gegen einen McCourt, der sich wacker hielt, Fäusten, Schuhen und Stiefeln auswich und zurückschlug, wo er konnte.

Ich sprang ins Getümmel, und sie ließen von ihm ab, um sich einem heulenden Wahnsinnigen zuzuwenden. Von der Verstärkung erfrischt, rappelte sich Frank wieder auf die Füße und fügte einigen von seinen feigen Angreifern erheblichen Schaden zu. Ich unterstützte ihn, wo ich konnte, so daß vier von ihnen flohen und den fünften allein zurückließen. Er stand in einer Ecke, ohne Fluchtmöglichkeit.

Ich fixierte ihn, während er sich wimmernd und winselnd gegen die Wand drückte, zitternd wie ein Aal bei der Vorstellung, was ihn erwartete. Ich betrachtete ihn mit eisigem Blick und malte mir mit all der kalten Bosheit in meinem Herzen genüßlich aus, wie ich ihn fertigmachen würde. Zuerst würde ich ihn mit meiner Linken an seinem alten Schulschlips und dem Kragen packen. Dann würde ich ihm einen Tritt gegen das Schienbein versetzen, und wenn sein Kopf voller Schmerz nach vorne zuckte, würde ich ihm aufs rechte Auge schlagen und ihn gegen die Wand schleudern. Dann würde ich ihm mein Knie in die Familienjuwelen donnern und ihm, wenn sein Kopf wieder nach vorne zuckte, aufs linke Auge schlagen, und danach würde ich in aller Ruhe seine Nase, seine Zähne und natürlich seine Lippen zerschmettern, die zum Spalten wie geschaffen waren.

Alle meine Gedanken waren methodisch und entspannt, doch, wie schon Robbie Burns sagte: »Was Mäus' und Menschen fein gesponnen, geht scheitern oft.« Was ich gesponnen, um diesen Knilch fertigzumachen, ging restlos scheitern. Ich griff nach der Krawatte und versetzte ihm den Tritt, doch anstatt, wie vorgesehen, nach vorne zu zucken, zuckte er nach rechts, und anstatt sich ihm in den rechten Gucker zu pflanzen, knallte meine Faust gegen die Wand, was einen heftigen Schmerz in meinen Arm jagte, so daß ich den Missetäter losließ und dieser eilends von seinem Hinrichtungsort floh.

Frank und ich landeten in der Notaufnahme, unverletzt bis auf meinen gebrochenen Arm, der eingegipst wurde und somit Material für eine neue spannende Geschichte für Siobhan und Malachy bot.

Ich tauchte regelmäßig mit blauen Augen und geschwollener Nase in Lindas neuer Wohnung an der Fifth Avenue auf, um die beiden zum sonntäglichen Besuch abzuholen, und begeisterte die kleinen Racker mit den Geschichten von meinen Kämpfen. Wenn ich sie dann abends wieder zu Hause abgeliefert hatte, machte sich erneut die furchtbare Einsamkeit breit, so daß ich mich wieder in eine Kneipe schleppte und der ganze elende Kreislauf von vorne begann.

Und so ging es weiter – ich pendelte durch das nächtliche New York, prügelte, brüllte, fluchte, raste und verteilte üppige Trinkgelder, so daß die Barkeeper schizophren wurden: »O Gott! Da kommt McCourt! Gleich gibt's Ärger! Aber er gibt verdammt gute Trinkgelder, also scheiß drauf, ein Weilchen halten wir's mit ihm schon aus.«

Anfangs ging ich ins P.J. Clarke's, aber in dem sturen Laden ließen sie keinen Unsinn durchgehen. The Blarney Stone, eine Kette von Irish Pubs, bekannt für ihr gleichförmig ödes Dekor, war für ernsthafte Trinker reserviert, und jegliche Rüpelhaftigkeit meinerseits endete mit einem Rausschmiß. Ein paar Kneipen ertrugen mich noch wegen meines Hauchs von Ruhm, doch nach und nach blieben mir immer mehr Türen verschlossen.

Gelegentlich rief ich bei Linda an und jammerte und wimmerte und bettelte und flehte, sie solle mir noch eine Chance geben, doch ihre einzige Antwort lautete immer wieder: »Ich liebe dich nicht mehr.« Woraufhin ich beteuerte: »Ich werde dich immer lieben, egal, was passiert.« Und dann verzog ich mich ins nächste Saufloch, um ihr meine Liebe zu beweisen, indem ich mich bis zum Scheitel vollaufen ließ und die nächste Prügelei begann.

Eines Abends schwafelte ich in einer Kneipe vor mich hin und ließ eine alles andere als jugendfreie Geschichte vom Stapel, in entsprechend zweifelhafter Sprache, versteht sich. Das Ganze war natürlich von A bis Z erfunden, wie es Kneipengeschichten von sexuellen Eroberungen meistens sind, aber das Märchen machte mir trotzdem Spaß, da ich selbst kaum erwarten konnte, was ich als nächstes erzählen würde. Ein Klopfen auf die Schulter unterbrach die zotige Story. Ich drehte mich auf meinem Barhocker herum und landete Nase an Nase mit einem Kerlchen, das mir erklärte: »Meiner Frau gefällt deine Geschichte nicht.«

»Dann sag ihr, sie soll nicht hinhören«, entgegnete ich.

»Hör zu, du Arschloch«, giftete er, »der Lady gefällt deine Geschichte nicht, also halt die Schnauze!«

»Wenn deine Frau 'ne Lady wäre, würde sie nicht anderer

Leute Gespräche belauschen, und sie würde nicht mit einem Idioten wie dir rumlaufen.«

Nach einer angemessenen Pause lud er mich ein, mich draußen mit ihm zu treffen.

»Bin gleich wieder da«, sagte ich zu den Kumpels. »Bleibt ruhig sitzen, das dauert nicht lange.« Mein künftiger Gegner ging vor mir her, und als ich durch die Eingangstür trat, in Gedanken mit meiner Taktik beschäftigt, wurde es sehr plötzlich sehr schwarze Nacht. Einige Zeit später wurde ich von einem Schmerz in meinem Kinn wach, und als ich versuchte, die Augen zu öffnen, sah ich mit dem linken nur einen rötlichen Nebel und mit dem rechten ein paar winzige Lichtpunkte, die durch den Verband drangen.

Ich lag im New York Hospital, wo ein peruanischer Chirurg versuchte, den üblen Schaden zu reparieren, den ein gutgezielter italienischer Schuh an meinem unfreundlichen irischen Auge angerichtet hatte. Mein unteres Lid mußte mit neun Stichen genäht werden. Der Chirurg erklärte mir, der Tränenkanal sei irreparabel zerstört worden und ich würde später Schwierigkeiten haben zu weinen.

Dazu brauchte ich nicht bis später zu warten. Unzählige Nächte fiel ich betrunken und heulend vor Selbstmitleid ins Bett und sprach zu Gott: »He, du! Könntest du vielleicht deinen Hintern in die Fifth Avenue schwingen und dieser Frau sagen, daß sie mich wieder lieben soll? Wenn du das tust, kehre ich in die Kirche zurück und werde ein leuchtendes Beispiel für alle. Ich werde die Kinder zu Katholiken erziehen und Linda dazu bringen überzutreten. Na, was sagst du dazu?«

Keine Antwort.

Dann ein wütendes Brüllen: »Hast du mich gehört, Gott?

Ich rede mit dir, du elender Scheißkerl, wieso antwortest du nicht? Gib mir wenigstens ein Zeichen, daß meine Anfrage registriert ist!«

Nichts. Schweigen.

Als ich in Limerick aufwuchs, war mein größter Traum, nach Amerika zu gehen und dort Häftling zu werden, denn im Gefängnis würde ich Schuhe haben, ein Bett für mich allein, mit Laken, die nicht von kleineren Brüdern bepinkelt worden waren. Dort gäbe es keine Läuse und Flöhe, und ich könnte das ganze Jahr über duschen und müßte nicht bis zum Sommer warten, um den ganzen Körper zu waschen. Sie würden mir mehrmals am Tag etwas zu essen geben und einen Blechbecher, mit dem ich gegen das Gitter schlagen könnte, und wir würden heimlich miteinander reden, uns Fluchtpläne ausdenken und Wärter verprügeln, und ich hätte eine Nummer ganz für mich allein, und es gäbe eine Gefängnisbibliothek, wo ich nach Herzenslust lesen könnte, und wenn alles gut lief, würde ich mutig auf dem elektrischen Stuhl sterben, nach der großartigsten Henkersmahlzeit, die sich ein Sterbender wünschen konnte. Vielleicht würde ich James Cagney, Spencer Tracy, George Raft, Humphrey Bogart und Brian Donleavy treffen, und wir würden zusammen einen Aufstand anzetteln, und dann würde der Gouverneur kommen und sehen, wie mies wir behandelt werden, und das ganze System reformieren, und ich würde seine wunderschöne Tochter heiraten und mit der gesamten Umgestaltung beauftragt werden.

Irgendwie ist das wahre Leben anders als das Kintopp.

Eines schönen Freitags machte ich mich auf den Weg zur Fifth Avenue, nachdem ich den ersten Teil des Abends trinkenderweise in der Herrenbar des Biltmore verbracht hatte. Ich hatte bereits einige Gin Martinis intus, als ich in einem kindischen Trotzanfall und entgegen den Regeln der Hausordnung sämtliche schmutzigen Wörter rausbrüllte, die mir einfielen, und wenn mir keine einfielen, komponierte ich sie stehenden Fußes. Nach ein paar Stunden heiseren Konzerts kam ich auf die Idee, die Gattin anzurufen.

Das Hausmädchen nahm das Telefon ab und sagte, Mrs. McCourt sei ausgegangen.

»Wohin?« brüllte ich. Sie sagte, sie wisse es nicht.

Ich bezichtigte die arme Frau der Lüge, der Vernachlässigung meiner Kinder und einiger Dinge, die sie vermutlich noch nie gehört, geschweige denn getan hatte. Dann kehrte ich in die Bar zurück, um weiter zu schwadronieren. Ein paar Stunden später, als die Mitternacht nahte, rief ich das holde Weib erneut an, und sie war immer noch nicht anwesend, was zu einer weiteren Schimpfkanonade meinerseits führte. Der verbliebene Rest Menschenverstand verließ mich, ich stürzte aus dem Biltmore, sprang in ein Taxi und ließ mich zur Bleibe meiner entfremdeten Frau auf der Fifth Avenue fahren.

Ich kann mich nicht erinnern, wie ich an den uniformierten Haushofmeistern vorbeikam, aber ich kam vorbei. Ich klingelte an der Tür des Apartments, und das Mädchen fragte von der anderen Seite der Tür, wer da sei. Ich röhrte, daß ich es sei, und daß sie gefälligst die Scheißtür aufmachen solle. Natürlich weigerte sich das arme, verschreckte Ding, und so klopfte ich sanft mit einem Eichenstuhl, der praktischerweise in der Lobby stand, an die Tür.

Nachdem der Stuhl zu Kaminholz verarbeitet, die Tür aber immer noch verschlossen war, setzte ich mich auf den Boden, um mir meinen nächsten Schachzug zu überlegen. In einem Anfall betrunkener Hellsichtigkeit überlegte ich mir, daß das Hausmädchen sicher die Eltern der Frau Gemahlin angerufen hatte und daß der Stiefvater möglicherweise bereits auf dem Weg hierher war. Ich verhielt mich also eine Weile still und klingelte dann erneut an der Tür. Als das Mädchen fragte: »Wer ist da?«, sagte ich, ich sei Mr. Friedlander.

»Dem Himmel sei Dank«, seufzte sie, entriegelte die Tür und ließ einen durchgeknallten Wahnsinnigen in die Wohnung. Ich schubste die kleine Frau zur Tür hinaus und verschloß dieselbe. Siobhan und Malachy lagen in ihren Bettchen, und ich überzeugte mich zunächst, daß sie schliefen, bevor ich mich auf die Suche nach Beweisen für neue Liebschaften meiner Angetrauten machte. Ich durchsuchte Schubladen, Regale und Schränke, fand jedoch nichts außer ein paar alten Fotos aus glücklicheren Zeiten, die ich jedesmal entzweiriß, wenn wir beide zusammen darauf waren. Dann durchwühlte ich systematisch das gesamte Schlafzimmer. Ich zog alle Schubladen heraus und warf die Kleider auf den Boden. Ich leerte Gesichtswasser, Parfüms, Cremes und Lotionen auf den Teppich. Ich nahm alles von den Wänden, zerriß, was sich zerreißen ließ, in winzige Fetzen, trampelte auf einer Gitarre herum und zerrte die Jalousien von den Fenstern.

Nachdem ich mit dem Schlafzimmer fertig war, beschloß ich, mir das Wohnzimmer vorzuknöpfen. Die Kinder schliefen anscheinend trotz des lautstarken Durcheinanders friedlich weiter. Ich sah immer wieder nach, da ich nicht wollte, daß sie dachten, ich würde ihnen etwas antun.

Als ich gerade das Wohnzimmer inspizierte und Schwung holen wollte, um den Fernseher einzutreten, ging plötzlich die Tür auf, und ich wurde unter dem Ansturm einer schweren, blauen Brigade begraben, einer Gesandtschaft der New Yorker Polizei, gefolgt von einer aufgelösten Ehefrau, einem entschlossenen Stiefvater und einem sehr aufgebrachten Hausmädchen, das ausrief: »Sehen Sie nach den Kindern! Sehen Sie nach den Kindern!«

In Null Komma nichts lag ich mit Handschellen gefesselt auf dem Boden, das Gesicht nach unten. Als sichergestellt war, daß die Kinder unversehrt waren, wurde ich aus der Wohnung und in den Aufzug geschubst, dann nach draußen und in die Spezialkutsche, und ab ging's zum Revier an der Twenty-third Street, wo ich zu einem Transvestiten gesperrt wurde, der verhaftet worden war, weil er versucht hatte, seinen Körper an einen Undercover-Bullen zu verkaufen. Der Transvestit beschwerte sich bitter darüber, daß er sich nicht so anziehen durfte, wie er wollte, und über die Ungerechtigkeit eines Systems, in dem man alles verkaufen durfte, nur nicht sich selbst.

Ich war ganz seiner Meinung und fand, es sei ein perfektes Beispiel für die Verlogenheit des kapitalistischen Systems. Das setzte bei mir ein hemmungsloses Geschwafel in Gang, in dem so ziemlich jeder Gedanke, den ich je gehabt hatte, erwähnt und jede Rede, die ich kannte, zusammengefaßt wurde. Lincoln in Gettysburg? Zu kurz für mein Vorhaben. Lieder, Gedichte, Reden, Vorträge, Dramenauszüge, Zitate, Forderungen nach Gerechtigkeit für Transvestiten und die Arbeiterklasse und nach einem Verlassensverbot für Ehefrauen, Schluß mit dem Sorgerecht für Mütter, selbst wenn der Vater keine Bleibe hat und Alkoholiker ist – solcher Art waren die Forderungen und Deklamationen, die in einem wilden, ginbefeuerten Schwall aus meiner Zelle drangen, ohne daß die Meßnadel je gegen Null ging.

Unsere verkannte Diva stülpte sich, erschlagen von meiner wüsten Rede, die Körbchen ihres BHs über die Ohren und verkroch sich wimmernd in der Ecke. Ganze Geschwader von den blauen Jungs kamen zu unserer Zelle, um sich unterhalten zu lassen und sich ein wenig auf meine Kosten zu amüsieren.

Schließlich wurden mein Zellgenosse und ich aneinandergekettet und für die Vernehmung zum Gericht gebracht. Meine Anklage lautete auf versuchten Mord, versuchte Kindesentführung, Einbruch, vorsätzliche Sachbeschädigung, Widerstand gegen die Staatsgewalt, Beleidigung, Hausfriedensbruch und ordnungswidriges Verhalten. Die Madame sagte dem Richter, sie habe Angst vor mir, woraufhin mir Seine Ehren einen langen Vortrag über Leute hielt, die in Wohnungen an der Fifth Avenue für Unruhe sorgten und eigentlich auf den Straßen zivilisierter Städte nichts verloren hatten, beschränkte dann jedoch die Anklage auf ordnungswidriges Verhalten und setzte die Kaution auf eintausend Dollar fest.

Ich wurde in die berüchtigte Gruft von New York geworfen und schickte eine Nachricht an Tom O'Malley, daß er die Kaution hinterlegen und mich da rausholen sollte. Den ganzen Samstag verbrachte ich mit einem Zellgenossen, den fünfundzwanzig Jahre Sing Sing erwarteten, weil er jemanden umgebracht hatte, der seinen Drogendealerkumpel verpfiffen hatte. Er war ziemlich stolz auf sich und schien nicht allzu beunruhigt angesichts des baldigen ausgedehnten Provinzurlaubs. Als jedoch der Morgen anbrach und Sonnenstreifen durch die hohen Schlitze in der Mauer auf uns herabschienen, wurde er eine Spur ungehalten über die Ungerechtigkeit des Lebens. Einer von den Wärtern brachte uns die Sonntagszeitungen, und in den *News* und im *Mirror* standen Berichte über meine Missetaten. Er hatte immerhin einen sauberen Mord im Prospect Park hingelegt und tauchte bloß in einem Brooklyner Käseblatt auf, während ich, ein Suffkopf, der wegen ordnungswidrigen Verhaltens saß, quasi die Schlagzeilen belegte. Ich glaube, er murmelte etwas davon, daß er sich bei seinem Kongreßabgeordneten über ungerechte Berichterstattung in der Presse beschweren wolle.

Der Tag machte meine diversen eingebuchteten Kollegen munter, die schattenboxten, Atemübungen und Liegestütz machten, schwungvoll auf und ab marschierten, fluchten, schimpften und einander bedrohten. Fast alle warteten wegen Mordes, Raubes, Vergewaltigung und ähnlicher Verbrechen auf ihre Verlegung in verschiedene Provinzgefängnisse, und als sie mich fragten, was mich in die Gruft gebracht hatte, zögerte ich, die Sache mit dem ordnungswidrigen Verhalten vorzubringen, und fügte hinzu, daß ich mit etwas Glück vielleicht um den »versuchten Mord« herumkäme.

Gefängnistage sind lang, und gegen Abend teilte man mir mit, daß die U-Häftlinge bei Morgengrauen nach Rikers Island verschifft würden. Bei der Neuigkeit sackte mir das Herz in die Schuhe. Wo, im Namen des allmächtigen Gottes, seines Sohnes Jesus Christus und der heiligen Jungfrau Maria, steckte mein alter Kumpel O'Malley? Ich hatte in Erwartung umgehender Hilfe nun schon eine ewig lange Zuchthausstrafe abgesessen, und noch immer war kein Retter in Sicht! Ich entsandte flehentliche Gebete an den heiligen Antonius, die heilige Judith, den heiligen Blasius (obwohl der sich auf die Heilung von Halsschmerzen spezialisiert hatte), den heiligen Alphonsus Liquori, den heiligen Gerhardus Majella, die heilige Theresa von Lisieux und zahllose heilig- oder seliggesprochene Kollegen, deren Namen meinem zitternden Hirn entsprangen.

Tom O'Malley erschien kurz vor Sonnenuntergang mit einem Kautionsmakler. Er hatte mich völlig vergessen, da er sich ein paar Drinks genehmigt hatte und sich erst wieder an meinen Aufenthaltsort erinnerte, als er den Fernseher einschaltete und das Wort »Kaution« fiel. Ich fand seine Gedächtnislücke nicht ganz so komisch wie er, verkniff mir aber jeglichen Vorwurf, da mein Kautionssteller dies womöglich als undankbar empfinden und abdampfen könnte.

Am nächsten Morgen ging's zurück ins Gericht, zur Verhandlung. Grimmige Aussagen von der Gemahlin, dem Hausmädchen, dem Stiefvater, ein oder zwei Nachbarn, dem Türsteher und dem Polizisten, der mich festgenommen hatte, die allesamt schwere kriminelle Vergehen meinerseits vorbrachten. Ich hatte mir die Dienste eines Anwalts gesichert, der mir riet, mich schuldig zu bekennen, aber zu sagen, ich bereue meine Taten inzwischen zutiefst, was sogar stimmte.

Seine (zweifelhafte) Ehren kannte ebenfalls Leute, die in dem Gebäude an der Fifth Avenue lebten, und verkündete, es sei unzumutbar, daß Rüpel wie ich ungestraft mitten in der Nacht in einem anständigen Haus wüteten und die Bewohner dieses teuren Puffs in Angst und Schrecken versetzten, und deshalb würde er mich zu sechs Monaten Haft verurteilen.

»Sechs Monate!« japste ich, ein geschlagener Mann, und sank auf den Schoß meines Anwalts. Ich fühlte mich wie Dreyfus, als er auf die Teufelsinsel geschickt wurde. »Sechs

Monate«, wiederholte der Richter, und dann lockerte er den Würgegriff, indem er hinzufügte: »Auf Bewährung!«

Das Kalzium kehrte in meine Knochen zurück, ich wälzte mich von meinem Verteidiger und schwor hoch und heilig, den Rest meines Lebens der Wohltätigkeit, Keuschheit, Nächstenliebe und der Abstinenz von hochprozentigen Getränken zu widmen.

Die entfremdete Gattin protestierte quäkend, und der stellvertretende Staatsanwalt sagte etwas, das wie eine Forderung nach der Todesstrafe klang, aber ich wartete nicht, bis Seine Ehren womöglich seine Meinung änderte. Wie ein geölter Blitz sauste ich aus dem Gericht, und im Handumdrehen saß ich in einem gemütlichen Gasthaus, stemmte die Humpen und unterhielt jeden, der zuhören wollte, mit furchterregenden Geschichten von meiner Begegnung mit der Todesstrafe.

Trotz meiner Schwüre, mich für die Menschheit aufzuopfern, dauerte es nicht lange, bis ich mich wieder über die Fleischtöpfe hermachte.

Nach meinem kleinen Zusammenstoß mit dem Gesetz landete ich in der Flammenhölle des Familiengerichts. Der Anwalt meiner Gemahlin legte meine Vergehen der Richterin dar, die sie mit wiederholtem Kopfschütteln und Zungenschnalzen aufnahm. Ich durfte mich erst äußern, nachdem mich ihre spitze Zunge bis aufs Blut gepeitscht hatte. Sie war nicht nur überaus wortgewandt in ihrer Beschreibung von Rüpelhaftigkeit, Ehefrauenmißhandlung und Eigentumszerstörung, sondern kannte, wie jeder Richter in Amerika, jemanden, der in dem gleichen Fifth-Avenue-Haus lebte wie die

Gattin. Ich hatte von Rowdys in ärmeren Gegenden der Stadt gelesen, die mehr Schaden angerichtet hatten als ich, aber für die Richter war dies anscheinend ein geheiligter Ort.

Sie schloß ihren Vortrag mit dem Befehl, mich einem psychiatrischen Gutachten zu unterziehen. »In der Zwischenzeit halten Sie einen Mindestabstand von einer Meile zu der Klägerin, ihren Kindern und ihrem Wohnort.«

Es dauerte sechs Monate, bis das Gutachten erstellt und dem Gericht zugegangen war, und es machte mich halb wahnsinnig, daß ich Siobhan und Malachy nicht sehen durfte. Wenn ich auch nur den Telefonhörer in die Hand genommen hätte, um sie anzurufen, wäre ich verhaftet worden, und so versenkte ich mich statt dessen in schmerzbetäubenden Säften, zahllosen Bettaffären und Prügeleien.

Als die Richterin die Ergebnisse des psychiatrischen Gutachtens bekam, war sie keineswegs erfreut. Der Arzt sagte, ich sei ein geistig gesunder Kerl, der von der Liebe enttäuscht war, seine Kinder vermißte und ein kleines Alkoholproblem hatte. Von da an durfte ich meinen Nachwuchs jeden Sonntag drei Stunden lang besuchen.

4

Rastlos durch die Welt

Mein Vater kam und ging während meiner gesamten Kindheit. Ich war zehn oder elf, als ich ihn das letzte Mal in Limerick sah, und ich sollte ihn erst als erwachsenen Mann wiedersehen.

Er war verschwunden, und man hatte uns aus unserem vergammelten alten Haus geworfen, weil wir die Miete nicht bezahlt hatten. Danach waren wir bei einem saufenden Mistkerl eingezogen, einem Vetter meiner Mutter, und es dauerte nicht lange, bis sie bei ihm im Bett lag, obwohl er sie und uns mies behandelte. Das war vermutlich die Gegenleistung für das Dach über dem Kopf.

Eines Abends kam der verschwundene Vater nach Hause und mußte feststellen, daß es kein Zuhause mehr gab. Ich war in der heruntergekommenen Wohnung meines zurückgebliebenen Onkels, einem kleinen Loch, das von einer Gaslampe beleuchtet wurde, und zufällig fand mich mein Vater dort.

Der saufende Vetter hörte, daß er zurück war, und kam zu uns. Beim Hereinkommen versetzte mir der Vetter einen Schlag, der mich zu Boden warf, und prügelte dann meinen Vater – der gar nicht versuchte, sich oder mich zu verteidigen – praktisch bewußtlos. Als er mit uns fertig war, verschwand das Schwein wie ein Löwenkönig, der seinen Gegner niedergekämpft, dessen Gefährtin gestohlen und obendrein noch dem Jungen einen ordentlichen Schlag versetzt hatte.

In dem kleinen Raum herrschte Stille, dann sah mich mein Vater an und sagte: »Hast du gesehen, wie ruhig ich geblieben bin?«

Ich hätte ihn am liebsten angeschrien wegen des patriotischen Blödsinns, den er uns immer predigte, von wegen für Irland sterben. Wie wär's, wenn du mal deinen eigenen Sohn verteidigst, anstatt Irland? hätte ich ihn am liebsten angebrüllt.

Aber ich tat es nicht, und obwohl mein Ohr noch dröhnte und die Haut noch brannte von dem Schlag, den ich bekommen hatte, nickte ich und stimmte ihm zu, daß er sich wunderbar unter Kontrolle hatte.

Kurz nach meinem Auftritt vor Gericht traf ich einen alten Bekannten von der maulfaulen Truppe wieder. Er erzählte mir etwas von einem Job, der langwierige Reisen an den Arsch der Welt erforderlich machte. Man könnte sich fragen, wie ein gleichförmig runder Planet einen Arsch haben kann, aber ich hatte nicht die Absicht, die Klaue zu beißen, die mich füttern wollte, da sich meine Finanzen in einem traurigen Zustand befanden und mir das Reisen zu dem Zeitpunkt überaus verlockend schien. Er organisierte für mich ein Treffen mit meinem Boß in spe während der nachmittäglichen Flaute in einem Imbiß an der Wall Street.

Paul Brown, den Arbeitgeber, kann man nur mit dem Adjektiv nichtssagend beschreiben. Man sah über ihn hinweg wie über die Tapete, und ich glaube, das war ihm auch ganz recht so. Er war ziemlich klein und trug eine randlose Brille, hinter der sich aufmerksame Augen verbargen, einen grauen

Anzug, ein unauffälliges Hemd, schwarze Schuhe und eine Krawatte, die weder ein gewagtes Design noch Essensflecke aufwies. Mit einer Stimme, die klang, als habe er eine operierte Gaumenspalte, teilte er mir mit, er transportiere Gold durch die Welt, und fragte mich nach meiner Reisebereitschaft und meinen Papieren – alles in bester Ordnung, wie ich ihm versicherte – und wann ich starten könnte.

»Sofort.«

Er sagte mir, ich solle zum Generalkonsulat von Indien gehen und mir ein Visum besorgen, um dieses faszinierende Land zu besuchen. Ich war hin und weg, daß ich die Möglichkeit bekam, nach Indien zu reisen, ein Land, zu dem ich mich seit Kindertagen hingezogen fühlte. Aus irgendeinem Grund hatte ich mich durch die Geschichte Indiens gewühlt, als ich gerade in die Schule gekommen war, und seither immer vermutet, ich sei ein reinkarnierter Hindu.

So begab ich mich in das palastartige Gebäude, in dem die Konsulatsleute untergebracht waren. Die Sache war ganz einfach. Ich legte den nötigen Zaster und den Paß auf den Tisch und wurde aufgefordert, am nächsten Tag wiederzukommen, um mir meine Papiere abzuholen. Mein neuer Boß befahl mir, zu packen und mich abends mit ihm am Idlewild Airport zu treffen, da wir erst mal in die Schweiz düsen würden – nach Zürich, um genau zu sein.

Die wichtigste Packregel lautet: Alles, was du brauchst, liegt am Ende der Reise, und so nahm ich nur meine Zahnbürste, ein Buch, ein oder zwei Paar Socken, ein paar Unterhosen und ein bißchen von diesem und jenem mit und entschwand mit leichtem Gepäck und ebensolchem Herzen zum Flughafen, nachdem ich allen vorgeflunkert hatte, ich flöge nach Europa, um einen Film zu drehen.

Ich war bereits hübsch angesäuselt, als ich den Boß am Flughafen traf, und er war nicht gerade begeistert über meinen herzlichen Umgang mit den Leuten von Swissair und nahezu jedem Fremden, der mir über den Weg lief. Er befahl mir, das Flugzeug nach Zürich zu besteigen, ohne mir anmerken zu lassen, daß ich ihn kannte. Nach der Ankunft sollte ich im Hotel einchecken und darauf warten, daß er sich meldete. Eine regelrechte Mantel-und-Degen-Geschichte.

Da sich die Sache ein wenig hinzog, dampfte ich ab, um aufzutanken, denn der Brennstoffvorrat ging zur Neige. Ein paar Whiskeys brachten den Motor wieder in Gang, und alles schien rosig und gemütlich, doch als der Aufruf kam, an Bord zu gehen, und ich zum entsprechenden Gate schlenderte, waren mein Ticket und die Bordkarte plötzlich unauffindbar. Ich suchte und suchte, ging überallhin, wo ich gewesen war, aber die blöden Dinger schienen allein davongeflogen zu sein. Zum Glück war Brown noch auf festem Boden, vertieft in die Lektüre des Handbuchs der Weißkragenverbrecher, das *Wall Street Journal*. Mir kam die Idee, ihm zu erzählen, ich sei von einer Räuberbande überfallen worden, die sich auf Flugreisende spezialisiert hatte, doch da die Zeit knapp wurde, tippte ich ihm auf die Schulter und sagte einfach, ich hätte mein Flugticket verloren.

Er brodelte und kochte, konnte aber nichts an der Tatsache ändern, daß sich meine Lieferscheine in Luft aufgelöst hatten. Ein hastiger Spurt zum Schalter versorgte uns mit dem Nötigen, und nachdem ich mir eine Predigt über Trunkenheit und Fahrlässigkeit angehört hatte, trennten wir uns und gingen an Bord, um unsere Reise ins Land der jodelnden Kuckucksuhren, der geheimen Bankkonten und der politischen Neutralität anzutreten.

Da ich zu diesem Zeitpunkt bereits seit fast einer Stunde keinen Alkohol angerührt hatte und wir uns hoch oben in der Luft und außerhalb der moralischen Dreimeilenzone befanden, war es Zeit für einen kleinen Schluck. Ich bestellte vier von den winzigen Flugzeugflaschen, die zusammengenommen meiner Schätzung zufolge etwa einen anständigen Drink ergaben. Bei einem Stückpreis von fünfzig Cent waren sie noch fast ein Schnäppchen.

Die schweizerische Flugzeugbesatzung versuchte immer wieder, mir etwas zu essen aufzudrängen, doch ich wies sie mit deutlichen Worten darauf hin, daß ich niemals auf leeren Magen aß. Nachdem das Abendessen serviert worden war, wurden aufgrund eines angeblichen allgemeinen Schlafbedürfnisses die Lichter in der Kabine gedämpft und die dürftigen Decken und Puppenkissen verteilt. Aber nicht mit mir! Ich bestellte eine weitere Lage Fläschchen und beschloß, mittlerweile vollgetankt, den Impresario zu spielen und ein spontanes Bordkonzert zu organisieren.

Um etwas Schwung in den Laden zu bringen, grölte ich ein paar von den obszöneren Liedern, die ich kannte. Da der Singende immer die Wahl hatte, machte ich mich daran, mir den nächsten Entertainer auszusuchen. Ich übersah dabei sorgfältig den Boß – der mich genauso sorgfältig übersah –, aber sämtliche anderen Fluggäste, ob Mann oder Frau, weigerten sich, aufzustehen und mitzumachen. Das war lange, bevor Flugzeugentführungen die Reisenden in Angst und Schrecken versetzten, doch die Leute guckten genauso entsetzt aus der Wäsche. Um das Ganze noch schlimmer zu machen, weigerte sich die Stewardeß jetzt, mir weitere Fläschchenrationen zu servieren, und wenig später ließ der Flugkapitän die Maschine im Stich, um sich mit mir zu unterhalten.

Er war vielleicht ein guter Pilot, aber als Vermittler hätte er die Schweiz glatt aus ihrer Neutralität und an den Rand eines Krieges bringen können. Der Kerl hat mich doch tatsächlich *bedroht*! Mit Anspielungen von wegen Freiheitsentzug und vorzeitiger Landung, um mich verhaften zu lassen! Wir schwebten da oben über dem Atlantik, und ich stellte mir vor, wie wir auf die Wellen hinunterplumpsten und er ein vorbeifahrendes Polizeiboot herbeiwinkte, um mich abführen zu lassen.

»Werden Sie jetzt endlich mit dem blödsinnigen Gewäsch aufhören und mir meinen Whiskey bringen?« fragte ich.

»Nein!«

»Scheißkerl«, fluchte ich, flitzte zum Klo, schloß mich ein und verkündete, ich würde die ganze Nacht über gegen die Wand hauen und singen, wenn sie mich nicht bedienten. Die weiße Fahne wurde unter der Tür durchgeschoben, und wir einigten uns darauf, daß ich jede Stunde eine Lage Fläschchen bekäme, sofern ich die Klappe hielt und mich auf meinen Platz setzte. Ich verlangte, umsonst beliefert zu werden, was sie ablehnten, aber bei fünfzig Cent pro Stück würde ich nicht pleite gehen.

Es war ein regnerischer Morgen, als wir in Zürich von Bord gingen und in einen Bus stiegen, der uns zum Terminal brachte. Die anderen Passagiere gingen mir aus dem Weg, was man ihnen nicht zum Vorwurf machen konnte, da ich nach abgestandenem Whiskey und ungewaschenen Socken roch. Ich sammelte mein spärliches Gepäck ein, ging durch den Zoll, stieg in ein Taxi und ließ mich ins Hotel bringen.

Der Schädel pochte ein wenig, als ich versuchte, meine Gucker auf die vorbeiziehende Szenerie zu konzentrieren. Alles war sauber und symmetrisch und ordentlich, und nichts störte die gleichmäßige Farbgestaltung. Die Blumen, Büsche und Pflanzen waren allesamt zurechtgestutzt und neigten sich einer unsichtbaren Hand zu. Überall waren Leute, die das Pflaster reinigten und abspritzten, Fenster putzten, Klingeln polierten, Wände strichen und auf diverse andere Arten die natürliche Ordnung der Dinge verschandelten. Wenn ein Unkraut seinen fröhlichen kleinen Kopf aus einer Ritze des Gehwegs gestreckt hätte, wäre die ganze schweizerische Armee mitsamt ihren Messern mobilisiert worden.

Nachdem ich im Hotel eingecheckt hatte, ließ ich mich auf mein Bett fallen, wo ich liegenblieb, bis mich ein Poltern an der Tür weckte. Es war der wütende Paul Brown, der einen großen Koffer mit sich herumschleppte. Er hievte ihn auf mein Bett, öffnete ihn und enthüllte mehrere Lagen schimmernde Goldbarren, zwanzig Stück zu je einem Kilo. Alle hatten einen Stempel mit dem Namen der Bank, dem Gewicht und einem Reinheitszeichen. Außerdem befanden sich in dem Koffer ein Stück Segeltuch, eine Schere, Faden und etwas, das aussah wie Segelnadeln. Mein Goldmann – Mr. Brown hatte sich in Gold verwandelt und hieß von nun an nur noch der Goldmann – befahl mir, mein Hemd auszuziehen, und als ich fragend die Braue hob, sagte er, er müsse Maß nehmen für das Korsett zum Goldtransport.

Der Typ war nicht nur ein Zauberer in Gelddingen, sondern auch ein ausgezeichneter Schneider. Er nahm meine Maße und fing an zu schneiden und zu nähen, zu falzen und zu säumen, fädelte die Nadel ein, formte Schulterriemen und brachte Haken und Ösen an. Erstaunlich, was man alles bei der Lektüre des *Wall Street Journal* lernen kann.

Dann mußte er Taschen basteln, in die die Goldbarren paßten. Er summte und pfiff während seiner Schneidertätigkeit vor sich hin und ließ gelegentlich eine Perle der Weisheit über die Inder fallen, zum Beispiel, daß sie sehr neugierig waren, was man so trieb. In Bombay gab es vier Telefonzellen, so sagte er mir, von denen stets zwei außer Betrieb waren. Bei meiner Ankunft sollte ich mir eine suchen, die funktionierte, die Laimeck Trading Company anrufen und verkünden, ich sei Hadschi Khan, und dann würde man mir weitere Instruktionen geben.

»Was ist, wenn jemand ans Telefon geht, der nicht weiß, wer Hadschi Khan ist?«

»Erfinden Sie keine Schwierigkeiten, wo keine sind. In Indien gestatten es die Besitzer von kleinen Unternehmen ihren Angestellten nicht, ans Telefon zu gehen«, grummelte er. Dann nahm er zwei kleine Hammer und eine Zeitung heraus, breitete letztere auf dem Boden aus, und wir beide hockten uns davor und schlugen die Identifikationsstempel auf den Barren flach.

Mein Financier-Schneider schob die Barren in die Taschen und hievte die ganze Ladung auf meinen mit einem T-Shirt bekleideten Rumpf. Ich zog ein weiteres T-Shirt darüber, dann ein Hemd, Jackett und Krawatte, und da ich ohnehin kräftig gebaut war, schien das Ganze meinen Umfang nicht nennenswert zu verändern. Aber, heiliger Jesus, meinen Gang! Vorsichtig machte ich ein paar Schritte durch den Raum, kraftlos wie ein Schwindsüchtiger.

Ich verabschiedete mich tränenlos von meinem Goldmann, sprang in den Bus zum Flughafen, und ab ging's zum Zwischenstopp nach Rom. Dort checkte ich in einer kleinen *pensione* ein, schob das Gold unbekümmert unter die Matratze und rief Sandy Lieberson an, einen alten Kumpel, der in der Ewigen Stadt als Agent arbeitete. Er stellte mich verschiedenen Fleischtöpfen und reisenden Schauspielern vor, wie zum Beispiel Gordon McRae, und die meiste Zeit war *Dolce vita* angesagt.

Unter anderen begegnete ich auch Russ Rooks, einem ehemaligen Stammgast des Clavin's, der wissen wollte, was ich so machte. Ich antwortete, ich sei im Export-Import-Geschäft tätig, ein Sammelbegriff, den ich nicht verstand, der aber auf meine Situation zu passen schien. »Aha«, sagte Russ, »du bist auch einer von den Goldschmugglern.« Und ließ mich sprachlos stehen.

Ein paar Tage lang tummelte ich mich in der Papststadt, wo ich auch zur Beichte in die Peterskirche ging, zu einem Priester, der kein Englisch sprach. Ich schlug mir gegen das Brustbein und gab ein dröhnendes *mea culpa, mea culpa, mea maxima culpa!* von mir. Wie schon mein Vater respektierte ich die religiösen Formalitäten und machte mir einen Spaß daraus, dem verdutzten portugiesischen Priester alle möglichen Sünden vorzuplappern. Meine Strafe war, glaube ich, ein Ave-Maria, das ich auch brav aufsagte:

Gegrüßet seist du, Maria, voll der Gnade, der Herr ist mit dir. Du bist gebenedeit unter den Frauen. * *Heilige Maria, Mutter Gottes, bete für uns, jetzt und in der Stunde unseres Todes. Amen.*

* *Im Englischen lautet diese Zeile »Blessed are you amongst women.« Malachy McCourt verstand als Kind immer »Blessed are you a monk swimming«. Der Originaltitel des vorliegenden Buches, »A Monk Swimming«, nimmt Bezug auf dieses Mißverständnis.* (A. d. Ü.)

Natürlich war es ein kleines Sakrileg, wenn nicht gar Blasphemie, nur aus Jux an einem Sakrament teilzunehmen.

Rom war eine wunderbar heitere Stadt, in der Katholizismus, Kommunismus und Hedonismus für die moralisch Gebrechlichen eine entgegenkommende Dreifaltigkeit bildeten. Ganz im Gegensatz zu Limerick, wo der Regen und die Predigten Finsternis und Verzweiflung über die zitternden Opfer jansenistischer Tyrannei brachten. Da machte das Sündigen doch gar keinen Spaß mehr!

Der aktuelle Häftling im Vatikan war damals Angelo Giuseppe Roncalli, alias Johannes XXIII., einer der anständigsten Männer, die je Seidenschuhe getragen haben. Er vertrat die neuartige Theorie, daß man eine vernünftige Beziehung zu seinem Gott haben könne. Man durfte sich sogar freuen, da einen der Allmächtige auch liebte, ohne daß man sich die Wirbelsäule mit einer stahlverstärkten neunschwänzigen Katze zerfetzte, um zu beweisen, daß man *ihn* liebte. Da Angelos Tanzkarte ziemlich voll war, als ich in Rom weilte, hatte er leider keine Gelegenheit, mich kennenzulernen.

Ein ordentlicher Weinvorrat begleitete mich, als ich mich aufmachte, um nach Bombay weiterzufliegen. Der Abflug war für sieben Uhr abends geplant, doch als ich am Flughafen ankam, stellte ich fest, daß die verdammte Maschine ohne mich gestartet war. Ich war ziemlich ungehalten, denn schließlich hatte ich nur fünfundvierzig Minuten Verspätung! Ich hatte angenommen, daß die Italiener die gleiche Einstellung zur Zeit hatten wie die Iren: Als Gott die Zeit schuf, schuf er eine Menge davon, also wozu die Eile?

Zurück zu den römischen Fleischtöpfen. Ich war erleichtert, daß ich das Flugzeug verpaßt hatte, da es in der Bucht von Bombay abstürzte und alle Insassen ums Leben kamen. Das war am Montag. Am Mittwoch machte ich mich noch einmal für den Sieben-Uhr-Flug auf den Weg zum Flughafen. Glücklicherweise flog diese Maschine erst um acht ab, was besser zu meinen Vorstellungen von Leben und Zeit paßte.

Nun, da ich die Goldbarren mit mir herumschleppte, konnte ich mir ungefähr vorstellen, wie sich eine schwangere Frau kurz vor der Niederkunft fühlen mußte. Ich stöhnte bei der Aussicht, endlose Stunden in einem dröhnenden Flieger festzusitzen, niedergedrückt von dem Metall, das angeblich die Menschen in den Wahnsinn trieb. Das tut es tatsächlich, wenn es einem nicht gehört und man das Scheißzeug quer über den Globus schleppen muß.

Das Hinsetzen und Aufstehen waren schwierig, da ich mein Spezialgewand ja nicht ablegen konnte. Ich stellte mir vor, wie das Flugzeug abstürzen und man Jahre später mein Skelett finden würde, immer noch von der mit Gold gefüllten Segeltuchweste umhüllt, eine der reichsten Leichen der Welt.

Eine Zwischenlandung in Beirut bewahrte mich vor dem totalen Wahnsinn, da ich dort zu meiner großen Freude eine Ausgabe von J.P. Donleavys *Ginger Man* fand, ein Buch, das meinem Herzen ebenso teuer war wie alles von P.G. Wodehouse. Die Krönung war, daß es als Pornographie galt und in einem schlichten braunen Umschlag unter dem Ladentisch verkauft wurde. Und das in einem Flughafenladen.

Im Interesse von geistiger Klarheit und sicherer Schmuggelei hatte ich beschlossen, nüchtern zu bleiben, und als die Maschine wieder startete, war ich begeistert, in dieses exotische Land zu reisen, über das ich schon soviel gelesen hatte. Ohne die Ablenkung durch den Alkohol wanderte mein Geist zurück nach New York, zu der zerbrochenen Ehe und den Kindern, und prompt kamen mir wieder die verdammten Tränen. Dann ging's zurück in die Gegenwart, zur Angst, erwischt zu werden, und zur Vorfreude auf das große Abenteuer.

Die Landung auf indischem Boden verlief recht sanft, aber meine Pumpe tanzte einen Fandango, als ich auf den Immigrationsschalter zuging. Mein Goldmann hatte mich angewiesen, präzise und detaillierte Antworten zu geben, da dies die Behörden überzeugt und weniger Papierkram produziert, andererseits lieben die Inder Stempel über alles, man konnte also nie wissen. Das ganze Land hallt von dem Aufprall zahl loser Stempel wider. Es würde mich nicht wundern, wenn sie ihren Frauen auch einen Stempel auf den Hintern drückten, um das letzte Eingangsdatum festzuhalten.

»Ziel Ihres Besuchs in Indien?« Der Singsang eines Maharashtra-Inders umschmeichelte mein Ohr.

»Ich bin Tourist und möchte die Elefantenhöhlen in Bombay und den Taj Mahal bei Agra besichtigen«, antwortete ich im Brustton der Überzeugung, da ich vorher geübt hatte.

»Wie lange werden Sie bleiben?«

»Zehn Tage.«

»Wo werden Sie wohnen?«

»Im Taj-Mahal-Hotel.«

»Danke.«

»Danke Ihnen.«

Immigration erledigt, den abgewetzten Koffer geschnappt und ab zum letzten Hindernis, das mich von der Freiheit trennte: dem Zoll. Jetzt begann mein Herz einen Sprint, wohin, weiß ich nicht, aber ich war felsenfest davon überzeugt, daß mir mein schlechtes Gewissen in Blockbuchstaben auf der Stirn geschrieben stand, was bei mir für gewöhnlich zu einem Ausbruch großspurigen Geschwafels führt. Ich unterdrückte jedoch meinen Hang zur *furor loquindi* und beantwortete die Fragen schlicht und einfach.

»Haben Sie etwas zu verzollen?«

Zu meiner eigenen Überraschung plapperte ich nicht Oscar Wildes altbekannte Replik »Nichts außer meinem Genie« nach, sondern sagte nur: »Nein.«

»Haben Sie ausländische Währung?«

»Ja.«

»Wieviel?«

»Dreihundert Dollar.«

»Bitte öffnen Sie Ihren Koffer.«

Oberflächliches Gewühle im Koffer, ein »Danke sehr«, und das war's. Doch als ich den Koffer schließen wollte, fiel ein Schuh heraus. Da ich mir nicht sicher war, ob ich mich mit dem ganzen Gewicht, das ich an mir trug, hinunterbücken konnte, ohne umzukippen, ignorierte ich den Schuh und tat so, als streiche ich ein paar Kleidungsstücke glatt, in der Hoffnung, daß zufällig ein höflicher Mensch vorbeikommen, den Schuh aufheben und ihn mir reichen würde, und genau das geschah. Ein bärtiger Mann im Gewand eines Mohammedaners tat das Ersehnte und ersparte mir damit die Unannehmlichkeit einer Landung auf der Nase, ganz zu schweigen von den fragenden Blicken, der spontanen Durchsuchung und der darauffolgenden Verhaftung. Ich dankte ihm überschwenglich für seine freundliche Tat und nahm mir vor, mich umgehend intensiv mit Mohammeds Lehren zu beschäftigen und mir eine diskrete Buchhandlung zu suchen, wo ich zum Zwecke meiner Studien und eines möglichen Übertritts den Koran erstehen konnte.

Letzteres wollte natürlich sorgfältig bedacht sein, da es eine

Menge Waschungen während des Ramadan mit sich brachte, ganz zu schweigen von der Fasterei und der Mühe, mir für die morgendlichen und abendlichen Gebete zu merken, wo Osten war, und mein Orientierungssinn war damals in etwa so entwickelt wie mein moralisches Verständnis.

Des weiteren müßte ich der Wurst und der Speckschnitte Lebewohl sagen, dürfte nie wieder hochprozentige Getränke an meine geschürzten Lippen führen, müßte mich pünktlich zu jeder vollen Stunde gen Mekka verneigen und, wenn ich mal dorthin käme, erklären, wie es kam, daß ein Ire zum Mohammedaner geworden war, weil mich sonst die Abtrünnigenbehandlung erwartete, sprich: Säbel + Abtrünniger = Kopf ab.

Dankbarkeit flößt einem die großartigsten Vorsätze ein, diese dann aber auch umzusetzen, ist eine ganz andere Geschichte, so daß ich nie ein Anhänger Allahs wurde, und da ich auch kein Muladi war, blieb ich Atheist. Gott sei Dank!

Ich klappte den alten Koffer zu, schenkte den versammelten indischen Zollbeamten ein strahlendes Lächeln und schlenderte Richtung öffentliche Transportmittel. Sekunden später wurde mir der Koffer entrissen, und eine Horde kleiner Leute schubste mich auf ein bestimmtes Taxi zu, wie eine Flotte Schlepper, die einen Flugzeugträger in den sicheren Hafen zieht. Ich begann, wie wild auf diese Mücken einzuschlagen, da mir mit leichter Verspätung einfiel, daß ihre kleinen Pfoten mit den Barren wertvollen Metalls in Berührung kommen könnten, die meinen Rumpf zierten. Die hatten ja keine Ahnung, welche Ladung der Frachter trug, den sie abschleppten!

Woran man als einfacher Goldschmuggler so alles denken muß. Man kann keine öffentlichen Wasserspender benutzen, da sie sich zumeist an ebensolchen Plätzen befinden. Die Schwierigkeiten beim Aufheben eines Schuhs wurden bereits geschildert. Man muß kleinwüchsige Fremde daran hindern, einen mit ihren Pfoten anzupacken. Das Hinsetzen ist ein Kampf gegen die Schwerkraft und das Aufstehen ein Vorgeschmack auf die Gebrechlichkeit des Alters. Spontaner Sex kommt vermutlich überhaupt nicht in Frage, außer mit einem goldenen Kalb, sich selbst oder der guten alten *bulla aurea*, falls man auf so was steht.

Meine stürmische Verteidigung schlug die kleinen Helfer in die Flucht, und ich schaffte es, in das Taxi zu steigen, mich zurückzulehnen und zu entspannen. Ich gab dem Fahrer meine Anweisungen, und dann tuckerten wir Richtung Bombay. Doch nicht so hastig! Ein paar hundert Meter weiter versperrte uns eine rot-weiße Schranke den Weg, und aus einer kleinen Hütte kamen drei Typen in khakigrüner Uniform. Einer betrachtete mich durch das Fenster an der linken Seite, einer blinzelte an der rechten hinein, und der dritte stand vor dem Wagen, damit wir nicht entkommen konnten.

»Das war's«, sagte ich zu mir selbst. »Ich sitze in der Scheiße. Die kleinen Ratten am Terminal haben meine Ladung bemerkt und mich verpfiffen. Gütiger, barmherziger Jesus! Diesen Indern kann man nicht trauen! Sie wiegen dich in falscher Sicherheit, spielen mit dir und lassen dich durch, während draußen Horden von schlechtgekleideten, zwergwüchsigen Detektiven auf dich warten, dich filzen und dich unter dem Vorwand, dir ein Taxi zu holen, nach Schmuggelware abtasten!

Ich nahm mir vor, der indischen *Times* einen gepfefferten Brief bezüglich der unsportlichen Vorgehensweise der hiesigen Gesetzesvertreter zu schreiben. Indien gehört schließlich zu den cricketspielenden Nationen, da sollte die Fairneß doch mehr sein als ein bloßes Lippenbekenntnis. Aber was kann man schon von einem Land erwarten, das sich alles von den Briten abgeguckt hat?

Wie dem auch sei, einer meiner zukünftigen Ergreifer machte mir ein Zeichen, die Scheibe herunterzukurbeln.

»Würden Sie bitte aussteigen, Sir«, sagte er.

»Klar doch.«

Der Taxifahrer öffnete den Kofferraum, und mein uniformierter Freund fragte: »Führen Sie Alkohol mit, Gin, Whiskey, Wodka oder Wein?«

»Hä?« fragte ich. Er wiederholte die Frage.

»Nein.« Ich hätte aus dem einen Wort fast ein *Te Deum* gemacht, eine Lobeshymne an den Allmächtigen. »Nein«, sang ich erneut und stürzte mich in eine verbale Attacke gegen den Alkohol, das Trinken und die Trunkenheit, die doch schon so viele Leben, Länder und Kulturen ruiniert hatte. Ich hatte das Zeug niemals angerührt, würde es auch niemals tun und käme niemals auf die Idee, ein solches Gift in die unberührte Reinheit des nüchternen Indien zu tragen.

Der Khakityp hob die Hand, um die Flut meines Geschwätzes abzuwehren, und teilte mir erschöpft mit, ich könne weiterfahren. Ich schüttelte jedem von ihnen die Hand, und in meinem Überschwang schüttelte ich sogar meinem Taxifahrer die Hand. Ich war so erleichtert, daß ich das Gold vergaß und zu schnell und zu schwer in den Sitz plumpste – was die Gesetzeshüter glücklicherweise nicht mitbekamen –, und dann trudelten wir von dannen.

Bombay, ein ehemaliger Stadtstaat, ist sensationell, wimmelnd vor lärmendem Leben und restlos verschmutzt durch die Industrie. Der amerikanische Bürgerkrieg half der Stadt, an Einfluß zu gewinnen, als sie zum weltweiten Hauptlieferanten für Baumwolle wurde. Davor war Bombay die Zentrale der britischen Ostindien-Gesellschaft, einer Sippschaft von englischen Gaunern, die Indien mit Drogen und Terrorismus verdreckten und verdarben, und zwar mit dem Segen des Königs und des Oberhauses. Bis zum heutigen Tage leiden viele Inder an Anglophilie, weil sie meinen, sie seien wertlos wegen ihrer dunklen Haut, in alle Ewigkeit dazu verdammt, als braune Reisfresser zu gelten, und am liebsten diesem schreienden, betrügerischen Abschaum Gunga Din nacheifern würden.

Mein Fahrer, ein redseliger Mann, der ob meines herzlichen Händeschüttelns noch immer verwirrt war, setzte mich am Taj-Mahal-Hotel ab. Er versuchte, mir das Dreifache des auf dem Taxameter angegebenen Preises abzuknöpfen, aber ich ließ mir die Nimm-den-Sahib-aus-wie-eine-Weihnachtsgans-Tour nicht gefallen, beklaute mich statt dessen selbst und gab ihm bloß das Doppelte.

Das Haus, ein vor ungefähr hundert Jahren erbauter Haufen Architektur, war so entworfen, daß die Vorderseite zum Tor Indiens zeigen sollte, einem gewaltigen steinernen Triumphbogen, und zur Bucht von Bombay. Wie es heißt, war der Architekt sehr zufrieden mit seinem Entwurf und begab sich zurück nach Europa, bevor die Bauarbeiten begannen. Der Bauunternehmer wiederum drehte die Blaupausen auf die falsche Seite, bevor er loslegte, was dazu führte, daß die prachtvolle Vorderseite auf die Slums von Bombay zeigte und die Dienstbotenzimmer und Küchenräume den phantastischen

Ausblick genossen, der eigentlich den reichen Gästen zugedacht war. Zur feierlichen Eröffnung kehrte der Architekt zurück, verzog sich entsetzt über die unfaßliche Blaupausengeschichte in seine Suite und löste eine erste ernsthafte Krise des Zimmerservices aus, da er sich mit einem Revolver das Hirn aus dem Kopf jagte. So hat man es mir jedenfalls erzählt.

Drinnen empfing mich ein kühles Marmorparadies mit riesigen Ventilatoren, die fleißig wirbelten, und einer überaus zuvorkommenden Belegschaft in khakigrünen Uniformen und Turbanen der Raj-Periode. Der Tagespreis lag bei fünfzig Rupien, was damals etwa zehn Dollar entsprach, und zwar mit Vollpension. Der Laden war nicht gerade gepflastert mit Michelin-Auszeichnungen für *haute cuisine*, aber das Futter war ausreichend für die Bedürfnisse eines abenteuergewohnten Essers wie mir, der ohnehin nicht verwöhnt war. Man hatte mich gewarnt, kein Wasser zu trinken, aber war ich als echtes Limericker Straßenkind nicht immun gegenüber sämtlichen der Medizin bekannten Tropenkrankheiten? Und im übrigen servierten einem die hochintelligenten Kellner jedes in Flaschen abgefüllte Getränk mit Eiswürfeln aus eigener Herstellung, da sie vermutlich annahmen, die Kälte würde jedwede Bakterien, Keime und Viren abtöten.

Das war jedoch nicht mein wichtigstes Problem. Ich mußte so schnell wie möglich meine Kontaktfirma anrufen und den Leuten verkünden, daß Hadschi Khan mit dem Metall in der Stadt war. Besagtes Metall nach wie vor um den Körper geschlungen, begab ich mich zum Bahnhof, um eine der vier bekannten Telefonzellen Bombays zu benutzen. Es muß mehr davon gegeben haben, aber das war mir in dem Moment schnurz.

Mein Fortkommen wurde von einer festlichen Gruppe behindert, die in einer Art Parade vor mir hermarschierte, bewaffnet mit Trommeln, Zimbeln und allerlei anderen Dingen, mit denen man Krach schlagen konnte, begleitet von reichlich Gespringe, Geplapper und Gesinge und bekleidet mit den erstaunlichsten und hinreißendsten Gewändern – wahrhaft eine fröhliche Veranstaltung für einen Vormittag in Bombay. Ich gelangte zu dem Telefon, gefolgt von einem Schwarm brauner Liliputaner mit einer erstaunlichen Auswahl an Behinderungen: armlos, beinlos oder mit einer unvollständigen optischen Ausrüstung.

So schwer das verdammte Gold auch auf mir lastete, ich war doch noch recht geschickt in meinem Tanz, um die Berührung mit den leidenden niederen Klassen zu vermeiden, möge Gott ihnen beistehen. Ich warf ein paar *nai-paesa*-Münzen in den alten Münzbehälter der Telefonzelle, wählte die Nummer, und zu meiner Befriedigung klingelte es tatsächlich – und klingelte und klingelte und klingelte.

Bald sah das Ganze so aus: ein großer, rotschöpfiger, vollbärtiger Schrank von einem Mann mit einem verwirrten, um nicht zu sagen genervten, Ausdruck auf seinem irischen Gesicht, der in einer gläsernen Telefonzelle stand, einen seltsamen schwarzen Bügel an sein Ohr gedrückt, die Zelle umringt von braunen Gesichtern, flehenden Augen und ausgestreckten hellen Handflächen, so weit das Auge reichte.

Da die Laideck Trading Company nicht antwortete, legte ich auf, sammelte meine *nai paesa* ein, warf sie in die Richtung, in die ich *nicht* gehen wollte und marschierte flotten Schrittes zurück in die sicheren Räume des Hotels. Dort angekommen, inspizierte ich mein Badezimmer und stellte fest, daß die Wanne von einer marmorähnlichen Verkleidung umgeben war. Mit dem Schraubenzieher meines treuen Schweizer Messers löste ich ein Stück der Verkleidung ab und verstaute das Gold dahinter.

Ich litt nie unter der klassischen Form des Goldfiebers. Es machte mich vielmehr krank, fertig und verrückt, und wenn es menschlich gewesen wäre, hätte ich es erwürgt. Natürlich war mir der Gedanke gekommen, mich mit dem Zeug vom Acker zu machen, doch das Ganze irgendwo unterzubringen und mich mit meinem Goldmann in Zürich auseinanderzusetzen erschien mir anstrengender, als es dem guten Abdullah Laimeck und seiner Firma auszuhändigen.

Als es Zeit für einen erneuten Anruf war, hätte ich nur allzugern das Hoteltelefon benutzt, doch ich erinnerte mich an die knurrende Warnung des Goldmannes: »Nehmen Sie nicht das Hoteltelefon. Inder sind sehr neugierig und lauschen, wo sie können.« Also latschte ich wieder zum Bahnhof, gefolgt von dem mittlerweile vertrauten Schwarm von Gottes verfluchten Kindern, die hoppelten, krabbelten, humpelten, tasteten, krochen und hüpften und deren Fingerspitzen (so sie welche hatten) wie Kolibris um ihre Lippen flatterten, die unablässig wimmerten: »Bakschisch! Bakschisch!«

An der Telefonzelle dieselbe Chose wie beim letzten Mal: *nai paesa* in alten Münzbehälter, wählen, klingeln lassen, das Meer aus braunen Gesichtern betrachten, manche einäugig, manche keinäugig. Das unerbittliche, unbeantwortete Klingeln und die unprofessionelle Gleichgültigkeit gegenüber unserem Job hätten mich fast dazu gebracht, die Telefonzelle zu Kleinholz zu verarbeiten, was jedoch die Aufmerksamkeit der Khakiheinis mit dem Dienstabzeichen auf mich gelenkt hätte.

Wieder auflegen, Münzen einsammeln und in die Richtung werfen, in die ich *nicht* wollte, und ab ins Hotel. Doch nicht so hastig! Die stärker Behinderten meines Gefolges, die nicht in der Lage waren, sich gierig auf die Münzen zu stürzen, umrundeten mich flehentlich. Dies war die Brigade der Beinlosen, der unterhalb der Gürtellinie Verkrüppelten, und sie griff nach allem, was sich an mir greifen ließ: Schnürsenkel, Socken, Hosenbeine, und gelegentlich erforschte eine wandernde Pfote auch die Möglichkeit eines Griffs an mein bestes Teil, was ich mir jedoch stets aufs deutlichste verbat.

Ich saß fest, unfähig, auch nur einen Schritt zu tun, behindert von den Behinderten. Meine übliche Verteidigung gegen starkes, tiefempfundenes Mitleid besteht darin, furchtbar wütend zu werden und die Opfer dafür anzuschnauzen, daß sie mit ihren Sorgen zu mir kommen: »Ich hab' nichts mit euren Müttern zu tun gehabt, also bin ich auch nicht für eure Misere verantwortlich. Schnappt euch eure verdammten Väter und seht zu, daß *die* euch Geld geben und sich um euch kümmern.«

Inzwischen waren die Jäger und Sammler der *nai paesa* zurückgekehrt, so daß sich wieder eine ganze Armee um meine gulliversche Gestalt scharte. Da mir aufging, daß ich ein bißchen Freizeit hatte – nach meinen abwesenden Goldschmuggel-Partnern zu schließen, schienen die Inder dieselbe Einstellung zur Zeit zu haben wie die Iren –, beschloß ich, das Beste aus der Situation zu machen. Ein intelligent aussehender, einbeiniger Kerl unbestimmbaren Alters schien die englische Sprache zu beherrschen, und so fragte ich ihn, ob er oder ein anderer aus der Truppe ein paar Lieder kannte. Kannte er, kannten sie alle, uns so begann unser Minikonzert am Bahnhof von Bombay.

Ich saß auf einer Bank, und meine versammelten Schönheiten sangen für mich. Was sie sangen, weiß ich nicht, und vielleicht wußten sie es selbst nicht, aber, beim barmherzigen Jesus, es war herzerfrischend. Ich gab jedem von ihnen eine Rupie, was damals viel Geld war (der Chefbarkeeper im Hotel verdiente sechzig Rupien im Monat und fand, daß er ganz ordentlich bezahlt wurde), und alle waren guter Dinge.

Zwischendurch war einer von den Khakitypen mit Dienstabzeichen gekommen, um die *chanteurs* zu zerstreuen, doch ein paar Rupien hatten in ihm schlagartig große Begeisterung für die Straßenlieder Bombays geweckt.

Ich hatte immer noch das verdammte Gold am Hals und wußte nicht, wie es weitergehen sollte. Als ich wieder im Hotel war, auf meinem tennisplatzgroßen Bett lag und tatenlos an die Decke starrte, fand ich die Lösung. Ich hatte meinem Goldmann in Zürich hoch und heilig geschworen, keinerlei prozenthaltige Getränke zu mir zu nehmen, bis die Sache erledigt war. Aber, so argumentierte ich, theoretisch war die Sache inzwischen erledigt, da es schließlich nicht meine Schuld war, wenn diese blöden Heinis von der Laimeck Trading Company nicht ans Telefon gingen, und deshalb konnte ich mir jetzt auch den einen oder anderen Drink genehmigen. Ich stellte mich fragend vor den Spiegel und erntete ein entschlossenes Nicken: »Nur zu, mein Freund! Du hast es verdient!«

Mich in die passende Schale zu werfen war eine leichte und angenehme Aufgabe, und wenig später steppte ich die eindrucksvolle Treppe des Taj-Hotels hinunter, wie dereinst James Cagney in *Yankee Doodle Dandy*, dem Film über diesen chauvinistischen, gewerkschaftssprengenden alten Faschisten George M. Cohan.

Ich verzog mich nach nebenan ins Brown's-Hotel, einen von den ruhigeren, alten, britischen Kästen mit dem Ruch des Kolonialismus und den Überresten von niedergemetzeltem Wild an den Wänden – Tiger, Elefantenzähne, wilde Eber – und lahmen Enten, die in ihren Ledersesseln hockten und sich geräuschvoll räusperten. Sie ziehen nie wieder ab, diese alten Kolonialherren, sie gründen Clubs, trinken Pink Gins und sterben an Leberzirrhose und schmerzhaften Gichtanfällen.

Ich fragte einen beturbanten Nabob, der, wie sich herausstellte, ein Kellner war, wie man an etwas zu trinken kam. Er verwies mich an die Bar, die von wohlhabenden Touristen, einer ganzen Anzahl von offensichtlich gutbetuchten, aber krank aussehenden Indern und im Hotel wohnenden Geschäftsleuten belagert war. Dieser Umstand ließ sich dadurch erklären, daß über ganz Indien eine Art Prohibition verhängt war, und in der Provinz Maharastra, zu der Bombay gehört, mußte man, um einen Drink zu bekommen, entweder ein Touristenvisum vorweisen, als Europäer oder sonstiger Ausländer mit ständigem Wohnsitz ein Dauervisum oder, als Inder, ein ärztliches Attest, daß schwerwiegende gesundheitliche Schaden zu befurchten waren, falls diese gutbetuchten Hindus plötzlich der Säfte des Bacchus beraubt würden.

Am Ende der kunstvoll geschnitzten, etwa fünfzehn Meter langen Bar stand ein Tisch, hinter dem einer von den uniformierten Kerlen der staatlichen Zollbehörde saß. Die drei Vermächtnisse, die die Briten jeder Kolonie hinterlassen, sind Blutvergießen, Snobokratie und Bürokratie. Sie tun so, als zögen sie sich zurück, wie in einem kolonialen *coitus interruptus*, aber in Wirklichkeit vögeln sie jedes Land kräftig durch und lassen den Samen ihrer speziellen Perversionen zurück. Ein Zollbeamter in einer Bar, das muß man sich mal vorstellen!

Und was tat er da so pflichtbewußt hinter seinen zwei Dutzend Stempeln, die fein säuberlich in einer Reihe vor ihm aufgestellt waren? Er sorgte dafür, daß die Regeln für den rechtmäßigen Erwerb eines alkoholischen Getränks eingehalten und die dafür notwendigen Papiere ordnungsgemäß überprüft und gestempelt wurden.

REGELUNG:

1. Zur Bar gehen, Drink bestellen (Wodka Gimlet, zur Abwechslung).
2. Barmann fragt nach Paß und Touristenvisum.
3. Barmann geht zum Zollbeamten und überreicht diesem feierlich die Dokumente.
4. Zollbeamter überprüft Paß und versetzt Touristenvisum ein paar donnernde Schläge mit einem seiner Stempel.
5. Er gibt dem Barmann Paß, Visum und ein langes Formular, das er von seinem Tisch nimmt.
6. Barmann segelt auf mich zu, laviert dabei durch das alkoholisierte Flehen anderer Gäste nach weiteren Getränken, und reicht mir die Dokumente.
7. Er weist mich an, das lange Formular zu unterschreiben, demzufolge ich ein Anrecht auf $^{27}/_{27}$ Hochprozentiges oder fünf Liter indisches Bier pro Woche habe. Ich darf jeweils nur einen Drink bestellen, was $^{3}/_{27}$ entspricht. Ich unterschreibe, und er düst wieder ab.
8. Weiteres wildes Stempeldonnern, dann segelt der Barmann wieder zu mir zurück und reicht mir das gestempelte Formular.

9. Er mixt mir meinen Wodka Gimlet (ein praktischer Drink, wenn man von einem akuten Skorbutanfall bedroht ist).

Ich widerstand dem Drang, das Glas auf ex zu leeren. Statt dessen nippte ich nur daran und sagte zu meinem Freund: »Ich bestelle hiermit den nächsten Drink, bitte kümmern Sie sich um die Formalitäten.« Um mir einen guten Service zu sichern, steckte ich ihm einen Wochenlohn zu, und er machte sich umgehend auf den Weg, um mir meine nächsten $^{3}/_{27}$ und noch so manches mehr zu besorgen.

Im Verlauf des Abends kam ich mit einigen Leidensgenossen ins Gespräch, die mich prompt in ihre diversen Heimstätten einluden, doch ich sagte ihnen, daß mich dringende geschäftliche Angelegenheiten daran hinderten, private Verabredungen zu treffen.

Schließlich sorgten Müdigkeit, Jetlag und $^{15}/_{27}$ einer Flasche Wodka dafür, daß die Lider nach unten sanken, die Ohren sich verschlossen und die Glieder jegliche Spannung verloren, so daß ich nach nebenan in meine Suite begleitet werden mußte. So endete mein erster Tag in Bombay.

Am nächsten Morgen wurde ich von einem Klopfen an der Tür geweckt. Auf mein »Herein« tauchte ein beturbantes Kerlchen mit Messingknöpfen, weißer Jacke und goldener Schärpe auf, das ein Tablett mit Toast, Butter, Marmelade und Tee trug. Eine phantastische Idee, denn mir fiel auf, daß ich mir am Vortag nichts Festes hinter die Kiemen geschoben hatte. Doch wie nicht anders zu erwarten, hatten sie, einer weiteren dämlichen britischen Tradition folgend, die Kruste entfernt, das Beste am ganzen Brot. Die Briten waren schon seit fünfzehn Jahren aus Indien verschwunden, aber hier wurde noch immer die Kruste vom Brot geschnitten, fast ein ebensolches Sakrileg wie das Schälen von Kartoffeln.

Eine strenge Predigt an den Turban, gemildert durch ein großzügiges Trinkgeld, und man versicherte mir, daß man mir nie wieder entkrustetes Brot servieren würde.

Ich hatte ein Problem mit dem Alkohol, und das war die Tatsache, daß ich – abgesehen von einem leisen Gefühl der Entkräftung – nur sehr selten einen sogenannten »Kater« hatte. Wenn man sich das Gift einverleibt, ist es empfehlenswert, nachdem man die Vorzüge der Trunkenheit genossen hat, sich der tödlichen Überreste zu entledigen. So suchte ich mir also, bevor ich mich schlafen legte, stets einen Porzellanaltar in der Nähe, kniete mich nieder und absolvierte eine umgekehrte Kommunion, denn Erbrechen ist seliger denn Empfangen.

Wenn ich meine sterbliche Hülle von den giftigen Überresten befreit hatte, konnte die Flüssigkeitsaufnahme am nächsten Tag unbeschwert weitergehen, ebenso am Tag darauf und immer so weiter. Es fiel mir auch nicht sonderlich schwer, in den frühen Stunden des Tages feste Nahrung zu mir zu nehmen, und so war ich morgens im allgemeinen recht fit und abends himmel- bis sternhagelblau.

Nachdem ich die dargebotenen Nahrungsmittel verspeist hatte, stand ich auf und pilgerte wieder zu meiner Lieblingstelefonzelle: dasselbe Volk, dasselbe Spiel, dasselbe Gesinge und wieder keine Antwort.

Ich erwähnte dem Uniformierten mit Dienstabzeichen gegenüber beiläufig, daß ich Schwierigkeiten hatte, einen Geschäftsmann zu kontaktieren, dessen Name mir gegeben worden war. Der Bulle lächelte gütig und sagte, es sei unmöglich, irgend jemanden zu kontaktieren, da die meisten Geschäfte geschlossen seien, um Krishnas Geburtstag zu feiern. Ein beliebter Kerl, dieser Krishna: Er wurde von Kuhhirten großgezogen (nicht zu verwechseln mit Cowboys) und hatte eine besondere Vorliebe für *gopis* (Milchmädchen), von denen er, der Sage zufolge, Hunderte zugleich mit seiner göttlichen Flöte beglückte, was einen wahren Orgasmussturm und ohrenbetäubendes Gejammer über vergossene Milch zur Folge hatte.

Kein Wunder, daß er als Gottheit einen tollen Ruf hatte, so geschickt, wie er mit seiner Flöte umzugehen wußte. Doch was Krishna, Avatara und achte Inkarnation Vishnus, auch immer mit seiner Flöte und den *gopis* und den Kuhhirten anstellte, mir war er bei meinem Geschäft nicht gerade eine Hilfe. Mir standen noch ein weiterer Tag Krishna-Party und Panik wegen des unter der Wanne versteckten Goldhaufens bevor.

Einige Spaziergänge durch Bombay und ein paar oberflächliche Besichtigungen, immer wieder unterbrochen von hastigen Abstechern ins Hotel, um nach der Beute zu sehen, ließen mich nicht gerade als heiteren, sorglosen Touristen erscheinen.

Die irrsinnige Hitze machte mich fertig, so daß ich es draußen kaum aushielt, und ich bemühte mich, halbwegs nüchtern zu bleiben, damit ich einen klaren Kopf behielt und meine wöchentlichen $^{27}/_{27}$ nicht zu schnell aufbrauchte. Also: kein Alkohol vor dem Abendessen.

Als ich an der Bar auftauchte, hatte sich wieder die übliche Sippschaft eingefunden: Chefbarmann mit sechzig Rupien Monatsgehalt, Khakityp vom Zoll mit Dienstabzeichen, Briten mit ihren Pink Gins, ein paar lärmende Amis, eine ganze

Anzahl von schwerkranken Indern mit ihren Rezepten, diverse Araber und andere. Ein rasches Austauschen von Dokumenten, das dröhnende Gestempel des Zolltypen, die Übergabe von fünf Rupien pro Drink, und schon hatte ich meinen Wodka Gimlet vor mir stehen, diesmal innerhalb von fünf Minuten anstatt zehn.

Als das Zeug in die ausgedörrten Spalten meiner Seele tröpfelte, breitete sich der Frieden aus, der sämtliche Zollgrenzen passiert, und so bestellte ich umgehend den nächsten Drink. Ich kam mit ein paar Geschäftsleuten ins Gespräch, einem Deutschen, ein paar Wallonen und zwei schwerkranken indischen Ladys mit Rezepten und einem roten Punkt über den verschleierten Augen. Sie waren charmant und sehr erheitert, als ich sie zu einem Drink einladen wollte. Laut Gesetz war das nicht möglich. Einer von den Wallonen entfernte sich mit einer der Saridamen, und ich schlug der verbleibenden vor, mich in den benachbarten kabarettartigen Saal zu begleiten, aus dem das rhythmische Schlagen der *tabla* und das verführerische Zirpen des Sitar hervorklangen und die Neugier weckten. Nachdem wir uns einen Tee bestellt hatten, hörten und sahen wir zu, wie die Musiker, die im Schneidersitz auf dem Boden saßen, sich neigten und wiegten, nickten und lächelten. Sehr zart, diese indische Musik, strukturiert, aber mit viel Improvisation, gespielt auf *bansuri* (alten Bambusflöten), *kantal*, Zimbeln und den mit Saiten versehenen *sarangi* und *tamboura*, wie mir meine neue Freundin Yoni erklärte.

Sie sagte mir, daß diese Musiksessions manchmal bis zu zehn Stunden dauern und daß das musikhungrige Volk in wilden Zorn ausbricht, wenn die Spieler zu früh erschöpft sind. Ich habe den Verdacht, daß die allgemeine Bewunderung für diese Minnesänger nicht nur mit ihrer Musikalität, sondern vor allem mit ihrer Fähigkeit zu tun hat, stundenlang im Schneidersitz zu verharren, ohne einen Krampf zu bekommen.

Nachdem wir uns ein paar Stunden von der Musik hatten einlullen lassen, schlug ich Yoni vor, uns für ein Weilchen in mein Quartier zurückzuziehen. »O nein, nein«, sagte sie. Man würde schlimme Dinge über sie sagen, wenn jemand sie mit einem Mann auf sein Zimmer gehen sähe. »Ich gebe dir meinen Schlüssel«, schlug ich vor, »dann kannst du vorgehen, ich komme nach, und du läßt mich rein.«

Sie war einverstanden und machte sich auf den Weg.

Nach einer angemessenen Weile unterschrieb ich die Rechnung für den Tee, gab den drei *tabla*-Typen ein Trinkgeld und zwang mich, die Treppe nicht im Galopp hinaufzulaufen. Ich klopfte an meine Tür, die von Yoni geöffnet wurde, nunmehr gekleidet in das, was Vishnu und die anderen Götter ihr geschenkt hatten, nämlich eine zauberhafte braune Haut. Keine falsche Bescheidenheit mehr, keine niedergeschlagenen Augen, nur ein sanftes, hübsches Mädchen, das mich auszog und in die riesige Wanne verfrachtete, wo sie jeden Zentimeter meiner Epidermis wusch und vor allem den herausragenden Zentimetern besondere Aufmerksamkeit schenkte.

Nur eine dünne Porzellanschicht trennte uns von dem Mammon darunter, und beinahe wäre ich mit dieser Kleinigkeit herausgeplatzt, doch durch die Wodkanebel, die aus den Marschen meines Hirns aufstiegen, erklang die warnende Stimme meines Goldmanns in Zürich: Die Inder sind ein sehr neugieriges Volk, und viele von ihnen werden für Informationen bezahlt. Vertrauen Sie niemandem. Also unterdrückte ich den idiotischen Impuls.

Wir trockneten einander mit riesigen, weichen, weißen Handtüchern ab und schlenderten zu dem gewaltigen Bett, kletterten an Bord und besiegelten die irisch-indische Freundschaft für immer.

Darauf folgte ein tiefer Schlaf, und als ich morgens vom Klopfen des beturbanten Teeträgers geweckt wurde, war die Saridame auf und davon. Ich erfuhr nie, wer sie war, was sie tat und weshalb eine vermutliche Brahmanin mit einem umherziehenden, betrunkenen Iren ins Bett ging.

Wie dem auch sei, sie war für immer verschwunden, ich hatte einen weiteren Tag Hüpferei, Tanzerei und Flöterei für Krishna vor mir, und meine 27/27 waren fast aufgebraucht. So blieb ich im Bett, und als sich meine Augen wieder öffneten, war es Zeit fürs Mittagessen. Die arme indische Oberschicht nahm ihren Lunch gerne im Taj ein, obwohl das Essen dort pure englische *haute cuisine* war, sprich: verkohltes Gemüse, ranzige Koteletts, zu Watte zerkochtes Rindfleisch und dazu öltriefende Pommes. Es gab natürlich auch indische Gerichte: Currys, Chutneys, Dals und verschiedene Brote und Joghurts, aber die wurden, wenn auch zögernd, nur den Weißen angeboten.

Ein weiterer Spaziergang durch das glühendheiße Bombay, um das Mittagessen zu verarbeiten, gefolgt von meiner beinlosen Brigade, die mittlerweile jedesmal laut und herzhaft zu singen begann, wenn sie mich kommen sah.

Nach meiner Rückkehr ins Hotel ließ ich einen der Beturbanten kommen, um meine »Schmutzwäsche«, wie die Briten sagen würden, zum Waschen zu bringen. Die Wäsche fand gegenüber statt, wo die Waschfrauen die schmutzigen Hemden in das noch schmutzigere Wasser der Bucht tauchten und dann ihre gesammelten Aggressionen an dem Stoff austobten, indem sie das unschuldige Kleidungsstück mit einem Felsbrocken bewußtlos schlugen, und zwar Zentimeter für Zentimeter. Es kostete nur ein paar Rupien, mir meine Hemden von Profis ruinieren zu lassen. Zum Glück gehöre ich bezüglich meiner Leibwäsche nicht zur anspruchsvollen Sorte.

Am nächsten Morgen sprang ich, gestärkt durch Oolong und Toast mit Kruste und Marmelade, aus dem Bett und in die Dusche, hibbelig vor Begeisterung, daß ich das Gold nun hoffentlich an seinen Empfänger weitergeben konnte.

Was hätte der Goldmann tun können, wenn ich mich mit dem Zeug aus dem Staub gemacht hätte? Eigentlich nichts, da er anscheinend keinen Kontakt zu Gangstern und Kniescheibenschützen hatte. Wieder erwog ich die Möglichkeit, die Beute zu mopsen und ihm zu erzählen, ich hätte die gesamte indische Regierung bestechen müssen, nur um ungehindert ausreisen zu können.

Meine innere Stimme sagte: »Benimm dich gefälligst nicht wie ein mieser Betrüger und Dieb! Der Mann vertraut dir, also tu deinen verdammten Job, und zwar ohne Sperenzchen!«

»Schon gut, schon gut! Mach' ich ja – jetzt halt endlich die Klappe!« sagte ich zu der schimpfenden Stimme im Kopf.

Ich legte leichte Sommerkleidung an und spazierte mit der Gelassenheit eines Mannes, der in Kürze von einer Last befreit wird, zu der Telefonzelle am Bahnhof, die mir mittlerweile genauso vertraut war wie das Bett. Warf Münzen in den Behälter, wählte, und – gelobt seien Jesus Christus, Vishnu, Buddha, Allah und Maria Magdalena – der Hörer wurde abgenommen, und eine Stimme, eine wohlklingende, freundliche indische Stimme sagte: »Guten Morgen. Laimeck Trading Company. Kann ich Ihnen behilflich sein?«

»Beim Allmächtigen, das können Sie, mein lieber Mann, denn hier spricht Hadschi Khan.«

»Sehr wohl, Sir. Was kann ich für Sie tun?«

»Mein Name ist Hadschi Khan.«

»Das habe ich verstanden, Sir. Wenn Sie mir nun vielleicht den Grund Ihres Anrufs nennen würden, damit ich Ihnen behilflich sein kann?«

Verzweiflung überkam mich und löste einen titanischen Schweißausbruch aus, der meine Hände so glitschig machte, daß ich kaum den Hörer halten konnte.

»Noch mal von vorne«, sagte ich und kämpfte gegen den mächtigen Drang an, diesen hirnlosen Trottel anzubrüllen, der lieber durch die Straßen laufen und um Bakschisch betteln sollte, als ehrenwerten, gewissenhaften Goldschmugglern das Leben schwerzumachen.

»Man hat mir gesagt, ich solle Sie einfach anrufen und Ihnen meinen Namen nennen, und dann würden Sie mir alle weiteren Instruktionen geben. Verstehen Sie?«

»Nein, Sir, ich verstehe nicht, aber wenn Sie so nett wären, mir Ihren Namen und Ihr Anliegen mitzuteilen, könnte ich Ihnen vielleicht weiterhelfen.«

Ich atmete so tief ein, wie es die stinkende Luft erlaubte, und ahmte in einem plötzlichen Geistesblitz die Aussprache des Goldmannes aus Zürich nach. In seinem gequälten Singsang näselte ich:

»Hier ist Hotschi Kong.«

Am anderen Ende schraubte sich eine begeisterte Stimme in schrille Höhen. »Warum haben Sie das denn nicht gleich gesagt, Mr. Khan? Also, heute abend tun Sie folgendes: Gehen Sie zum Tor Indiens, dort wird um neun Uhr ein Mann zu Ihnen kommen, der Ihnen sagt, was Sie weiter zu tun haben.«

»Woran erkennt er mich?«

»Man hat Sie dabei beobachtet, wie Sie das Taj-Hotel verlassen haben, um uns anzurufen, daher wissen wir, wie Sie aussehen.«

»Wieso, in Herrgotts Namen, lassen Sie mich dann drei Tage durch die Gegend laufen wie ein verlorenes Schaf?« wetterte ich.

»Der ist gut«, sagte die Stimme, »ein verlorenes Schaf in Bombay. Sehr witzig. Hoffentlich kann ich den mal anbringen. Sehen Sie, während der Feiertage lassen wir die Geschäfte ruhen, denn wir sind keine Hindus, und wir würden nur unnötige Aufmerksamkeit auf uns ziehen. Sie werden sich heute abend treffen. Guten Tag, Mr. Verlorenes Schaf. Ha, ha, ha«, und dann legte er auf.

Ein paar Minuten vor dem vereinbarten Treffen schraubte ich die Verkleidung an der Wanne ab und holte meine goldene Bürde heraus. Ich hatte vergessen, wie schwer sie war! Um die Schultern damit, Hemd und Jackett drüber, ein Blick in den Spiegel, ein Zupfen hier, ein Klopfen dort, und fertig war der Lack.

Das Tor Indiens ist ein gewaltiger *Arc de Triomphe*, erbaut von getreuen, diensteifrigen Sklaven zu Ehren ihrer Majestäten, um ihnen für das Privileg zu danken, vom Empire ausgeraubt zu werden. Eine unheimliche Stille senkt sich nachts über manche Teile von Bombay, in denen sich die Leute einfach irgendwo, wo niemand über sie stolpert, auf ihre Matten legen und schlafen. Im Dunkeln hört man leise Stimmen, und gespenstische, weißgekleidete Gestalten gleiten geräuschlos vorüber, flüstern nur hier und dort das Wort »Bakschisch«, doch nie so aufdringlich wie am hellen Tag.

Ich fragte mich gerade, wie mich jemand in dieser unterirdischen Finsternis finden sollte, als ein junger Kerl neben mir auftauchte. Er führte einen anderen, älteren Mann, dessen Hand auf seiner Schulter lag. Er beleuchtete mit einer Fackel das Gesicht des Älteren, der umgehend seine unteren Augenlider hinunterzog, um mir zu zeigen, daß er keine Augäpfel, Netzhäute, Pupillen, und was sonst noch zur Ausstattung gehörte, besaß. »Mein Vater«, sagte der jüngere Kerl. »Er kann nichts sehen.«

Ich äußerte die Ansicht, daß dies ohne Augen auch etwas schwierig sei, und lachte über meine geschmacklose Bemerkung, genau wie die beiden Bettler. Sofort hatte ich ein schlechtes Gewissen, weil ich über den Augenlosen gelacht hatte, und kompensierte das mit einem übertriebenen Bakschisch von zehn Rupien. Augenblicklich wurde ich unter einer wahren Flut von Bettlern begraben. Eine drängende Stimme rettete mich: »Hadschi Khan? Hadschi Khan?«

»O Gott, ja! Ich bin hier! Holen Sie mich hier raus, bevor die merken, daß ich vergoldet bin!«

Ich habe keine Ahnung, was er zu der Bakschisch-Brigade sagte, aber sie verschwand in der Dunkelheit. »Folgen Sie mir«, wurde mir befohlen, und so folgte ich ihm in die Finsternis; ich weiß bis heute nicht, wo ich in jener Nacht gewesen bin.

»Warten Sie hier«, sagte er, und dann verschwand er. Ein paar steife Whiskeys hätten meinen flatternden Nerven gutgetan, als ich da stand und auf die seltsamen Geräusche und Bewegungen um mich herum lauschte. Plötzlich belauerte mich ein unheimliches Monster, das mich fast zu Tode erschreckte. Da ich dachte, ich würde angegriffen, kauerte ich mich gegen die Wand und kreuzte die Arme vor dem Gesicht wie ein Boxer. Das Ungeheuer zottelte vorüber, und zu meiner grenzenlosen Erleichterung war es nur eine heilige Kuh.

Mein Führer tauchte wieder auf und führte mich in ein Gebäude und eine Treppe hinauf. Ein kleine weißhaarige, weißhäutige Frau in einem schlichten schwarzen Kleid mit weißem Spitzenkragen, einer Kameenbrosche und einem Zwicker kam herein und gab mir die Hand.

»Kommen Sie doch herein«, sagte sie, »und suchen Sie sich eine aus.« Sie hatte einen lupenreinen englischen Akzent. Ich war ein wenig verwirrt von ihrer Aufforderung, und plötzlich dämmerte ihr, daß ich in einer Mission unterwegs war.

»Ach je, das tut mir jetzt aber leid! Sie müssen der Kurier sein.«

»Stimmt«, sagte ich.

»Wenn Sie Ihr Geschäft zum Abschluß gebracht haben, können Sie ja noch mal hereinschauen und unsere Ware begutachten.«

»Was für eine Ware denn?«

»Hübsche Mädchen.«

»Aber gern!«

Ich folgte meinem Führer in einen anderen Raum, wo ich mich des verfluchten Goldes entledigte, das mich eine Ewigkeit lang im wörtlichen wie im übertragenen Sinn niedergedrückt hatte. Dann tänzelte ich die Stufen hinunter, suchte die ladylike Puffmutter auf und fragte nach meiner Spezialvorführung. Sie bot mir einen Sessel an, servierte mir einen Wodka Lemon auf Kosten des Hauses und ließ die Schönheiten vor mir aufmarschieren. Sie waren zauberhaft – schlank, zurückhaltend, mit rotem Punkt und Sari.

Da ich niemanden verletzen wollte und auch nicht so recht wußte, wie die Inspektion ablaufen sollte, drückte ich nur leicht die vorüberziehenden Brüste, tätschelte hier und da eine Pobacke und strich mit meiner Hand am Schenkel hinauf, Richtung verheißenes Land.

Dieses Vorgehen funktionierte ganz gut, bis meine Hand am samtigen Schenkel eines besonders hübschen jungen Dings hinaufglitt und ich schlagartig in eine aufrechte Position schoß, da meine Finger auf ein männliches Gehänge gestoßen waren. Ich zog meine Hand weg, als hätte ich einen elektrischen Schlag bekommen, konnte aber nicht glauben, was ich gefühlt hatte, tastete erneut nach dem Ding und brüllte dann nach der Chefin.

»Was fällt Ihnen ein, mir dieses Etwas vorzusetzen?«

»Oje«, sagte sie. »Die Leute genieren sich manchmal, ihre Präferenzen zu äußern, deshalb bieten wir ihnen unauffällig eine gemischte Auswahl an. Und sehr viele von Ihren britischen Mitbürgern ziehen tatsächlich Jungen vor, da sie an die nun mal eher gewöhnt sind als an Mädchen, verstehen Sie?«

»Ich bin kein ›britischer Mitbürger‹, Madam, und ich bin ganz und gar nicht an Jungen gewöhnt«, sagte ich, suchte mir eine Gespielin aus und verschwand mit ihr im Spielzimmer. Milady zog mir Schuhe und Socken aus, die unteren Kleidungsstücke und dann den Rest, legte mich auf ein bequemes Bett, wo sie mich mit lysolversetztem Wasser wusch und dann meinen ganzen Körper mit einem parfümierten Schwamm streichelte.

Ich genoß ihre federleichten Berührungen, bis ich meine Gucker öffnete und genau vor mir an der Wand ein großes Bild des Heiligen Herz Jesu erblickte, auf dem der gute Mann mit dem Finger auf die dornenumkränzte Pumpe wies, aus der die Flammen züngelten und das Blut tropfte.

Mein aufrechtes Glied fiel auf den Schenkel wie eine abgeschossene Giraffe, und jeder Gedanke, meine Dame mit dem sanften Schwamm zu besteigen, löste sich in Wohlgefallen auf. Die dunkelhäutige Maid erblickte das geschwächte Glied und beschloß spontan, Mund-zu-Kopf-Beatmung durchzuführen. Ich winkte sie fort und befahl ihr, die Madame zu holen, die auch umgehend hereinkam und sich völlig ungerührt ob meiner Nacktheit meine Beschwerde anhörte. Natürlich. Viele von ihren katholischen Kunden – Geistliche wie Laien – hätten das gleiche Problem, und sie würde mir einen anderen Raum geben.

»Warum nehmen Sie das Bild nicht einfach ab, anstatt den heiligen Herzen von praktizierenden und gefallenen Katholiken einen solchen Schock zu versetzen?« fragte ich.

»Mehrere von unseren Mädchen sind Katholikinnen, und sie sind dem Heiligen Herzen besonders ergeben, weil sie aus Goa stammen, wo der heilige Franz Xaver ihre Vorfahren bekehrt hat. Er war ein Jesuit«, erklärte mir diese gebildete Puffmutter, als sei das eine ausreichende Erklärung für all die Hindernisse, die ich auf meinem Weg ins Paradies überwinden mußte.

Der Umzug in den anderen Raum fand statt, und dort, unter einem Bild von Lord Krishna, Avatara und achte Inkarnation Vishnus, wurde schließlich der Kolben geölt und die irisch-indische Freundschaft vertieft.

Mein Führer erwartete mich und brachte mich, diesmal leichten Fußes, zurück zum Taj-Hotel, wo ich ins Bett sank und den Schlaf des unertappten Verbrechers schlief.

Da ich Bombay mit heißen Tagen und angsterfüllten Nächten verband, hatte ich jetzt eher den Hang, Indien zu verlassen, als die Touristennummer weiterzuspielen. Außerdem war es viel zu schwierig, einen anständigen Drink zu bekommen – im Gegensatz zu den jungen indischen Mädchen.

Ich schickte das verschlüsselte Telegramm an meinen Goldmann in Zürich, demzufolge meine Schwester soeben einen hübschen, gesunden Jungen zur Welt gebracht hatte und alle wohlauf waren. Genau die Art von harmloser Nachricht, die sofort das Mißtrauen der Behörden auf sich zieht.

Da mein damaliges Flugticket Zwischenlandungen gestattete, konnte ich noch einen kleinen Ausflug einbauen. Ich entschloß mich für Nairobi, und zwar einzig und allein deshalb, weil ich die Taten von Jomo Kenyatta, einem Kenianer vom Stamm der Kikuyu, gelesen hatte und bewunderte.

Jomo war der Anführer einer Bande namens Mau Mau, die nicht besonders freundlich war. Sie jagte die reichen weißen Siedler im Hochland, die Räuber und Plünderer, die sich das Land der Masai und Kikuyu unter den Nagel gerissen und Armut, Hunger und Tod unter diesen eingeborenen Völkern gesät hatten. Als die Mau Mau sich rächten und versuchten, sich ihr Land zurückzuholen, nannte man das »Barbarei«, was natürlich etwas völlig anderes war als die Kolonisation.

Jomo hatte in England studiert, und als die Briten ihm Undank vorwarfen, soll er geantwortet haben: »Ich danke euch dafür, daß ihr mir beigebracht habt, wie man denkt, aber ich behalte mir das Recht vor, selbst zu entscheiden, *was* ich denke.«

Ich bewunderte Jomo natürlich und dachte, ich würde ihn vielleicht treffen, wenn ich einen Abstecher nach Nairobi machte. Die Wahrscheinlichkeit war in etwa so hoch wie die, bei einem Besuch in London die Queen zu treffen.

Als die Kenianer erst einmal herausgefunden hatten, daß

ich kein Brite war, sondern Ire, und aus Amerika kam, gab es eine Riesenparty. Ich trank seltsame Gebräue aus ausgehöhlten Kürbissen, deren Zutaten ich mir lieber nicht so genau ansah, da merkwürdige, reptilienähnliche Kreaturen darin herumschwammen, aber die Wirkung war phantastisch.

Es gibt nicht viel, was ich von Nairobi behalten habe, aber ich wußte, daß ich dort gewesen war, weil es in meinem Paß stand.

Wenn ich nicht sternhagelvoll war, begannen die kleinen schwarzen Dämonen, die einen kurz vor der Morgendämmerung heimsuchen, an meiner Seele zu nagen, erinnerten mich an die Familie, die ich mit meinem Wahnsinn zerstört hatte, und an zwei kleine Kinder, die unaufgefordert sagten: »Ich hab' dich lieb, Daddy.« Ha! Ich – geliebt. Ich – Daddy. Unmöglich! Und wenn es das nicht war, sorgte ich eben dafür.

Dann zog ich mir die Decke über den Kopf und wimmerte wie ein mißhandelter Welpe. Verfluchte Gott wieder einmal für die schlechten Karten, die er mir gegeben hatte. Was verstand ich schon vom Familienleben, von den Pflichten, der Verantwortung, der Liebe, der Ehre, der Treue? Jeder Idiot wußte doch, daß es nicht gut war, gemeine, verletzende Dinge zu geliebten Wesen zu sagen. Und ich wußte auch, daß keine noch so guten Vorsätze die Abwesenheit eines Vaters wettmachen konnten.

Aber es war nicht meine Schuld. Es lag an ihr, an den Umständen, nein, es lag an Gott höchstpersönlich.

»Paß auf, Gott, ich mach' dir einen Vorschlag: Du sagst ihr, sie soll sich wieder mit mir versöhnen, und ich werde ein erstklassiger Ehemann und Vater sein. Ich werde vernünftig, reduziere das Trinken auf ein erträgliches Maß und bleibe öfter zu Hause.

Einverstanden, Gott?« sagte ich. »Einverstanden? Hast du überhaupt zugehört, oder ignorierst du mich? Na, wenn du nicht zuhörst, dann leck mich doch sonstwo, du mieser alter Knacker! Es ist doch bloß ein gottverdammtes Märchen, daß es dich gibt und daß du allmächtig bist, denn wenn es dich gäbe, würdest du Kindern nicht den Vater und die heile Familie wegnehmen.«

Schweigen.

Ab in den Jet nach Frankfurt, umsteigen in einen Flug nach Zürich und zu meinem Goldmann, um ihm einen detaillierten Bericht der Reise zu geben. Er gab mir mein Geld, dreitausend Dollar, und fragte, ob ich es noch mal machen würde. »Aber immer doch.«

Er sagte mir, ich solle noch ein paar Paßfotos machen und in meinem Hotelzimmer auf ihn warten. Er hatte einen anderen amerikanischen Paß auf den Namen Mark Silverstein dabei, aus dem er geschickt das Foto entfernte und es durch meines ersetzte, den Stempel darauf drückte, und – schwupp! – schon war ich Mark Silverstein. Dieser Mann hatte wirklich die unglaublichsten Talente!

Wieder ein Besuch im indischen Konsulat wegen des Visums, das zwei Tage später fertig sein sollte. Mein Goldmann erschien mit den Kilos, und wieder hämmerten wir die Siegel aus den Barren, um den Namen der Bank und der Stadt zu entfernen. Diesmal war der Ablauf ein anderer, mein Flug nach Bombay ging über Kalkutta, eine weitere Stadt, die ich mir anschauen wollte, da sie die Heimat des Wissenschaftlers J. B. S. Haldane war, eines tiefroten Kommunisten, der gegen Franco, Mussolini und Hitler gekämpft hatte. Er hatte beschlossen, die letzten Jahre seines Lebens den Armen von Kalkutta zu widmen. Er hatte voller Liebe und Mitgefühl über diese wundervolle Stadt geschrieben, aber auch voller Wut über ihre Schrecken, wie zum Beispiel die Verstümmelung von Säuglingen, um sie an professionelle Bettler zu verkaufen.

Warum ich über Kalkutta fliegen sollte? Ganz einfach – damit ich nicht einem etwas aufgeweckteren Zolltypen oder Einwanderungsheini über den Weg lief, der sich an meinen letzten Besuch in Bombay erinnerte.

Ein kurzer Abstecher mit dem Zug nach Mailand, und dann weiter nach Rom, zu einem erneuten kurzen Hüpfer in die Fleischtöpfe der heiligen Stadt. Dann düste ich mit Air India gen Kalkutta, mit einem Zwischenstopp in Bagdad, was Erinnerungen an all die bunten Hollywoodmärchen aus Tausendundeiner Nacht mit fliegenden Teppichen, Elefanten, Zauberlampen, Geistern, schönen Prinzessinnen, Ali Baba und so weiter weckte. Da auf dem Flughafen von Bagdad nichts von alldem zu sehen war, verspürte ich nicht den Drang zu bleiben.

Am Flughafen von Kalkutta das altbekannte Spielchen: Paß wird mit den allgegenwärtigen Stempeln zu Brei geschlagen. Grund des Aufenthalts. Wie lange bleiben Sie. Wo wohnen Sie. Und zum guten Schluß: Haben Sie etwas zu verzollen.

Da es in dem Hotel, in dem ich übernachtete, keine Badewannenverkleidung gab, mußte ich das Zeug überallhin mitschleppen, und das war verdammt unangenehm. Doch es war gar nichts im Vergleich mit dem furchtbaren Leid in den Straßen. Verkrüppelte Menschen, die noch verkrüppeltere kleine Babys auf den Armen hielten, mit ausgestochenen Augen, riesigen infizierten Wunden, aus denen Eiter und Schleim quoll, winzigen gebrochenen Beinen, damit sie sich in die verkehrte Richtung bogen, amputierten Ohren und Händen – man fragte sich, wie jemand auch nur fünf Minuten lang solche Schmerzen ertragen konnte. Wenn man ihnen Almosen gab, ermutigte man sie nur, noch mehr Babys zu verstümmeln, aber wenn man ihnen keine Almosen gab, mußten sie außer ihren Schmerzen auch noch Hunger erleiden. Wer so ist wie Haldane, tut, was er kann. Die anderen überlassen es irgendeiner Gottheit, sich um die direkt ins Leid Geborenen zu kümmern.

Ich rief tatsächlich bei Haldane an, da er im Telefonbuch stand, erfuhr jedoch, daß er nicht in der Stadt war, und hinterließ ihm einfach die Nachricht, ich sei ein Bewunderer und hoffe, ihn eines Tages persönlich kennenzulernen. Dazu kam es nicht mehr, da er wenig später starb.

Das Flugzeug nach Bombay war ein Inlandflieger, der überall Stopps einlegte, wo es eine ebene Fläche gab. So kam es mir jedenfalls vor. Es war eine alte Constellation-Propellermaschine, die aussah, als ob sie schon ein paar Tage auf dem Buckel hätte. Die Sitze waren schmal, und da es keine erste Klasse gab, saß ich zwischen Leuten, die allerlei kleine Tiere und Reptilien bei sich hatten, ganz zu schweigen von sperrigen Gegenständen wie Kommoden und dergleichen. Es entspannten sich lautstarke Auseinandersetzungen über Gepäckstücke, Ablagefächer, Sitze und den passenden Abstellort für Babys und Vogelkäfige. Es war ein ruckeliger Start mit furchteinflößenden Vibrationen und dröhnenden Motoren, und ich war überzeugt, wir würden die Flügel verlieren, wie ein Geschoß ein oder zwei Meilen durch die Luft sausen und dann abstürzen. Das alte Sprichwort über den Lebenswillen von Piloten schien mir hier nicht so recht zu passen, da Hindus und Moslems eine etwas gelassenere Auffassung vom Tod haben als wir: Wenn der Pilot Hindu war, würde er davon ausgehen, sofort wiedergeboren zu werden, wenn er Moslem war, erwarteten ihn die Huris des Paradieses.

Aber natürlich überlebt man, und nach einer fünfstündigen Reise im Tiefflug und mit zahlreichen Abstechern in diverse Dörfer landete ich erneut in Bombay. Diesmal ging ich in das verblichene, elegante Brown's-Hotel, um die Besatzung des Taj-Mahal nicht mißtrauisch zu machen.

Diesmal ging sofort jemand ans Telefon. Aus irgendeinem Grund fand die Übergabe nun im Foyer eines Kinos statt, das mit grellroten Postern gepflastert war, auf denen sich gequält dreinschauende Inder krampfhaft umarmen. Bombay war schon damals eine blühende Filmstadt, und die Kinos waren immer voll. Natürlich sorgte der Anblick eines Westlers, der sich offenbar einen indischen Film ansehen wollte, in dem nur leidenschaftliches Hindi gesprochen wurde, für einige Verwirrung, doch eine Stimme in der Nähe meines Ohres rettete mich vor direkten Nachfragen.

»Hadschi Khan?«

»Ja.«

»Folgen Sie mir.«

Wir gingen eine Treppe hinunter, durch ein Foyer mit rissigem Marmorboden und verblichenen, dekorativen Lampen – ein heruntergekommener Kasten, der einst elegant gewesen sein mußte. Er stieß eine Tür auf, und wir betraten die stinkendste Toilette, die mir je unter die Nase gekommen war, abgesehen von der in der Leamy's School in Limerick. Er probierte die Türen von mehreren Kabinen, bis eine seinem Druck nachgab, bedeutete mir hineinzukommen und schloß die Tür hinter uns. Wir waren uns so nah, wie es sich zwei Menschen nur sein konnten, ohne intim zu werden. Diese

Kabinen waren für schmale Männchen gebaut, um ihren schlanken Hintern zu parken, aber nicht für zwei Männer, die einander Schmuggelware übergeben wollten und zu diesem Zweck Jacketts, Hemden und Unterhemden ausziehen mußten.

Zu beiden Seiten dieses aromatischen, fliegenverseuchten Lochs hörte ich Quieken und Stöhnen und Geräusche von sexuellen Aktivitäten, begleitet von erstickten kleinen Schreien.

»Was ist denn hier los?« fragte ich leise.

»Männer stecken Dinger in Po von Jungen«, flüstert er.

»Warum denn gerade hier?«

»Weil Jungen hier sind und auf Männer warten.« Dann quiekte er ein bißchen, stöhnte laut und schlug mit der Faust ein paarmal gegen die Trennwand. »Sie müssen denken, wir tun hier dasselbe«, erklärte er.

Es war die pure Hölle: zwei Männer, die sich in einem winzigen Raum aus ihren Kleidern und wieder in ihre Kleider zu schälen versuchten, geschmuggeltes Gold übergaben, so taten, als fickten sie, die Füße in einer Mischung aus Kotze, Pisse, Blut, Scheiße und Eiter, die Luft erfüllt von unbeschreiblichem Gestank und zahllosen Insekten, das Ganze untermalt von den Lust- und Schmerzensschreien der Männer rechts und links, die in dieser Kloake flüchtige Augenblicke der Ekstase suchten.

Als unsere Transaktion beendet war, öffnete der kleine Mann die Tür und trat hinaus. Meine Schuhe machten ein saugendes Geräusch, als ich die Füße hob, um hinauszugehen. Auf der Straße vor dem Kino stand ein Polizist, der uns beobachtete. Er lächelte verkniffen und fragte, ob der kleine Mann mich belästigte. Ich sagte: »Ganz und gar nicht – er hat mir den Weg erklärt.« Der Polizist lächelte wieder, als wolle er zeigen, daß er wußte, woher wir kamen, und da die Luft um uns herum erfüllt war vom Gestank meiner Schuhe, war dem gewiß auch so. Ich hätte ihm am liebsten erklärt, daß ich ein Goldschmuggler sei, aber ich mußte mich zusammenreißen, lächeln und dem Polizisten seine Spekulationen lassen. Ich winkte dem kleinen Goldträger *adios*, und er verschwand eilig in der heißen Nacht, als trüge er nicht mehr als einen Floh auf seinem Rücken.

Wenn ich mir auch einbildete, das Gold zu hassen, so verspürte ich nach der Übergabe doch manchmal eine gewisse Enttäuschung. Zwar waren da immer die Anspannung, die Angst und das Gewicht, aber zumindest hatte ich eine Mission, eine Aufgabe, ein Ziel, so schändlich sie auch sein mochten.

Ich begab mich zurück nach Kalkutta und in das alte Grand Hotel. Es war damals gerade ziemlich monsunig, und wenn die Stadt nicht gerade in feuchtem Dunst versank, wurde sie von Regen gepeitscht, der alles und jeden sauberwusch. Die alten britischen Herrschaftshäuser waren ungefähr so prachtvoll wie die Überreste eines längst untergegangenen Reiches. Sie überragten das Leben und den Tod in den Straßen, halb verfallen, aber noch immer voller Verachtung für die Schufterei der Armen, die auf den Gehwegen dieser verdreckten und unkontrollierbaren Stadt ihren Geist aufgaben.

Trotz der durch das Kauen von Betelnüssen und Limonenpaste geschwärzten Zähne schien das Straßenvolk geradezu besessen von körperlicher Reinheit zu sein. Hier herrscht ein seltsamer Gegensatz: überaus saubere Menschen auf überaus dreckigen Straßen. Die unvermeidlichen heiligen Kühe trotten durch die Gegend und pissen und scheißen nach Herzenslust drauflos, doch nach all den Jahren unter britischer Herrschaft sind die Leute daran gewöhnt.

Hier wurde auch der Ausdruck »Schwarzes Loch von Kalkutta« geprägt, um an den Ort zu erinnern, wo der Nawab von Bengal 1756 in einer ziemlich warmen Nacht die britische Garnison der Stadt auf recht beengten Raum einpferchte, wobei eine ganze Anzahl der Gefangenen erstickte. Nach hundert Jahren britischer Mißregierung und monarchischem Terrorismus hatten die indischen Soldaten gemeutert. Die feinfühligen britischen Offiziere lagerten ihre Kugeln in Rinderfett (das den Hindus heilig ist) und Schweinefett (ein Greuel für die Moslems) und zwangen damit jeden gläubigen Soldaten, frevlerische Handlungen zu begehen. Daher die Meuterei. Die Taten der Sepoys waren brutal, aber sie rächten sich lediglich für die Grausamkeiten der Kolonialherren.

Manchmal wanderte ich die Straßen auf und ab, bog in düstere Gassen und sah unbeschreibliches Elend. Dann kehrte ich in mein Palasthotel zurück und trank noch ein bißchen mehr, weil ich die Welt retten wollte, besonders die Kinder und vor allem meine eigenen.

Auch diesmal hätte ich mit meinem Flugticket noch andere Städte besuchen können, aber ich war wie gelähmt von Suff und Verzweiflung und hatte keine Lust dazu. Gelegentlich plauderte ich mit ein paar *pukka*-Typen und anderen Passanten, doch meistens saß ich einfach nur in meinem Hotel, starrte in die Gegend und blies Trübsal.

Eines Tages, als ich durch die Straßen zog, ging ich einem jungen Fakir in die Falle, einem guruartigen Typen mit wallenden Gewändern, Bart und blumiger Ausdrucksweise. Er deutete an, ich würde von einem persönlichen Problem geplagt, und forderte mich auf, den Namen der Person aufzuschreiben, die mir Sorgen bereitete, was ich auch tat. Danach sollte ich das Stück Papier zusammenfalten und es ihm geben, ohne daß er den Namen sah. Dann gab er es mir zusammen mit einem Stück Band zurück, das ich um das Papier wickeln sollte. Er war ein cleverer Kerl, denn er sagte mir, ich schmachtete nach einer Lady namens Linda. Das überraschte mich, da mir nicht klar war, wie er die Schrift hätte lesen können. Eine Gabe von zwanzig Rupien, so sagte er, würde ihm helfen, mehr zu enthüllen.

Er beschrieb sie auf oberflächliche Weise – hübsch, schlank, dunkles Haar, groß – und verkündete dann, weitere fünfundzwanzig Rupien würden meine Zukunft mit ihr zutage fördern. Nicht dumm, der Junge. Er hatte genügend Informationen aus mir herausgeholt, um mir auf der Hand liegende Schlußfolgerungen servieren zu können, und ich fiel auf diesen Mist herein. Der Wahrsager teilte mir mit, die Lady liebe mich über alles. Sie brauche nur ein bißchen Ermunterung, dann würde sie wieder mit mir ins Bett hüpfen.

»Wann wird diese Vereinigung stattfinden?« fragte ich.

Die Antwort kostete mich noch mal fünfundzwanzig Rupien: Sie warte nur auf meine Rückkehr, um mir in die Arme zu sinken. In absoluter Hochstimmung schnappte ich mir meinen alten Koffer und machte mich auf den Rückweg in die USA, mit Zwischenstopp in Zürich.

Dort erwartete mich der Goldmann mit meinem Geld, meinem eigenen Paß und meinen diversen persönlichen Gegenständen. Er wollte, daß ich mich sofort mit der nächsten verbotenen Lieferung auf den Weg machte, doch da ich ganz heiß auf die bevorstehende Versöhnung war, sagte ich ihm, die Mission müsse verschoben werden. Er grummelte etwas von wegen niemals einer Frau vertrauen, war jedoch einverstanden, sich in zehn Tagen im gleichen Hotel mit mir zu treffen.

Während des Swissair-Flugs nach Idlewild war ich guter Dinge. Rief nach der Ankunft einen von den Kumpels an, bekam ausnahmsweise ein Bett, gönnte mir eine Dusche und hängte mich ans Telefon, um Linda anzurufen. Keine Antwort. Jede halbe Stunde rief ich an, doch das einzige, was ich hörte, war das hallende, unheimliche Klingeln, das auf eine leere Wohnung hinwies.

Ich rief ihre Eltern an, die sich weigerten, irgendwelche Informationen herauszurücken, und nach ein paar ausgewählten Obszönitäten von meiner Seite beendete ihre Mutter das Gespräch. Wie immer suchte ich Trost im Suff, im Nu war es ein Uhr morgens, und ich hing wieder am Telefon und beschimpfte ihre Eltern. Sie drohten mir mit den Bullen, sie würden dafür sorgen, daß ich die sechs Monate absaß, die auf Bewährung ausgesetzt worden waren.

Meine Bemühungen, Linda zu erreichen, blieben vergeblich, und so beschloß ich, aus der Stadt zu verschwinden und nach England zu gehen, wo ich schon seit Jahren nicht mehr gewesen war.

Während meiner Militärzeit in England beschloß ich, den Mann aufzusuchen, der mich gezeugt hatte. Den letzten Gerüchten zufolge schuftete er in Coventry. Meine Fragen in den Irish Pubs ernteten Füßescharren, abgewandte Blicke, Kopfkratzen und diffuse Aussagen, daß man ihn bei verschiedenen anderen Jobs und in anderen Städten gesehen habe. Ein Mann platzte schließlich mit der Wahrheit heraus. »Dein Vater ist wieder im Knast wegen Trunkenheit und ordnungswidrigen Verhaltens.«

Ab ging's ins Gefängnis. Ich log dem Wärter vor, ich sei auf dem Weg nach Rußland, oder etwas in der Art, und er ließ mich außerhalb der üblichen Besuchszeiten hinein.

Mein Erzeuger wurde in den tristen Besuchsraum geführt, der nach Moder und Verfall und altem Schweiß roch. Es war ein schlecht beleuchteter Raum mit kaputten Bänken und einem traurigen, eingesackten Tisch, an dem man sich gegenübersaß. Er war unrasiert und hatte keine Zähne mehr. Der alte Tweedanzug wäre selbst einem Mann von doppeltem Format zu weit gewesen, und an den Schuhen fehlten die Schnürsenkel, so daß er sie hinter sich herzog, als er hereinschlurfte.

Als ich den Anzug sah, zog ich eine Braue in die Höhe. »Savile Row?« fragte ich, und er grinste mich zahnlos an. Er sagte mir, daß er zum dreiundzwanzigsten oder vierundzwanzigsten Mal wegen Trunkenheit und ordnungswidrigen Verhaltens hier sei und jedesmal volle dreißig Tage absitzen müsse, was bedeutete, daß er mit Unterbrechungen fast zwei Jahre im Knast gewesen war.

Er sagte, der Wärter und die Angestellten mochten die Iren nicht, behandelten ihn aber ganz ordentlich, und das Essen sei genießbar, aber er könne sich keine Zigaretten leisten. Ich gab ihm ein paar Pfund – der Wärter tat so, als hätte er nichts gesehen –, und dann herrschte Stille.

Mir fiel nichts ein, was ich hätte sagen können, außer dem Unsagbaren: Wieso bist du abgehauen, du nutzloser alter Säufer?

Aber ich brachte es nicht über die Lippen, und sowieso wäre die Frage überflüssig gewesen. Er hätte nur gesagt, was er immer sagte, daß die Engländer an allem schuld waren, und dann hätte er mich gefragt, ob ich bereit sei, für Irland zu sterben.

Dann sagte der Wärter, die Zeit sei um.

Er schlurfte hinaus, und ich hoffte, er würde sich umdrehen und sagen, es täte ihm leid, doch er tat es nicht, und so ging ich, blinzelnd, um die Tränen des Zorns zurückzudrängen.

Ich hatte als Teenager in England gelebt, als ich mich in Coventry als Arbeiter verdingt hatte. Bei Dunlop schweißte ich Fahrradfelgen, in den Gaswerken von Coventry schaufelte ich Kohlen, und bei Courtauld arbeitete ich als Feger. In den Fenstern der Cope Street, wo ich wohnte, hingen in einigen Fenstern Schilder mit der Aufschrift »Zimmer zu vermieten. Bitte keine Iren«. Sie sind sehr höflich die Engländer, nervtötend höflich. Sie benutzen Höflichkeit in der gleichen Weise wie die New Yorker Feindseligkeit. Sie sagen »bitte« und nennen einen »Paddy«, auch wenn man nicht so heißt, aber es ist schließlich immer noch höflicher als »He, du«, nicht wahr?

Doch jetzt war alles anders. Ich war weit gereist und wohlbetucht und traf mich in London mit Richard Harris, Schwiegersohn von Lord Ogmore, angeblich ein walisischer Kohlenarbeiter, aber nichtsdestoweniger ein Lord.

Als ich beim harrisschen Haus ankam, öffnete mir seine Frau Elizabeth die Tür mit den Worten: »Hallo, Malachy, wann reist du ab?« Sie wußte, daß meine Ankunft nichts Gutes bedeutete, da Richard nun immer sagen konnte, ich hätte ihn vom rechten Weg geführt – falls überhaupt jemand diesen Dickkopf irgendwohin führen konnte.

Harris und ich trafen uns mit allerlei alten Rugbyfreunden – eine prima Saufrunde. Wir verbrachten die Tage in den Pubs, quatschten über Rugby, Pferde, neutrale Politik, ein bißchen Fußball und Wißt-ihr-wer-gerade-gestorben-ist, und wenn die Pubs wegen der nachmittäglichen Ruhepause zumachten, verzogen wir uns in private Clubs, damit das tiefschürfende

Gespräch nicht unterbrochen wurde. Zum Abendessen trennten wir uns, nur um uns gegen acht wieder zu treffen, wobei jeder Ankömmling lautstark und mit der typisch männlichen Ausgelassenheit begrüßt wurde, als hätte man sich seit Jahren nicht mehr gesehen.

Ein paar von den Jungs verschwanden zwischendurch mal für zehn Minuten zum Arbeiten, aber im großen und ganzen bildeten wir einen festen Kader, der im Gleichschritt von Pub zu Club und wieder zurück marschierte.

Nach einer ganzen Anzahl von diesen Runden war es Zeit, mich wieder um das zu kümmern, was ich lachend Arbeit nannte, und so verabschiedete ich mich und hüpfte rüber nach Zürich. Mein Arbeitgeber spuckte Gift und Galle. Ich war ungefähr drei Tage überfällig, meinem Körper waberte eine Alkoholwolke voran, als ich den Raum betrat, und da ich vorübergehend die englische Angewohnheit übernommen hatte, nur einmal im Jahr zu baden, wich der Goldmann zurück, als habe ihm jemand einen halbverwesten Aal ins Gesicht geschleudert. Als von Benediktinermönchen erzogener, gläubiger Mann fluchte er grundsätzlich nicht, aber ich bin bereit, einen Eid zu schwören, daß ihm bei dieser Gelegenheit ein »Allmächtiger!« herausrutschte.

Er flehte mich an, ich solle mich duschen, während er das Gold und die neuen Dokumente holte. Wenig später kehrte er mit Stoff, Faden, Nadel und Schere zurück und verpaßte mir *muy rapidamente* eine neue Weste. Die beiden anderen mußte ich in Indien vernichten, da man dort auch bei der Abreise gefilzt wurde und ein solches taschenreiches Kleidungsstück eventuell Neugier hervorgerufen hätte.

Meinem Paß zufolge war ich John Taylor, und diesmal lauteten die Instruktionen, daß ich über Karachi nach Pakistan düsen sollte, von dort weiter nach Lahore, dann mit dem Zug nach Amritsar und von dort gen Süden nach Delhi und Bombay. Nachdem ich einen Tag damit verbracht hatte, mir das Visum zu besorgen, dampfte ich wieder ab in die heilige Stadt Rom, wo ich mir den einen oder anderen Fleischtopf zu Gemüte führte, dann ging's zurück zum Flughafen, um die fliegende Zahnpastatube nach Karachi zu besteigen. In Reverenz an den moslemischen Glauben lautete mein neuer Codename »Ali Jinnah«, nach dem Gründer Pakistans.

Die erste und einzige Zwischenlandung war in Bahrain, einem ölreichen Emirat am Persischen Golf. Der Weg vom Terminal zum Flughafen war glühendheiß und brühendfeucht, eine Kombination, die ich bisher noch nicht kennengelernt hatte. Nach Luft japsend und nach Flüssigkeit lechzend, schaffte ich die fünfzig Meter nur mit Mühe. Da wir uns auf moslemischen Boden befanden, wußte ich, daß es Wasser in rauhen Mengen geben mußte. Kaum hatte ich den Trinkbrunnen erblickt, die Flughafenoase, stürzte ich mich auf das durstlöschende Naß. Der Brunnen war sehr niedrig, wie für ein Kind gebaut, und in meiner Verzweiflung vergaß ich völlig, daß ich obenrum vergoldet und daher kopflastig war, so daß ich vornüber kippte, direkt gegen die Wand, mir den Kopf schlug und zu Boden sank.

Gegenüber von meinem Unfallort stand eine Stuhlreihe, auf der die unerschütterlichste Bande von Arabern saß, die ich je gesehen hatte. Beburnuste Beduinen, verschleierte, falkengesichtige Tuaregs und ein rundlicher Kerl mit Turban, dessen Augen leise Erheiterung erkennen ließen. Mir blieb nichts anderes übrig, als eine schmerzverzerrte Miene aufzusetzen (in Wirklichkeit war es mir nur peinlich) und mich vorsichtig wieder in die Position eines *homo erectus* zu bringen. Sechzehn dunkle Augen verfolgten meine aufwärts strebenden Bemühungen. Wenn es nicht Ramadan oder irgendeine andere heilige Periode gewesen wäre, hätten sie bestimmt applaudiert, vor allem, weil ich mich vor ihnen verbeugte.

Über die restliche Reise nach Karachi, der ehemaligen Hauptstadt von Pakistan, gibt es nicht viel zu berichten. Ich besuchte das Grab von Mohammed Ali Jinnah, meinem temporären Namensvetter, dem Gründer des Landes, und bei meinem abendlichen Spaziergang durch die Stadt bestaunte ich wieder die britische Architektur und fragte mich, wie bekloppt ein Volk sein muß, um anderswo eine Kopie des Heimatlandes aufzubauen.

Mein Hotelzimmer war halböffentlich, da es ein mit einem Vorhang versehenes Fenster zum Flur hatte. Da ich mir nicht sicher war, ob der Vorhang meine Unternehmungen im Raum vollständig verbarg, verzog ich mich ins Bad.

Die Straßen waren mit der üblichen Menschenflut überschwemmt, die sich nur insofern von der in Indien unterschied, als viele Frauen einen schwarzen Umhang trugen, der ihren Körper von Kopf bis Fuß verbarg. Einige hatten sogar eine Art Netz in den Augenausschnitten, damit ihre Augäpfel keine Lust schüren konnten. Die Muezzins in den Minaretten riefen die Anhänger Mohammeds zum Gebet. Vor allem abends gaben sie Töne von sich, die mit einem unheimlichen Tremolo durch die plötzlich stillen Durchgangsstraßen schwebten.

Von Karachi ging es weiter nach Lahore, und von dort nahm ich den Zug nach Amritsar. Mein Erster-Klasse-Abteil garantierte mir völlige Ungestörtheit, solange der Zug in Bewegung war, da man es nur von außen erreichen konnte, indem man ein paar Stufen erklomm und die Türen öffnete.

Es war eine Erleichterung, mal wieder Jackett, Hemd und Unterhemd ausziehen zu können, das Gold abzunehmen und tief durchzuatmen. Ich hatte, soweit ich mich erinnere, ungefähr eine Stunde Fahrt ohne Zwischenstopp vor mir, aber um auf Nummer Sicher zu gehen und weil ich nichts getrunken hatte, um meinen Heldenmut zu stärken, packte ich das Gold in den Koffer, zog die Hemden wieder an und las die *Times of India.* Die wichtigste Neuigkeit war, daß China ein bißchen mit seinen Woks getrommelt hatte, um die Inder einzuschüchtern und dazu zu bringen, Teile ihres Landes abzutreten. Ich war ein klein wenig nervös ob der Tatsache, daß ich mich näher an der nördlichen Grenze befand als bisher. Meine Ängste bezüglich potentieller Kriegshandlungen wurden jedoch von einer ganz anderen Furcht überlagert, die durch einen dezenten Rhythmuswechsel des Zuges hervorgerufen wurde, der auf ein Abbremsen schließen ließ, und dem darauf folgenden ratternden, schnaufenden, schlingernden Halt.

Mit fliegenden Fahnen kehrte ich zum katholischen Glauben und zu den Gebeten meiner Kindheit zurück. »O Jesus, Maria und Josef, erbarmt euch meiner Seele und meines Körpers, denn hier ist was faul!« Ich wußte nicht, ob ich das Gold an mich reißen, mein Jackett anziehen, aus dem Fenster sehen, schnattern oder meine idiotischen Weisungen an Gott fortführen sollte.

Ein kurzer Blick aus dem Fenster half mir auch nicht weiter, da der Zug in einer Kurve stand. Gerade als ich den Koffer öffnen und die Schmuggelware an mich nehmen wollte, ging die linke Tür auf, und ein sehr großer, beturbanter und uniformierter Sikh schwang sich in mein einst ungestörtes Abteil. Er zog die Tür hinter sich zu, lehnte sich zum Fenster hinaus, winkte jemandem zu, und dann setzte sich der Zug wieder in Bewegung. Er sagte: »Guten Tag«, und ich sagte: »Guten Tag.«

Er beäugte mein Gepäck – mißtrauisch, wie ich fand –, das halb geöffnet auf dem Sitz neben mir lag. Sofort zog ich den Reißverschluß wieder zu und hievte das verfluchte Ding mit einem Hilfsgebet auf die Gepäckablage über meinem Kopf. Mein neuer Reisegefährte machte Anstalten, mir zu helfen, doch ein geschickter Einsatz der bewährten Rugbytechnik schleuderte ihn »aus Versehen« zurück auf seinen indischen Arsch, woraufhin ich mich wortreich für meine Ungeschicklichkeit entschuldigte.

Wir saßen uns eine Weile schweigend gegenüber. Er lächelte mich an, ich lächelte zurück, aber nur halbherzig. Der ist hinter mir her, dachte ich.

Für den Fall, daß es haarig wurde, hatte mich mein Arbeitgeber in Zürich angewiesen, ein Kilo von dem Metall als Ablöse anzubieten. Ich war gerade im Begriff, dies zu tun, als der Sikh sprach.

»Darf ich Sie fragen, was der Grund Ihres Besuchs in Indien ist, Sir?«

»Wissen Sie das denn nicht?« platzte ich heraus.

»O nein, Sir. Wir sind entgegen dem verbreiteten Glauben keine Hellseher. Ich stelle diese Frage im Rahmen meiner offiziellen Tätigkeit.«

»Ich bereise das Land als Tourist.«

»Wo fahren Sie hin?«

»Nach Amritsar. Ich möchte den Goldenen Tempel besichtigen und etwas mehr über Ram Das erfahren.«

Ich wußte, daß ihm das schmeicheln würde, denn der Goldene Tempel ist allen Sikhs heilig, und Ram Das, sein Gründer, ist einer ihrer zehn großen Lehrer. Außerdem hatte ich erfahren, daß rotbärtige Jungs bei den Sikhs einen Stein im Brett hatten. Als Rotbart war ich jedem gewöhnlichen Schmuggler, der nicht einmal wußte, wer Ram Das war, um einiges voraus. Meine Lektüre hatte mir zu einem soliden Halbwissen verholfen, und mein neuer Freund nickte väterlich, als ich ihm meine halbgaren Vorstellungen von seiner Religion und Kultur auftischte. Er fragte mich trotzdem nach meinem Paß und gab mir eine Karte, die ich ausfüllen sollte.

Er behielt meinen Paß, was mich etwas nervös machte, aber da ich ihn ja schlecht zurückverlangen konnte, saßen wir lächelnd und plaudernd da. Ein paar eingestreute Fragen förderten zutage, daß er verheiratet war und mehrere Kinder hatte, daß man als Beamter nicht reich werden konnte, aber einen sicheren Job hatte, daß er Gandhi sehr respektierte, aber Nehrus sozialistischen Tendenzen skeptisch gegenüberstand, und so weiter.

Ein Kompliment über sein Englisch ließ den Mann vor Stolz erstrahlen. Wenn ich ihn um eine Nacht mit seiner Frau gebeten hätte, hätte er sicher nichts dagegen gehabt, so erfreut war er.

Endlich fuhr der Zug in Amritsar ein und hielt in einem Gemenge von Geschrei, knallenden Türen, riesigen Gepäckstücken, die zur Verladung herangekarrt wurden, und Leuten, die aus dem Zug sprangen. Mit einer geschickten Bewegung schwang ich den Handkoffer aus der Gepäckablage und tat so, als wiege er nicht mehr als eine Feder. Mein Freund Mr. Singh (alle Sikhs heißen Singh) begleitete mich über den Bahnsteig, derweil ich heiter den Koffer hin und her schwang, obwohl er mir fast den Arm aus der Schulter riß. Quer vor dem Ausgang saß eine Reihe Khakitypen hinter einem Tisch, die sich begeistert einer wahren Stempelorgie hingaben, und an einer Seite stand eine Schlange von Menschen, deren Gepäck durchsucht wurde.

Todesmutig ging ich auf den Zolltisch zu, um den Koffer darauf zu hieven, doch mein Freund forderte mich auf, ihm zu folgen. Er legte meinen Paß hin, schlug mit der Faust auf den Tisch und sagte etwas zu dem Mann hinter den Stempeln, der mich währenddessen mit reglosen braunen Augen anstarrte. Langsam breitete sich ein Lächeln auf seinem Gesicht aus, er griff nach seinem geliebten Stempel, drückte ihn leise auf meinen Paß und sprach die wundervollen Worte: »Willkommen in Indien, Mr. Taylor.«

Ein Taxi brachte mich zu dem Hotel, das mir mein Reisebegleiter empfohlen hatte, wo ich unter dem besten Ventilator der ganzen Welt aufs Bett fiel und den Schlaf des wieder einmal entwischten Goldschmugglers schlief.

Amritsar schien ein wohlhabender Ort mit nur wenigen Bettlern zu sein, obwohl es immer noch genug gab, die ihre Arme nach mir ausstreckten. Restaurants gab es an jeder Ecke, und ich gönnte mir ein leckeres Abendessen. Danach machte ich mich auf den Weg zum Goldenen Tempel, konnte jedoch nicht hinein, da sie dort an dem Abend eine Versammlung hatten, zu der Westler nicht zugelassen waren.

Ich bat meinen Rikschafahrer, mich zum Jallianwalla-Bagh-Park zu bringen, damit ich den Toten dort meine atheistische Reverenz erweisen konnte. An diesem heiligen Ort, der mittlerweile sehr ruhig und mit Gedenksteinen und kleinen Denkmälern versehen war, um die Leute an das Blutvergießen für den Frieden zu erinnern, hatten sich im April 1919 unzählige

Menschen versammelt, indische Freiheitskämpfer, Politiker und Professoren, Bauern und Bonzen, Reine und Unreine, um einen gewaltigen Schrei auszustoßen, der in der ganzen Welt widerhallte: »England, verzieh dich aus unserem Land!«

Die britische Armee, die gerade mit dem Ersten Weltkrieg fertig war, in dem für die Befreiung kleiner Länder massenhaft Menschen abgeschlachtet worden waren – und bei dem ein paar Firmen ganz nebenbei ein bißchen Geld verdient hatten –, fand nun keine kleinen Länder mehr, die sie hätte befreien können, aber da sie sich so daran gewöhnt hatten, nach Herzenslust in der Gegend rumzuballern, kamen ein paar britische Befehlshaber auf die fabelhafte Idee, sich ein bißchen um Freiheitssuchende zu kümmern. Also richteten sie ihre Gewehre auf Tausende von wehrlosen, nach Unabhängigkeit strebenden Menschen, die nichts anderes wollten als das Recht, die Zukunft ihres eigenen Landes mitzubestimmen. Die knallenden Gewehre in den Händen mörderischer Verbrecher mit gepflegtem Akzent zerstörten den Traum so manches friedfertigen Inders.

Die Kugeln der königlichen Leibmörder peitschten in die Köpfe, Herzen und Körper dieser sanften Menschen, während über ihnen die Geier kreisten und darüber plauderten, wie nett es doch von den Briten war, daß sie ihnen täglich etwas zu futtern besorgten, bevor der Magen so richtig anfing zu knurren.

Ungefähr ein Jahr später fielen hitzige britische Soldaten, die sogenannten Black and Tans, mit ihren Militärwagen in das Dubliner Croke-Park-Stadion ein, zielten mit ihren Gewehren auf die Zuschauer des Fußballspiels, drückten ab und schickten Reihen von unschuldigen Zivilisten in einen frühen Tod oder in Behindertenheime. Dann spazierten sie davon, beglückwünschten einander zu der sauber ausgeführten, heldenhaften Tat und stießen auf die Gesundheit von König George an, geborener Sachsen-Coburg und Gotha, geborener Wettin, jetziger Windsor und oberster Befehlshaber der Mörder.

Es ist schwer, Massaker nicht persönlich zu nehmen. Im einen Moment ist man noch in Andersonville, Georgia, oder im Croke-Park-Stadion in Dublin oder im Jallianwalla-Bagh-Park, und im nächsten steht man mit Tausenden von anderen Massakrierten Schlange vor dem Paradies, Shangri-la, Nirvana, Himmel oder Walhalla und fragt sich, wieso man so fix und frühzeitig in die Ewigkeit gerufen wurde. »Hat nichts zu sagen, alter Junge. Die Briten haben nur mal ein bißchen Gott gespielt.«

Doch es war Zeit, sich von den Qualen der Geschichte ab- und denen der Gegenwart zuzuwenden, sprich: sich mit dem Problem zu beschäftigen, wie ich meine Goldschätzchen an den stempelgeilen Behörden vorbeigeschmuggeln konnte.

Ich besorgte mir eine Fahrkarte für den Schlafwagen nach Neu-Delhi, in der Annahme, eine Kabine für mich allein zu haben. Meine Überraschung war groß, als ich darin bei der Abfahrt eine Amerikanerin vorfand, die ebenfalls nach Neu-Delhi fuhr, um dort in einer Handelsabteilung der US-Botschaft zu arbeiten. Es gab zwei Betten, und in einem Anfall übertriebener Galanterie bot ich der Dame das untere an, ohne daran zu denken, daß ich dann mich selbst und meine Goldweste in das obere wuchten mußte. Und vor allem: Wie sollte ich mich selbiger entledigen beziehungsweise sie wieder anlegen, wenn wir in Neu-Delhi ankamen?

Das nächste Problem war, mich der unzüchtigen Gedanken bezüglich der Handelsdame zu entledigen, so nett, wie sie war.

Irgendwie schaffte ich es, gute Nacht zu sagen, die wackelige kleine Leiter hinaufzuklettern, auf eine brettharte Matratze zu plumpsen und mich aus den Klamotten, dem Gold und den Schuhen zu winden. Die darüber empfundene Erleichterung genügte, um mich in tiefen Schlaf fallen zu lassen.

Nach der Ankunft folgte das übliche Prozedere: ein gutes Hotel finden, einchecken, dem Gepäckträger ein Trinkgeld geben und ihn rausscheuchen, da er ein bißchen zu redselig war. In Neu-Delhi war es so drückend heiß, daß ich nach der kurzen Fahrt zum Hotel bis zu den Socken durchgeweicht war. Ich riß mir die Klamotten und das Gold vom Körper, warf alles auf das Bett, hüpfte nackt ins Bad und stellte mich unter die wohltuende Dusche, deren Strahl erstaunlich kräftig war.

Nachdem ich fast das gesamte Waschwasser der Stadt verbraucht hatte, schnappte ich mir ein großes, flauschiges Handtuch, kehrte in das Zimmer zurück und wäre vor Schreck fast tot umgefallen. In einem Sessel neben der Tür saß ein uniformierter Sikh. Er lächelte hinterhältig wie eine Katze, die das Mauseloch verrammelt hat.

»Heiliger Strohsack«, japste ich, »Sie haben mich vielleicht erschreckt. Wie sind Sie hier reingekommen?«

»Ich habe einen Schlüssel.«

»Ah. Verstehe.«

Er lächelte. Ich lächelte. Ich war ihm gegenüber ein wenig im Nachteil, da nur mit dem Handtuch bekleidet. Die Goldweste auf dem Bett war fast völlig von meinem Hemd und Unterhemd verdeckt, aber ein paar Zentimeter von dem Stoff lugten noch hervor. Ich setzte mich aufs Bett und schaffte es, unauffällig das Hemd darüber zu ziehen. Wir lächelten uns wieder zu. Ist er hinter mir her und spielt jetzt mit mir? Aus seinen spärlichen Abzeichen war nicht zu ersehen, ob er von der Polizei, vom Zoll oder von der Einwanderungsbehörde war. Ich wollte nicht hinausgehen, um mich anzuziehen, da ihm das Gelegenheit zum Herumschnüffeln gegeben hätte, und so fragte ich ihn schließlich: »Was kann ich für Sie tun?«

»Gar nichts, Sir. Das Hotel hat mich angestellt, um dafür zu sorgen, daß alle unsere Gäste in ihren Zimmern zufrieden und sicher sind, und es gehört zu meinem Job, Sie willkommen zu heißen und Ihnen das Gefühl zu geben, daß Ihnen während Ihres Aufenthalts hier nichts zustoßen kann. Davon abgesehen ist es draußen höllisch heiß, und da dachte ich mir, ich könnte meinen Willkommensbesuch bei Ihnen mit einer kleinen Abkühlung verbinden.«

»Alles klar«, sagte ich, »und ich hoffe, für diese zwanzig Rupien bekommen Sie ein erfrischendes Getränk.«

»Danke, Sir. Ich dachte mir, daß Sie Verständnis haben würden.« Und weg war er, ohne mich bestechungshalber um einen Barren Gold zu erleichtern oder mir fünf Jahre Gefängnis aufs Auge zu drücken.

In dem Zimmer stand ein alter Schrank, in den man seine Kleidung aufhängen und die Schuhe abstellen konnte. Er war gut zwei Meter hoch und hatte eine flache Oberseite, die vorne mit einem hohen, geschnitzten Ornament verziert war. Ab auf den Stuhl, ein kleiner Staubtest, und schon war klar, daß die Putzkolonne des Hotels, Krishna sei Dank, offenbar nicht zur gründlichen Sorte gehörte. Also deponierte ich die Beute dort oben und gönnte mir dann ein kleines Nickerchen, bevor ich mich auf die Suche nach etwas Eßbarem machte.

Da es am Abend ein wenig kühler war, beschloß ich, eine kleine Besichtigungsrunde zu machen und den Platz zu besuchen, auf dem Gandhi ermordet worden war. Unterwegs blieb ich stehen, um einem hockenden Schlangenbeschwörer zuzusehen, der mit einer giftigen Königskobra die altbekannte Flötennummer abspulte. Die Familie des Beschwörers, eine Frau und ungefähr ein halbes Dutzend Kinder, schien hinter ihm ihr Lager aufgeschlagen zu haben. Auf einmal löste sich ein kleines Mädchen von drei oder vier Jahren vom Sari ihrer Mutter, lief um ihren Vater herum und griff nach der Kobra. Wir Zuschauer hielten entsetzt den Atem an, da wir natürlich dachten, die Kobra würde das Mädchen töten, doch offenbar war sie ein zahnloses Exemplar, denn sie zog sich unter dem schallenden Gelächter des erleichterten Publikums in ihren Korb zurück.

Um zu verhindern, daß der Mann das Kind verprügelte, gab ich ihm ein paar Rupien und sagte, es sei ein gelungener Scherz. Er dankte mir mit einem schwarzzähnigen Lächeln, während noch ein paar andere Münzen in seinen Korb warfen, und so war alles in Ordnung.

Die Angst um das Gold auf dem Schrank drängte mich zur Rückkehr in mein nächtliches Quartier, trotz des Angebots meines Fahrers, mir die Dienste einer zarten Jungfrau zu sichern, die so geschickt mit Männern umzugehen verstand, daß ich nicht zögern würde, das Doppelte der zweihundert Rupien zu bezahlen, die er verlangen würde. Es hätte mich interessiert zu erfahren, wie eine Jungfrau Expertin im Verwöhnen von Männern werden konnte, ohne deren Familienjuwelen in ihre Schmuckschatulle zu lassen, doch es war nicht wichtig, da ich mich an diesem Abend nicht den Freuden der Erstürmung eines Jungfernhäutchens widmen konnte.

Am nächsten Morgen war ich wieder unterwegs, in einem weiteren klapprigen Propellerflugzeug. Dieses ständige Reisen, heute hier, morgen dort, war ermüdend, aber ich mußte den Anweisungen aus Zürich folgen. »Das Hin und Her verwischt Ihre Spuren«, hatte der Goldmann gesagt. »Und geben Sie immer eine falsche Nachsendeadresse und alle möglichen anderen falschen Informationen an, dann kann Ihnen nie jemand nachspionieren.«

Dachte er. Nur daß ein rotbärtiger, rotgesichtiger Weißer, der von Amritsar nach Delhi und weiter nach Bombay juckelt, nicht gerade in der Menge untergeht. Aber man muß Risiken eingehen, wenn solch schändliche Arbeit erledigt werden soll.

Noch eine Runde Tiefflug, dann kamen wir endlich in Bombay an. Wieder ein neues Hotel, diesmal eines für indische Geschäftsleute. Das Gold schleppen oder verstecken? Ich wog die Alternativen ab und machte mich dann auf zur Telefonzelle.

»Hallo. Bombay Trading Company. Guten Morgen. Kann ich Ihnen helfen?«

»Ja, hier ist Ali Jinnah.«

Ich schlug alle Vorsicht in den Wind und sagte einfach, ich sei aus Europa gekommen und hätte geschäftliche Dinge zu besprechen. Die Stimme am anderen Ende sagte, der Gentleman, den ich zu sprechen wünsche, sei wegen anderer Angelegenheiten von den Behörden kontaktiert worden und nach Hyderabad gereist, um sich weiteren derartigen Kontakten zu entziehen. Er stünde daher auf unabsehbare Zeit nicht für geschäftliche Transaktionen zur Verfügung.

Als ich fragte, was ich mit der Metallieferung tun solle, die sich in unmittelbarer Nähe befand, teilte man mir mit, es sei nicht ratsam, sie in die Geschäftsräume zu bringen, da dort gerade Inventur gemacht werde. Vermutlich sollte das heißen, daß sie überwacht wurden. Ob er irgendwelche Vorschläge habe, was ich statt dessen tun solle.

»Nein, Sir.« Er wünschte mir noch göttlichen Beistand für alle meine zukünftigen geschäftlichen Unternehmungen und legte dann auf.

Da mir der Goldmann in Zürich seine Postfachadresse für das Bestätigungstelegramm gegeben hatte, daß die Beute erfolgreich übergeben worden war, beschloß ich, sie diesmal für eine Nichtübergabe-Nachricht zu benutzen. »Konnte Ihr Geschenk nicht übergeben, da Ehrengast überraschend abreisen mußte. Was tun?« Ganz schön riskant, bei all den neugierigen Augen der Postangestellten.

Den verdammten Idioten verfluchend, der sich mit den Behörden angelegt hatte, sowie alle anderen Trottel, die dem Handel im Weg standen, schob ich die Weste einfach unter die Matratze und zog von dannen, um Zerstreuung zu suchen. Ein sympathisch aussehender, barfüßiger Kerl in Weiß kam mit einem einnehmenden Lächeln in seinem ziemlich dunklen Gesicht auf mich zu. Er eröffnete mir, er heiße Francis Joseph und sei Katholik – eine angenehme Neuigkeit, da der Mann dann ja die Notwendigkeit verstehen würde, den Flaschengeistern zu huldigen.

Ich erklärte dem guten Mann, daß er vermutlich nach Franz Josef, Kaiser von Österreich und König von Ungarn, benannt war, dessen Großneffe Franz Ferdinand sich in Sarajewo hatte ermorden lassen und damit den Ersten Weltkrieg ausgelöst hatte. Ich sagte zu ihm: »Und du denkst, du hättest Probleme!«

Der arme Kerl starrte mich verständnislos an, während ich ihm meinen improvisierten Geschichtsvortrag servierte. Er fing jedoch an zu strahlen, als ich ihn fragte, ob er damit einverstanden sei, wenn ich ihn »Kaiser« nannte, was ich ab sofort tat. Nächster Punkt der Tagesordnung: Ob er vielleicht ein Schankhaus kenne, in dem keine Dokumente nötig waren. Bei Gott, Sir, und ob er das kannte! Na, dann mal los, Kaiser!

Es war ein dunkler und geruchsintensiver Ort mit ein paar vereinzelten Paraffinlampen, die die Finsternis nur noch unterstrichen. Der Kaiser sagte, er würde mir einen Drink besorgen, wenn ich ihm bitte die nötigen Rupien gäbe. Ich bestellte einen Wodka Lemon, aber er sagte: »Es gibt hier nur ein Getränk, Sir.«

»Dann nehme ich das, mit einem Spritzer Zitrone.« Und schon verschwand er in der Dunkelheit.

Ein flüchtiger Blick in die Runde zeigte mir, daß hier Khakigekleidete, Weißgekleidete und westlich Gekleidete friedlich vor sich hin schlürften und sich in einem heiteren indischen Singsang unterhielten. Ein paar von den Jungs sahen aus wie Gesetzeshüter, die den Laden eher hochnehmen sollten als dort ihr Gläschen zu trinken.

Der Kaiser kam mit den Getränken zurück. Das Gesöff, das er mir in die Hand drückte, schmeckte so scheußlich, daß es nur aus gebrauchtem Dieselöl hergestellt worden sein konnte. Ich japste und hustete, alldieweil der Kaiser mir grinsend zwischen die Schulterblätter schlug.

Einige Tropfen Zitronensaft linderten die Pein, so daß ich weitertrinken konnte. Anscheinend hatte ich damit meine Geschmacksnerven abgetötet, denn nach einer Weile erschien mir das Zeug durchaus genießbar, ja, die ganze Welt erschien mir ganz genießbar, als ich mich zurücklehnte und Bombays Nachtseite betrachtete. Ich habe keine Ahnung, wie lange ich blieb, doch als ich mich von meinem Stuhl erheben wollte, spielte meine untere Hälfte verrückt, so daß der Kaiser mich stützen mußte.

»Nun, Kaiser, was hast du vor, um die fleischlichen Bedürfnisse zu befriedigen?«

»Ich verstehe Sie nicht, Sir.«

Ich erklärte ihm, daß ich den heftigen Drang verspürte, das Bett mit einem willigen Partner zu teilen.

»Ah, verstehe«, sagte er. »Möchten Sie lieber einen guten, sauberen Jungen oder ein gutes, sauberes Mädchen?«

»Ein Mädchen wär' prima.«

»Ich bringe Sie zum Haus von zwei Schwestern aus Punditry, die sind sehr nett und beide katholisch. Sie sparen für ihre Mitgift, was auch der Grund dafür ist, daß sie momentan ihren Körper verleihen.«

Es war Mitternacht und natürlich stockfinster, aber der Kaiser führte mich auf meinem taumelnden Weg. Er lehnte mich gegen eine dicke Mauer, forderte mich auf, dort zu warten, und verschwand. Über mir öffnete sich eine Tür, und im herausdringenden Lichtschein sah ich, wie er mit jemandem sprach. Dann wandte er sich an mich und bedeutete mir zu kommen.

Das Häuschen, das ich nun betrat, hatte nichts Nuttenhaftes an sich. In einer Ecke saß ein alter Mann und am Tisch ein jüngerer, neben sich vermutlich seine Ehefrau und zwei weitere Frauen, beide jung und recht attraktiv mit ihren Saris und den roten Punkten auf der Stirn.

Wir einigten uns auf einen Preis, dann durfte ich mir eine von den beiden jüngeren Frauen aussuchen, was verdammt haarig war, weil ich Angst hatte, die Nichterwählte zu verletzen. Nachdem ich meine Wahl getroffen hatte, schlug ich vor, uns in etwas intimere Gemächer zurückzuziehen. Alles lächelte. Meine Erwählte nahm eine Wäscheleine, befestigte sie an einem Nagel in der Wand, zog sie quer durch den Raum zu einem weiteren Nagel und warf dann ein paar abgewetzte Laken und Saris darüber, um uns zumindest optisch abzuschirmen.

Sie führte mich in unser improvisiertes Boudoir und half mir, die störenden Kleidungsstücke abzulegen. Dann wusch sie mein bestes Stück mit einem Lappen und einer Schüssel warmem Wasser, in das sie einen Schuß von dem guten alten Lysol getan hatte. Sex, und vor allem gekaufter Sex, sollte meiner Ansicht nach eine private Angelegenheit sein, was in dieser Situation jedoch unmöglich war. Die Leute hinter dem Vorhang murmelten, fuhren mit ihrer Mahlzeit fort und schlürften ihren Tee.

Ich war immer noch beduselt von dem Diesel aus der Untergrundkneipe, und ich war müde. Als sie mit ihren sanften Diensten an meinem empfindsamsten Körperteil begann, war das Gefühl so wohltuend, daß ich in einen wunderbaren, tiefen Schlaf fiel. Als ich aufwachte, war es stockfinster, und ich wußte nicht, wo ich mich befand. Ein vorsichtiges Tasten ergab die Anwesenheit eines anderen Körpers, während in meinem Kopf der Nürnberger Reichsparteitag erdröhnte, begleitet von einer kakophonisch verzerrten Version der *1812-Ouvertüre* und einem Feuerwerk.

Um mich von meiner Qual abzulenken, weckte ich die nußbraune Maid, die mein Lager teilte, und brachte sie dazu, die Dienste ihrer sanften Hand wieder aufzunehmen. Nachdem ich das Geschäft, dessentwegen ich hergekommen war, zu einem erfolgreichen Abschluß gebracht hatte, war es Zeit zu gehen.

Hinter dem Vorhang, wo eine kleine rotbeschirmte Lampe

ein mattes Licht warf, lagen die anderen auf Matten und schliefen. Der Kaiser war noch da, wenn auch darniedergestreckt. Ich schüttelte ihn wach und sagte, ich müsse gehen.

Wieder einmal hatte ich eine Nacht durchgewandert, durchgehurt und durchgesoffen. Und wieder kam die Zerknirschung, die teuflische Variante der Reue, herbeigaloppiert, die Lanze in der Hand, spießte mich auf, klagte mich an, zeigte mit dem Finger auf mich und zerfetzte meine Seele, während ich winselte wie ein Hund. Aber ein Bad, ein paar Aspirin und ein ausgedehnter Schlaf in meinem bequemen Bett wurden mir wieder zu hellwacher Unsittlichkeit verhelfen.

Irgendwann fiel mir ein, daß ich einen bestimmten Grund für meinen Aufenthalt in Indien hatte, was ich fast vergessen hätte. Wie von der Tarantel gestochen, sprang ich auf und griff unter die Matratze, doch mein Goldschatz war verschwunden.

Verzweiflung machte sich in meinem Herzen breit und hätte es beinahe zum Stillstand gebracht. Ich suchte überall, unter dem Bett, im Schrank, auf dem Schrank, in den Schubladen des Schreibtisches, in der Badewanne – aber kein Gold! Versuch das mal, Zürich zu erklären!

Wie schon erwähnt, glaubte ich eigentlich nicht, daß er Verbindungen zu den Typen hatte, die einem gegen Bargeld die Beine brachen oder, für eine kleine Extrasumme, eine Kugel in den Kopf jagten, aber man konnte ja nie wissen.

Nachdem der Adrenalinstoß ein wenig abgeebbt war, kam ich erst mal auf die Idee, daß ein Drink, selbst die stinkende Pisse in der Untergrundkneipe, Balsam für meine blanken Nerven sein würde. Immerhin hatte ich noch soviel gesunden Menschenverstand übrig, zuerst zur Post zu gehen und nachzusehen, ob eine Antwort auf mein Telegramm gekommen war. Und tatsächlich lag dort eine Nachricht mit einer neuen Kontaktadresse bei einer anderen kleinen Firma.

Was allerdings noch nicht das Problem löste, wie ich die aus meinem Zimmer gemopsten Barren wieder herzauberte. Da ich nun schon mal bei der Post war, konnte ich ja eigentlich auch schnell einen Wisch an den Goldmann in Zürich schicken, daß sich das Zeug in Luft aufgelöst hatte. Aber wie sollte ich es formulieren? »Gold gestohlen! Was tun?« Vergiß es, und sieh zu, daß du aus dem Land rauskommst, denn jetzt sind sie garantiert hinter dir her, Alter. Wieso, zum Henker, hatte ich nicht schon eher daran gedacht? Vielleicht war es die Polizei gewesen, und jetzt spielten sie ihre Spielchen mit mir. Alle Leute auf der Straße beobachteten mich. Paranoia war angesagt.

Der Schweiß lief mir aus allen Poren, und ich stank nach dem Kloakenwasser, das ich am Abend zuvor getrunken hatte. Nachdem ich an der Rezeption Bescheid gesagt hatte, daß ich abreisen würde, flitzte ich die Treppe hinauf und schickte den Mann, der gerade mein Zimmer putzte, hinaus, weil ich packen wollte. Er bot mir seine Hilfe an, aber da mir einfiel, daß er möglicherweise der Dieb war, sagte ich ihm, ich brauchte seine Unterstützung vorläufig nicht. Meine exakten Worte waren, wenn ich mich recht entsinne: »Verpiß dich und laß mich allein!«

Ich leerte die Schubladen und den Schrank, warf alles auf das Bett und ging zu dem Gepäckrost neben dem Schreibtisch, um den Handkoffer herunterzunehmen. Meine Hand traf auf unerwarteten Widerstand. Ich zog erneut, und diesmal gab er nach, noch immer schwer. Mit flatterndem Herzen stellte ich den Koffer auf dem Bett ab, öffnete ihn, und da lagen sie, kuschelig und sicher, alle meine wundervollen, schimmernden Goldbarren. Ich küßte die Mistdinger, so froh war ich, sie wiederzusehen, drückte sie an die Brust und plapperte wie ein Bekloppter auf sie ein.

Dann setzte die Paranoia wieder ein. War das Gold gestohlen und dann zurückgebracht worden, um mir eine unentrinnbare Falle zu stellen? Standen »sie« schon bereit, um meine Tür aufzubrechen und über mich Unschuldsengel herzufallen?

Doch dann lichtete sich der Nebel in meinem Kopf. Als ich im Morgengrauen halb besinnungslos ins Hotel zurückgekommen war, hatte ich mir überlegt, wenn ich das Zeug quasi offen hinlegte, wie in Edgar Allan Poe's Erzählung »Der entwendete Brief«, würde es keiner finden. Also hatte ich es unter der Matratze hervorgeholt und in den Koffer gepackt, den ersten Ort, wo ein Dieb suchen würde. Das war die Lösung des nervenaufreibenden Geheimnisses.

Ein Klopfen an der Tür verkündete, daß der Page gekommen war, um mein Gepäck hinunterzubringen. »Wieso?« fragte ich, weil ich schon vergessen hatte, daß ich eigentlich abreisen wollte. »Sagen Sie ihnen, ich hätte meine Meinung geändert. Ich bleibe.«

»Wie Sie wünschen, Sir.« Er stand lächelnd da, ohne sich von der Stelle zu rühren.

»Ach ja. Die Rupien für Ihre Mühe.«

»Vielen Dank, Sir.«

Der neue Handelsfirmenmann, an den ich mich wenden sollte, sagte mir, er würde mich abholen und mit mir in seinen Club fahren, der etwas außerhalb lag – eine abgeschlossene

Anlage mit Tennisplätzen, einem Cricketfeld und ein paar Golflöchern. Ich fragte den Typen, warum wir hier draußen rumliefen und wie ich ihm hier das Gold übergeben sollte.

»Niemand käme auf die Idee, daß wir draußen im Club krumme Dinger drehen, und da ich mit Europa und den beiden Amerikas handele, ist es nur natürlich, daß ich meine Geschäftskontakte in diesem Rahmen pflege.«

Er führte mich zum Umkleideraum und schickte mich zur Toilette, wo ich die Weste auszog und sie in eine Golftasche fallen ließ, die er dann ganz lässig in seinen Spind trug. Ich verbrachte so viel Zeit auf Toiletten, daß ich anfing, an die Geschichte mit dem Karma zu glauben: Vielleicht war das mein Schicksal.

Nach der erfolgreichen Übergabe fuhr ich wieder ins Hotel. Da der Kaiser dort herumlungerte, als ich ankam, wies ich ihn an, eine von den katholischen Mitgiftsammlerinnen zu holen und sie auf mein Zimmer zu schicken. Natürlich mußte der Rezeptionsheini bestochen werden, um meine Besucherin hereinzulassen, denn ein unbestochener Rezeptionsheini ist ein überaus moralischer Mensch.

Nach dem Abendmahl schleppte mich der Kaiser in ein anderes Verlies, in dem es nur selbstgebrautes Bier gab, das ordentlich Alkohol hatte, so daß es nicht lange dauerte, bis mein Kinn Richtung Brust sank und ich ins Hotel zurückschlich.

Am nächsten Tag flog ich nach Delhi, trotzte mutig den diversen Zoll- und Einwanderungsbeamten, bezahlte die nötigen Rupien, um auszureisen, und düste weiter gen Rom. Doch ein winziges Motorproblem veranlaßte den Piloten, umzukehren und nach Delhi zurückzufliegen. In dem Flugzeug befanden sich eine Menge ängstliche Leute, unter anderen Sarah, ein ziemlich gutaussehendes Mädel, das neben mir saß. Ich schwafelte ein bißchen drauflos, daß es gar kein echter Notfall sei, der Pilot nur auf Nummer Sicher ging und wir eine perfekte Dreipunktlandung im Eiltempo hinlegen würden, was natürlich auch geschah. Aus irgendeinem Grund lenkte die ehemals nervöse junge Frau die Dankbarkeit für ihre Rettung versehentlich auf mich, drückte mich innig an sich und gab mir einen mehr als nur freundschaftlichen Kuß.

Am Flughafen von Delhi herrschte das übliche Gewimmel, und natürlich kamen die Uniformheinis mit ihren Stempeln in Scharen angelaufen. Ein wahres Stempelparadies! Sie mußten uns alle wieder nach Indien hineinstempeln, durch Zoll und Einwanderung scheuchen und uns zwei Stunden später, als wir einen neuen Versuch starteten, noch einmal hinausstempeln. Was für eine Katastrophe für die Stempel- und Stempelkissenindustrie, falls wir alle einfach beschließen würden, zu Hause zu bleiben.

Als wir wieder in der Luft waren, hegte ich Hoffnungen, dem Mile High Club beitreten zu können, einem exklusiven Club männlicher Lügner, die behaupteten, sie hätten während des Fluges Sex mit einer Stewardeß oder irgendeiner anderen Frau gehabt, die sie gerade erst kennengelernt hatten. Ehefrauen, Verlobte, Freundinnen und andere Personen, die man zuvor schon kannte, zählen nicht. Meine neue Gefährtin Sarah war auf dem Weg nach Er-Riad, Saudi Arabien, wo sie ihre Verwandten besuchen wollte, und nach den üblichen paar Gläsern vom 86prozentigen verliebte ich mich in sie. Ich schlug ihr vor, den albernen Plan aufzugeben, ihre Mom und ihren Dad in dem gottverlassenen Land voller Sand, Hitze, Fliegen, Öl und Harems zu besuchen und statt dessen mit mir nach Rom weiterzufliegen. Sie schien ernsthaft über diesen Vorschlag nachzudenken, aber ich war mir nicht sicher. Überwältigt von vorübergehender *amore* und Alkohol, besorgte ich uns ein paar von den winzigen Flugzeugdecken, klappte die Armlehnen hoch und streckte uns beide auf den schmalen Sitzen aus, quer über die Gurtschnallen und andere hervorstehende Objekte. Immer wieder rutschte ich in den Spalt zwischen unseren Sitzen und den Rückenlehnen der nächsten Reihe, und nur mit enormer Geschicklichkeit gelang es mir, wieder aufzutauchen.

Sarah, die das alles höchst amüsant fand, kicherte ununterbrochen vor sich hin, was jegliche Leidenschaft im Keim erstickte. Vorübergehende Stewardessen wandten den Blick ab, da sie unser Liebesfest anscheinend nicht stören wollten. Es wurde einfach immer alberner, wir kringelten uns vor Lachen, und jede Hoffnung auf eine Mitgliedschaft im Mile High Club – oder überhaupt in irgendeinem Club, falls uns jemand beobachtet hatte – verpuffte in die Stratosphäre.

Sarah verabschiedete sich in Bahrain von mir und machte sich auf den Weg zu ihrer Familie. Ich machte wieder Zwischenstopp in Rom. Ich hatte mir geschworen, daß ich diesmal versuchen würde, die Heilige Stadt wirklich zu besichtigen, und so verbrachte ich einen Teil des Tages damit, meine jetlaggeplagte Psyche durch Basiliken zu schleifen. Der Rest verging mit Saufen.

Wenigstens hatten die Leute, die diese Stadt bevölkerten, genug Geschmack, um die alten Mauern und Gebäude stehenzulassen. Man konnte kein Granitbröckchen werfen, ohne eine Kirche, einen Geistlichen oder – im Sommer – einen Eingeborenen aus Cleveland zu treffen.

Ursprünglich hatten die alten Römer die Basilika als Sitz

für das Tribunal gebaut, damit es dort seine Rechtsprechung durchführen konnte, eine etwas zivilere Form der Arena, wenn man so will. Daraufhin baute die Kirche in ihrer Gerissenheit und Machtgier ähnliche Basiliken, damit Otto Normalverbraucher auch von dieser Architektur überwältigt war und die Kirche per Assoziation ebenfalls für einflußreich und stark hielt.

Später, als die Kirche ihre gierigen, heiligen Tentakel auch außerhalb der Stadt ausstreckte, beherrschte sie die ländlichen Gegenden natürlich mit einer anderen Bauweise. Hohe Kirchtürme waren angesagt, in denen gewaltige Glocken hingen, die einem den Tagesablauf diktierten: das Raus-aus-den-Federn-Läuten, das Angelus-Läuten, das Komm-zur-Messe-Läuten, das Komm-und-knabber-deine-Brotkrumen-während-wir-uns-an-deinem-Zehnten-laben-Läuten und schließlich, nachdem man seine Handvoll Tage nach diesem Muster hinter sich hatte, das Ab-in-die-Kiste-Läuten. In den Kirchen erfüllten riesige Orgeln den Raum mit triumphalen, kraftvollen Klängen, und es gab jede Menge Machtmöbel: Kanzeln, Throne und Altäre.

Jahrhunderte später übergab die Kirche dem Kapitalismus das Zepter, da sie sich untereinander einigten, daß es so viel effizienter war: Anstatt die Bauern auf dem Feld arbeiten zu lassen und ihnen den Zehnten abzuknapsen, gestattete man ihnen, die Schweißtreiberei drinnen abzuhalten und den Zehnten mitzunehmen, wenn sie gingen.

»Prima«, sagte die neue Syndikus-Synode, »aber wie können wir weiterhin die Landschaft und die Geräuschkulisse beherrschen und sie an der Flucht hindern? Türme sind schon gar nicht schlecht. Wie wäre es mit Schornsteinen? Die *können* sie gar nicht übersehen. Glocken? Kein Platz dafür. Vielleicht tutende Dampfhörner oder kreischende, schrille Pfeifen? Klar, geht beides, Hauptsache, es tönt morgens, mittags und abends. Wieder Orgeln? Nein! Maschinen: dröhnende, zischende, gefährliche Maschinen für die Kraft, die da drinsteckt. Sollen wir die bunten Glasfenster beibehalten? Nö. Normale Glasfenster tun's auch – scheckig werden die ganz von alleine.« Und so wurde die Macht vom päpstlichen Handschuh an die unsichtbare Hand des Marktes übergeben. Bitte sehr, das ist das Malachy-Evangelium.

Als ich wieder in Zürich ankam, hieß es, da der Goldmarkt derzeit ein bißchen unruhig sei, würde die nächste Reise um fünf bis sechs Wochen verschoben. Ich bekam mein Entgelt für die bisher erbrachten Dienste und erinnerte mich, daß Bruder Frank mal gesagt hatte, wenn ich Gelegenheit dazu hätte, solle ich mir Ibiza ansehen, eine Mittelmeerinsel vor der Küste Spaniens, die damals *der* Treffpunkt der Jetsetter und angehenden Hippies von Europa und den USA war.

Meiner Ansicht nach haben alle Inselbewohner einen Hau, und wenn dieses Phänomen auch trotz der zahlreichen vorgebrachten Theorien noch immer nicht zufriedenstellend erklärt ist, bleibt doch die Tatsache bestehen, daß ich mich hervorragend in das Inselleben einfügte. Es war hilfreich, daß mir Brendan Behan zuvorgekommen war, denn seit seinem Besuch wurde der Verrücktheitsgrad jedes vorbeiziehenden Iren an Brendans Taten gemessen, und da seine Mätzchen die Latte auf hundert Prozent gesetzt hatten, war der Rest von uns in Sicherheit, denn es war schon sehr schwer, auf dieser Skala auch nur fünfundsiebzig Prozent zu erreichen.

Das Hotel, in dem ich eincheckte, bestand fast nur aus dekorativen Kacheln, Bögen und Marmorböden, die sogar hallten, wenn die Leute leise sprachen, und es war sparsam im Pesetenverbrauch.

Sämtliche Auswärtige und ein Häufchen Inseleingeborene, denen es erstaunlicherweise nicht peinlich war, zusammen mit den geflüchteten Europäern und Amerikanern gesehen zu werden, saßen für gewöhnlich beisammen und betranken sich bei einem Einsatz von zehn Peseten für zwei Fundadors, dem beliebtesten Inseldrink, der aus vergammelten, gebrannten, verflussigten Trauben bestand. Unser Grüppchen setzte sich zusammen aus Skandinaviern, *Limeys* (Engländern), *Taffys* (Walisern), *Jocks* (Schotten), einem *Mick* (ich), *Krauts* (Deutschen) und *Eyeties* (Italienern), und wir trafen uns regelmäßig, um die Nacht durchzusaufen. Es gab ein paar Künstler, die nicht künstlerten, Schriftsteller, die nicht schriftstellerten, und Schauspieler, die nicht schauspielerten. Niemand schien eine Funktion, ein Ziel oder eine Aufgabe zu haben, und unsere abendlichen Versammlungen waren stets der wichtigste Tagesordnungspunkt.

Die Inselpolizei, die *Guardia Civil*, die sich seit den Tagen, als Franco die Insel im sogenannten Spanischen Bürgerkrieg besetzt hatte, nicht allzusehr verändert hatte, stolzierte sonntags nach der Messe auf der Plaza umher. Sie war perfekt herausgeputzt in ihrer Uniform mit den glänzenden Stiefeln, Messingknöpfen, der ledernen Kopfbedeckung und ihren Handschuhen. Anscheinend war es üblich, den linken Handschuh zu tragen und den rechten in der linken Hand zu halten, so daß die rechte Hand für die allgegenwärtige Zigarette frei war, genau wie bei den bösen Filmnazis mit dem Schmiß auf der Wange. Die fluppenrauchenden Zivilgardisten – die alles andere als zivil wirkten – beäugten uns, wir beäugten sie, aber im allgemeinen überließen sie uns unserem Geschwätz und Gesöff.

Als ich eines Mittags die Hoteltreppe hinunterging, kam ich mit einem Paar aus England ins Gespräch, das, wie ich erfuhr, in den Flitterwochen war. Mechanisch entbot ich dem Mann meine Glückwünsche und der Frau ein »Ich wünsche Ihnen alles Gute« und lud die beiden zu einem feierlichen Umtrunk ein. Wie gesagt, es war Mittag, und ich hatte mir noch keinen Krümel zwischen die Zähne geschoben. Doch ein paar Humpen Bier stellten den Schalter im Schädel auf sorglos, woraufhin ich mich meinem neuen Freund Fundador widmete.

Wir drei plauderten über dies und das und kamen bisweilen auch auf jenes. Der Bräutigam erklärte, er sei vor kurzem in seiner Firma ins Management befördert worden und wolle nun nichts mehr mit den Gewerkschaften und ihren »dämlichen Drückebergern« zu tun haben, wie er sich ausdrückte.

Die Höflichkeit verbot es mir, ihn für diesen Verrat ungespitzt in den Boden zu stampfen, und ein Blick zu der, wie ich nun begriff, unglückseligen Gattin überzeugte mich davon, daß sie von diesem hirnlosen Verräter seiner Klasse errettet werden mußte. Wir trotteten zu einem anderen Café und noch einem Café und noch einem Café. Irgendwann teilte mir ein Kellner flüsternd mit, er habe ein wenig Absinth – damals wie heute nicht so ganz legal –, und fragte, ob ich interessiert sei, welchen zu kaufen. »Immer her damit«, sagte ich auf spanisch, um meine Sprachfähigkeiten mal wieder anzubringen.

Nach ein paar kräftigen Bechern Absinth war ich restlos davon überzeugt, daß die junge Braut ihre übereilte Heirat mit dem konservativen Managerarschloch mittlerweile bitter bereute und mich mit ihren Blicken anflehte, sie bitte, bitte aus ihrer lebenslänglichen Haft zu befreien. Ich zwinkerte ihr zu, um ihr zu zeigen, daß ich Verständnis für ihren Freiheitsdrang hatte und daß sich die Truppen bereits für den Angriff sammelten.

Der Ehemann erwischte mich dabei, wie ich seinem neuen Spielzeug zuzwinkerte – obwohl sie es selbst, glaube ich, gar nicht mitbekam –, und ich gab vor, etwas im Auge zu haben. Mittlerweile war es bereits neun Uhr abends, die stillen Wasser meines Magens waren noch immer ungestört von festem Treibgut, und wir waren so blau, daß die Dämpfe vom Absinth und Brandy ungehindert in die Kathedrale des Hirns aufsteigen konnten, wo glorreiche *Te Deums* erschallten, in Erwartung des Sieges über gottlose, kapitalistische Manipulatoren, die junge Mädchen zu einem Leben voller Korruption und materialistischer Befriedigungen verführten.

Ich hatte vor, weiter so zu tun, als sei ich sein Freund, und gleichzeitig dicht bei meiner Arbeiterklassenprinzessin zu bleiben, damit er keine Möglichkeit hatte, meinen Befreiungsplan zu durchkreuzen. Sie luden mich noch auf einen Nachttrunk in ihr Zimmer ein, wo der Klassenverräter seinen Schlüssel, der an einem schweren Messinganhänger mit der Zimmernummer befestigt war, auf dem Sideboard ablegte. Ich schlich mich unauffällig an und ließ ihn in meiner Tasche verschwinden, obwohl ich noch immer nicht wußte, was ich damit anfangen sollte. Nachdem ich mein Glas geleert hatte, wünschte ich den beiden eine gute Nacht und schwankte zu meiner eigenen Bleibe im ersten Stock.

Ich zog die Schuhe aus und wartete ein Weilchen, um dem Unterdrücker junger Weiblichkeit Zeit zu geben, sich aufs Ohr zu legen. Ich wußte, daß die junge Frau ängstlich meine Rettung erwartete, das hatte ich in ihrem traurigen Gesicht gelesen. Obwohl wir, genaugenommen, nicht darüber geredet hatten, wußte ich, was zu tun war.

Noch ein paar Schlückchen von der gebrannten Traube, und dann schlitterte ich die Stufen hinab. Mein erster Versuch, ihre Tür aufzuschließen, mißlang, weil ich meinen eigenen Zimmerschlüssel genommen hatte. Der zweite Versuch hätte fast zu einer Katastrophe geführt, da mir das schwere Ding laut klappernd auf den Marmorboden fiel, woraufhin ich »Schschsch!« zu dem Schlüssel machte, wie die Betrunkenen im Film. Ich brauchte ein paar Anläufe, bis ich den Schlüssel im Schloß hatte, dann drehte ich ihn so vorsichtig wie einen Türknauf in einem Hitchcock-Thriller. Ich schlüpfte in das Wohnzimmer und wartete einen Moment, bis mein Atem ruhiger ging und meine Augen sich an die tintenschwarze Finsternis gewöhnt hatten.

Wo die Tür zum Schlafzimmer war, wußte ich noch, aber dorthin zu gelangen, war eine Sache für sich. Der Weg war mit Hindernissen übersät – Kleidungsstücke auf dem Boden, ein Schuh hier, ein Schuh dort, Beistelltische, an denen man sich das Schienbein anschlagen konnte, und drohende Stühle, die aus der Dunkelheit aufragten und selbst kühne Ritter wie mich zu Tode erschreckten. Der Instinkt leitete mich jedoch schließlich zum Schlafzimmer, und das elefantengleiche Trompeten, das aus dem schwach erkennbaren Bett kam, verriet mir, daß ich am Ziel angekommen war.

»Das Schwein schnarcht also auch noch«, sagte ich zu mir selbst, da mir gerade kein anderer Gesprächspartner zur Verfügung stand. »Ein Grund mehr, sie aus dieser furchtbaren Ehe zu retten, die schon eine Woche währt!«

Geschwind glitt ich neben die Spielwiese, lehnte mich über die schnarchende Hülle des kapitalistischen Kollaborateurs und rüttelte meine neue Geliebte sanft an der Schulter. Die Gerüttelte schoß hoch, eine Lampe wurde angeknipst, und plötzlich war der Raum hell erleuchtet. Ein kurzer Blick auf das Bett und seinen Inhalt klärte mich auf, daß die vermeintliche Maid in Not der holde Gatte war, daß das markerschütternde Schnarchen von niemand anderem als meiner Geliebten stammte und daß beide nicht einen Faden am Leib trugen – kein Hauch von einem Pyjama, keine Spur von einem Negligé.

Donnerwetter, das war ja eine schöne Bescherung! Kaum hatte ich ihnen den Rücken zugedreht, waren sie schon in wilder Leidenschaft übereinander hergefallen! Wenn es je einen Fall von sofortiger Untreue gegeben hat, dann diesen!

»Was, zum Henker, machen Sie hier?« fragte der kurze Brite, während er hektisch versuchte, seine Blöße zu bedecken.

Die einstige Geliebte schoß nun auch hoch und begann, mich in einem quengeligen, niederträchtigen Tonfall zu beschimpfen: »Ein nächtlicher Dieb«, quäkte sie, »ein Perverser, ein irischer Voyeur, ein wildgewordener Paddy, ein Räuber!«

Aufgrund ihres unbekleideten Zustands traute sich keiner von beiden unter den hastig übergeworfenen Laken hervor, so daß ich mich in einer bekleideten, aufrechten Machtposition befand. Als ich das perfide Weib betrachtete, war ich froh, daß meine Mission gescheitert war. Sie schnarchte, beschimpfte ihren edlen Retter und war obendrein noch untreu – ich würde ihr nie wieder vertrauen können. Und zu allem Überfluß verbündete sie sich auch noch mit ihrem Folterknecht gegen mich!

In einem genialen Geistesblitz sagte ich: »Ich bin gekommen, um Ihnen Ihren Schlüssel zurückzugeben, ich hatte ihn mit meinem verwechselt.«

»Was?« fragte das Engländerekel.

Ich wiederholte die Lüge.

»Legen Sie das verfluchte Ding auf den Tisch und verschwinden Sie, bevor ich die Polizei rufe!«

Houdini wäre vor Neid erblaßt, wenn er gesehen hätte, wie ich mich in einer einzigen eleganten Bewegung in Luft auflöste. Der Schlüssel mit dem Messinganhänger landete auf dem Boden, und dann nichts wie raus mit mir, mit einem Satz die Treppe rauf und in mein Zimmer. Ich kann nicht mal sagen, ob ich die Tür geöffnet habe oder direkt durch sie hindurch gegangen bin. Als ich endlich sicher in meinem Bett lag, stieß ich einen tiefen Seufzer der Erleichterung aus, weil ich um Haaresbreite dem tristen Leben mit einer englischen Gattin und einer vermutlich eher unzivilen Begegnung mit der Guardia Civil entkommen war.

Doch dann kehrten die düsteren, diamantäugigen Dämonen zurück, um wieder ein bißchen an meiner Seele zu nagen und mir das Lied von bodenloser Verzweiflung und Sehnsucht nach dem Familienleben vorzusummen, das nie wirklich existiert hatte, sondern nur ein Produkt meiner dummen, sentimentalen Nostalgie war. Wieder einmal überfluteten mich die salzigen Tränen des Selbstmitleids, ohne jedoch irgend etwas fortzuspülen.

Im warmen Licht des Tages, als sich der eine oder andere klare Gedanke zwischen die Wogen des Kopfschmerzes schob, setzte die Erinnerung wieder ein, und die Ereignisse der vergangenen Nacht ließen mir die Schamesröte ins Gesicht steigen. Da ich den Flitterwöchlern natürlich unmöglich gegenübertreten, geschweige denn, sie zwecks einer Entschuldigung aufsuchen konnte, ging ich ihnen ungefähr eine Woche lang erfolgreich aus dem Weg, was in der überschaubaren Gemeinschaft auf der kleinen Insel gar nicht so einfach war.

Als ich schließlich wagte, mein Gesicht wieder zu zeigen, fragte ich diskret nach, wo meine treulose junge Liebe und ihr Gefängniswärter weilten. Man teilte mir mit, daß sie ins Land der Krämer zurückgekehrt waren und ich wieder unbeschwert über die Insel ziehen konnte. Innerlich grinsend, faßte ich die Angelegenheit unter dem Motto »Je mehr Absinth, desto wirrer das Herz« zusammen.

Da die Befreiungsaktion der jungen Braut gescheitert war, keimte ein neuer Plan in meinem suffgeschädigten Hirn heran. Wenn ich eine von den Villen hier mietete, dann in die USA zurückkehrte, mir Siobhan und Malachy schnappte und sie auf die Insel brachte, konnte ich auf verschlungenen Pfaden Kontakt mit Linda aufnehmen und ihr das Versprechen abzwingen, es mit einer Versöhnung zu versuchen, da sie andernfalls die Kinder nie wiedersehen würde.

Frisch ans Werk! Es gab ein günstig gelegenes Haus am Meer, das man für vierzig Dollar im Monat mieten konnte, geräumig, mit drei Schlafzimmern, mehreren Bädern, einem Stück Land und voll möbliert. Eine kleine Plauderei in gebrochenem Englisch und meinem schauderhaften Spanisch löste das Problem der späteren Kinderbetreuung. Dann war da natürlich noch die bohrende Frage, wovon wir leben sollten, aber ich beschloß, einfach mit der Goldschmuggelei weiterzumachen.

Da mein Plan nun stand, zog ich in die neue Hazienda, warf mich auf die Terrasse und ließ relativ ungestört den Fundador fließen.

So gingen ein paar Tage vorüber, und dann stand plötzlich eine gebräunte, durchtrainierte Frau Mitte Dreißig mit den blauesten Augen und dem blondesten Haar, das ich je gesehen hatte, vor mir. Ihr Auftreten war in etwa so dezent und zurückhaltend wie das eines preußischen Offiziers. Sie sprach mit mir, als sei ich ein Regiment kurz vor der Eröffnung der Schlacht.

»Ich gebe am Donnerstag um sechs eine Cocktail-Party. Sie kommen doch? Und vergessen Sie nicht, es werden noch andere Leute dasein. Ziehen Sie also bitte einen Anzug an.«

Das einzige, was ich herausbrachte, war: »Jawoll!«

Pünktlich zum Angelus-Läuten stand ich auf der Matte beziehungsweise an der Bar, wo ich Piloten, Stewardessen und andere lebensmüde Reisende sowie eine Prise deutscher Aristokratie kennenlernte. Ich fand heraus, daß meine Gastgeberin eine Baroneß von Gabelspieß oder so ähnlich und überdies noch Malerin war.

Ich hatte tagsüber nichts gefuttert, da ich dachte, daß ich das hier bei der Fete nachholen könnte, aber es war nicht mal eine müde Macadamianuß zu sehen, so daß ich mich mal wieder von reinem Alkohol ernähren mußte.

Die Party wurde zusehends lauter und wüster, und da ich kein ungebundenes weibliches Wesen finden konnte, beschloß ich, meinem Schlafdrang nachzugeben. Da mir die paar Meter zu meiner Hazienda unüberbrückbar erschienen, trottete ich die Stufen des vonundzuschen Hauses hoch und fand in einem Raum, der wie ein kleines Atelier aussah, eine Koje. Mir fiel ein, daß mich jemand finden, aufwecken und fragen könnte, ob alles in Ordnung sei, wenn ich mich auf das Bett legte – so was tun die Leute schon mal –, und so kam ich dieser hilfsbereiten Geste zuvor, indem ich mir ein Kissen nahm und unter das Bett kroch, wo ich, begleitet von den eifrigen Singversuchen besoffener Deutscher, einschlief.

Einige Zeit später wachte ich auf, weil das Licht angeknipst wurde und zwei Leute miteinander flüsterten.

Er: »Mein Liebling, oh, oh, oh ...«

Sie: »Ich bin dein, mein Schatz!«

Er: »Ich liebe dich, oh, oh, jaaa ...«

Sie: »Nicht so hastig, mein Schatz!«

Er: »Quäl mich nicht, oh, aah, oooh, aaah ...«

Während dieser interessanten Unterhaltung sanken zahlreiche Kleidungsstücke in mein eingeschränktes Blickfeld – ein Jackett, eine Krawatte, eine Bluse, ein BH, ein Rock, eine Hose, ein Schlüpfer und eine Unterhose. Dann wurden die Schuhe von den Füßen geschleudert, das Ganze untermalt von keuchenden Atemzügen, schmatzenden Lippen und über die Haut reibenden Händen, hier und da akzentuiert durch leises Japsen.

Das Licht wurde wieder ausgeknipst, und gleichzeitig mit der einsetzenden Finsternis schienen sich plötzlich Tonnen von Menschen auf meine Brust zu werfen und mir sämtliche Luft aus den Lungen zu pressen. Den beiden Liebenden war das herzlich egal, da sie sich viel zu hingebungsvoll ihren Lustbarkeiten hingaben, um auf den Gedanken zu kommen, daß jemand unter ihrem Bett liegen könnte. Selbst die Konservativen, so blöd sie auch waren, sahen immer erst unter ihr Bett, ob dort vielleicht ein Kommunist lag, und erzogen auch ihre Kinder entsprechend. Doch nicht diese beiden Teutonen, die munter drauflosrammelten und dabei meine Brust mit Abdrücken von den Bettfedern verschandelten. Gerade als ich wegen Überdrucks den Geist aufgeben wollte, sprang krachend die Tür auf, das Licht ging wieder an, und dann begann eine kreischende, zeternde Jagd durch den Raum. Erst sprangen zwei Paar nackte Füße aus dem Bett, gefolgt von den dazugehörigen Körpern, gefolgt von einem sehr tiefen, lebensrettenden Atemzug meinerseits. Dann wurde mir die erste und einzige Fuß-Show meines Lebens geboten: zwei Paar unbeschuht und eins in hochhackigen, spitzen Pumps, von denen einer ausgezogen und offenbar als Waffe eingesetzt wurde, da ich hörte, wie der Absatz mit einem dumpfen Geräusch gegen Fleisch schlug.

Es gab eine muntere Verfolgungsjagd durch das Atelier, in deren Verlauf Dinge zu Boden fielen, Vasen zerbrachen und Leinwände zertreten wurden. Es gelang mir, die Identität des Eindringlings zu ermitteln, der mit seinem überraschenden Auftauchen soviel Unruhe gestiftet hatte. Es war die Frau des Lufthansapiloten, der seine Bratwurst in die Baroneß gesteckt hatte, die wiederum »mein Liebling« war. Der Pilot sammelte eilig seinen Teil der verstreuten Kleidung auf und schob sein schäumendes Weib aus dem Zimmer, was »meinem Liebling« die Gelegenheit gab, selbiges von innen zu verschließen. Sie schaltete das Licht aus und legte sich wieder ins Bett, vollkommen unbekleidet und nunmehr vereinsamt. Seufzend warf sie sich auf der Matratze über mir hin und her, doch da ihr gewichtiger Partner verschwunden war, bekam ich halbwegs Luft, wenn auch meine Brust noch von dem vorherigen Gerammel schmerzte.

Irgendwann hatte sich die Baroneß von Gabelspieß in den Schlaf geseufzt. Zeit für mich zu gehen, obwohl ich nicht wußte, wie spät es war, aber ich hatte keine Lust, mich unter dem Bett erwischen zu lassen, wenn sie morgens auf Kommunistenfang gingen.

Ich robbte hervor, stand auf und wollte gerade gehen, als vorbeiziehende Wolken einen Strahl Mondlicht auf ihr Gesicht fallen ließen, vom Schlaf besänftigt und von goldenem Haar umrahmt, wirkte sie begehrenswert. Sekunden später war es wieder stockdunkel. Ich kniete mich hin und weckte sie.

»Darf ich mich dazulegen?« flüsterte ich.

»Ja, natürlich«, antwortete sie.

Sie ruckte zur Seite, ich ruckte an – *sans culotte* und so weiter –, und als wir einander umarmten, betastete sie sanft meinen Bart und sagte leise: »Oh, Sie sind gar nicht derselbe Mann ...«

»Nein, bin ich nicht.«

»Macht nichts.«

»Finde ich auch«, sagte ich. Und das Leben ging weiter.

Am nächsten Tag benahm sich die Baroneß von Gabelspieß mir gegenüber wieder sehr förmlich, und die Mondscheinnacht in ihrem Atelier blieb unser einziges Schäferstündchen. Wir nickten uns zu und sagten »Guten Morgen« oder »Guten Abend«, und wenn ich ein paar Gläschen getrunken hatte, wünschte ich ihr auch schon mal »Süße Träume«.

Als Vorsichtsmaßnahme gegen mögliche Auseinandersetzungen mit der örtlichen Guardia Civil begann ich, bei der Tochter des Polizeichefs Spanischunterricht zu nehmen. Sie war ein bezauberndes, schüchternes, zierliches Mädchen um die Achtzehn oder Neunzehn. Da ich den schulischen Abschnitt meines Lebens mit dreizehn für abgeschlossen erklärt und die Extravaganzen der Grammatik ohnehin nie begriffen hatte, begann für mich eine seltsame Odyssee. Meine junge Lehrerin führte mich ins Wohnzimmer, schloß die Tür und begann, in einfachem, alltäglichem Spanisch mit mir zu reden, nach dem Motto: »Wie geht es Ihnen?« – »Mir geht es gut. Und Ihnen?«

Ich war ein wenig überrascht, daß mich der Chef und seine Frau mit ihrer Tochter in einem Zimmer allein ließen, doch wenn man in Betracht zog, daß wir uns auf einer Insel befanden, er der Oberbulle war und man nur mit einer sporadisch verkehrenden Fähre und einem ebensolchen Flugzeug von hier wegkam, wäre es sehr unklug gewesen, irgendwelche Tricks mit der Señorita Professora anzufangen.

Sie war hübsch anzuschauen, mit ihren sanften, dunklen Augen, und von sittsamer Natur, so daß ich stehenden Fußes beschloß, mich von Linda scheiden zu lassen, vor meiner holden Lehrerin niederzuknien, ihr ewige Liebe zu schwören, sie zu bitten, meine Frau zu werden, und dann zu El Jefe zu eilen, um ihn offiziell um die Hand seiner Tochter zu bitten.

Da jedoch mein Spanisch unsere Romanze nie weiter gedeihen ließ als bis zu der beiderseitigen Versicherung, daß es uns gutgehe, mußte ich auch diesen Plan aufgeben, und ohnehin begann mir das Inselleben allmählich auf die Nerven zu gehen. Es war an der Zeit, das Lager abzubauen und mal von den Pariser Fleischtöpfen zu kosten. Ein junges Paar bot mir im Austausch gegen meine Villa ihr Hausboot auf der Seine an, und so nahm ich, nachdem ich mich von meiner Lehrerin und diversen Saufkumpanen verabschiedet hatte, die Fähre nach Barcelona.

An Bord kam ich mit Carol ins Gespräch, einer jungen Frau mit einem kleinen Kind, einem Mädchen von etwa drei

Jahren. Carol kehrte in die Staaten zurück, weil ihr Mann sie wegen einer deutschen Touristenhure verlassen hatte. Sofort beschloß ich, sie und ihre Tochter zu retten, indem ich sie (die Mutter) heiratete, sobald wir in Barcelona ankamen. Ein paar Abschiedsgläschen Fundador und ein Absinth zum Nachspülen können einem schon mal solche Ideen einflößen.

In Barcelona nahmen wir dasselbe Hotel, aber nicht dasselbe Zimmer. Eine kurze Periode der Nüchternheit und der mitfühlenden Trauer drängten mich dazu, Carol und die Kleine zum Abendessen auszuführen. Im Restaurant erzählten wir uns tränenreiche Geschichten von verlorener Liebe, zerbrochenen Ehen und dem Schmerz, die Kinder unter dem Verlust des anderen Elternteils leiden zu sehen. An dem Abend veranlaßte mich ein lange verschollener Kavaliersinstinkt, die Dame einfach nur zu ihrem Zimmer zu begleiten und ihr einen keuschen Kuß auf die Wange zu geben, bevor wir beide in unsere freudlosen, getrennten Betten gingen. Als ich am nächsten Morgen aufwachte, war sie bereits abgereist, und ich sah sie nie wieder.

Nach Paris zu gelangen war kein Problem, aber das Hausboot zu finden gestaltete sich schon etwas schwieriger. Ich hatte ein elegantes, gepflegtes Gefährt erwartet, frisch gestrichen und mit geschrubbten Decks, das die neiderfüllten Blicke sämtlicher eingeborener »Parisiten« (wie ein englischer Auswandererkollege die Einwohner dieser Stadt nannte) auf sich ziehen würde. Doch das Boot, das ich fand, lag tief im Wasser, ein verwaister Kahn, grau und halb verrottet. Das Deck war weich, aufgequollen und gefährlich, und ein falscher Schritt konnte die alten Planken zum Bersten bringen. Unter

Deck gab es drei Kabinen, die nur von den – augenscheinlich noch nie gewaschenen – Bullaugen erhellt wurden. In jeder Kabine befand sich eine Koje mit einer feuchten Matratze, muffigen Kissen und gammeligen Decken. Über allem hing ein Geruch nach Moder und Rattenpisse.

»Trautes Heim, Glück allein« summend, kroch ich in die mittlere Kabine, stöberte eine Petroleumlampe auf, zündete sie an und unternahm eine kleine Erkundungstour. In der ersten Kabine fand ich Spuren, die von einer Bootsbewohnerin stammen mußten, die dritte war leer. Es gab weder eine Dusche noch eine Wanne oder ein sonstwie geartetes Bad, nur ein Loch in einer Art Schrank, durch das man die Seine sehen konnte.

Aber war ich nicht in den Slums von Limerick aufgewachsen? Also regte ich mich nicht weiter auf, abgesehen von einem spontanen »Heiliger Strohsack, so hatte ich mir den Laden nicht vorgestellt!«. Mein Bootskumpan erschien einige Stunden später, dem Aussehen und der Kleidung nach eine Frau, mit einem Gesicht, das dem Kiel des Gefährts ähnelte, das wir nun bewohnten: verkrustet und finster. Ich bekam nie irgend etwas über sie heraus, außer daß sie oft mit sich selbst sprach. Sie erklärte mir allerdings klipp und klar, was angesagt war: Sie mochte es nicht, wenn man sie ansprach, und sie sprach ihrerseits nicht gerne mit Leuten, vor allem nicht mit denen, die auf dem Boot schliefen. Und sie warnte mich davor, ihre Kabine zu betreten, da sie, wie sie sagte, sofort merkte, wenn jemand in ihren Sachen herumgeschnüffelt hatte.

Die Franzosen hatten damals ein kleines Problem mit einer rebellischen rechten Armeefraktion aus dem Untergrund, die, genau wie die Briten, ganz und gar nicht der Meinung war, daß die Leute in Algerien, Marokko und Libyen von ihren kolonialen Unterdrückern befreit werden und selbst über das Schicksal ihres Landes entscheiden sollten. Daher gewöhnten sich diese militärisch ausgebildeten Terroristen an, Algerier und Marokkaner zu ermorden und ihre Leichen in die Seine zu werfen. Es verging kaum ein Tag, an dem die Gendarmen mit ihren Haken nicht ein paar hübsch aufgeblähte oder angenagte Gestalten aus dem Fluß zogen, die von Offizieren und Gentlemen der französischen Armee umgebracht worden waren. Soviel zum Thema *Liberté, Egalité* und *Fraternité.*

Der gallige de Gaulle herrschte noch mit fester Hand über dieses wiedererwachende Land, dessen mitfühlende Sorge um Indochina (für unsereins Vietnam) er freudig der sanften Hand der USA überlassen hatte. Da die Reisesaison in diesem Oktober des Jahres 1962 vorüber war, blieb der Louvre verschont von schwatzenden Touristen. Die Jahreszeit war, was das Wetter betrifft, ein bißchen grau, aber noch ganz erträglich. Ein kurzer Pflichtbesuch in Notre Dame und ein Blick auf die Mona Lisa, deren Lächeln für mich nichts Geheimnisvolles hat. Jeder kann doch sehen, daß es kein Lächeln ist, sondern eine Grimasse, hervorgerufen durch Blähungen.

Ich spazierte durch den Arc de Triomphe, was mir prompt das Bild der marschierenden Nazis in Erinnerung rief, die diese wunderschöne Stadt besetzten. Ich versuchte, mir vorzustellen, wie die kräftigen arischen Stimmen das Horst-Wessel-Lied grölten und das donnernde Knallen der im Gleichschritt einmarschierenden Unterdrücker die Herzen der Franzosen mit Entsetzen erfüllte, als die Nazis die Champs-Élysées verschandelten. Wie überall war die unterschwellige Strömung des Antisemitismus auch durch Frankreich geflossen, sichtbar in der Dreyfus-Affäre und dem Verrat von

Tausenden von Juden durch Nazi-Kollaborateure. Andererseits, so sagte ich mir, gab es natürlich auch den Maquis und die kommunistische Partei, die heldenhaft gegen Hitlers Horden und Huren gekämpft hatten.

Solcherart aufgemuntert, war ein Aufstieg auf den Eiffelturm fällig, ebenso wie ein Besuch beim Großmarkt Les Halles und ein Sprung zu den Folies-Bergère und all den anderen Touristenzielen, doch ich war nicht mit dem Herzen dabei. Da war ich nun in der romantischen Stadt Toulouse-Lautrecs, deren neblige Luft von Musikfetzen schwirrte, und wanderte allein durch die Straßen, krank vor Sehnsucht nach der Frau, die ich nur liebte, weil sie mich nicht liebte.

Wie sich herausstellte, waren die Franzosen sehr ungeduldig mit Leuten wie mir, die kein Französisch sprachen, und da ich viel zu zerstreut war, um auch nur ein Telefonbuch in die Hand zu nehmen, geschweige denn ein französisches Wörterbuch, blieben wir auf Distanz. In Restaurants gewöhnte ich mir an, mit dem Finger auf die Karte zu zeigen. Meistens hatte ich keine Ahnung, was da aus der Küche kam, und es war mir auch egal. Ich wußte bereits, daß die gesamte französische Küche vornehmlich aus Saucen bestand, die den fauligen Gestank der verrottenden und verwesenden Leichen von Rindern, Schweinen, Schafen und Fischen überdecken sollten, aber es war mir schnurzpiepegal, was mir vorgesetzt wurde. Da Whiskey ein Vermögen kostete, war Landwein das angesagte Gesöff, ob rot oder weiß oder in Form von Cognac.

Obwohl ich mit meinem eigenen Paß unterwegs war, dachte ich noch immer in Schmugglerlogik und bemühte mich, Briten, Iren, Amis oder sonstigen englischsprechenden Leuten aus dem Weg zu gehen. Ich war hergekommen, um das Paris von Joyce, Hemingway, Gertrude Stein, Alice B.

Toklas, Picasso, Shakespeare and Company, Henry Miller und dem guten alten hedonistischen Oscar wiederzufinden, den die Tapeten überlebt hatten, doch ich verbrachte meine Zeit damit, alleine zu trinken, Gott weiß was zu essen, und in den meisten Nächten trottete ich trübselig und allein zu meiner brüchigen, blubbernden Bleibe.

Eines frühen Morgens hörte ich Schritte auf dem Deck über meinem verkaterten Schädel und dann ein »Halloo!«

»Selber halloo«, knurrte ich mürrisch. »Wer ist da, und was wollen Sie?«

Es war jemand, der »Mistar Makort« sprechen wollte. Da ich dachte, es sei ein Gendarm mit einem Auslieferungsantrag, sprang ich fix aus dem Bett, warf mir ein paar Klamotten über und flitzte nach oben an Deck, wo ich einem ziemlich kleinen, lächelnden Kerl in einem eleganten grauen Anzug und glänzendem Schuhwerk vorfand. In einem recht guten Englisch erklärte er mir, er sei Filmproduzent und habe von meiner muffeligen Bootsgenossin erfahren, daß ich ein amerikanischer Schauspieler sei, der in Paris Urlaub mache. Er sei Produzent und Regisseur eines Films, in dem ein amerikanischer Gangster gebraucht wurde.

»Wie wär's mit einem irischen Gangster?« fragte ich. Er lachte und sagte, so etwas gäbe es nicht. Woraufhin ich ebenfalls lachte und sagte, es gäbe Tausende davon, man brauchte nur einen Blick in das Mitgliederverzeichnis der republikanischen Partei zu werfen.

Er lachte wieder und sagte, er verstünde nicht. Wie dem auch sei, er wollte, daß ich zahlreiche Seiten mit französischen Dialogen in Lautschrift auswendig lernte, meinen Text außerdem mit einem amerikanischen Akzent wiedergab, und das Ganze bitte bis morgen abend. Als *Chevalier d'industrie*, der ich damals war, wollte ich es zumindest versuchen. Ich verbrachte den Nachmittag in einem Café, ließ den Wein durch mich hindurchfließen, und je beschickerter ich wurde, desto überzeugter war ich, daß die Charles Boyers, Yves Montands und Jean Claude Soundsos ihre Karriere an den Nagel hängen konnten und daß ich Glück gehabt hatte, genau in diesem Moment nach Paris gekommen zu sein, da ich bald Simone Signorets einziges Liebesziel sein würde.

Aus dem Nachmittag wurde Abend, und meine Phantasien von französischem Starruhm wanderten von himmelhoch zu stratosphärisch und ich von *boîte* zu *boîte*, um mein phonetisches Französisch zu testen. Manche Kellner amüsierten sich, andere waren beleidigt über meine Verunglimpfung der heiligsten aller Sprachen – nur die Franzosen halten es für notwendig, eine Sprachpolizei einzusetzen –, doch ich schlug es den Jungs *sans souci* um die Ohren.

Als ich am darauffolgenden Mittag mit pochendem Schädel, ausgetrocknetem Mund und einem unheilvollen vulkanischen Grummeln im Bauch erwachte, brauchte ich ein Weilchen, um mir die Ereignisse des vorigen Tages in Erinnerung zu rufen, nämlich:

1. Ein kleiner Gallier hatte mir eine Rolle in einem Film angeboten.
2. Die Rolle war die eines amerikanischen Gangsters, der auf französisch gangsterte.
3. Ich hatte zugesagt.
4. Ich konnte das Drehbuch nicht finden.

Um dem Mann nicht gegenübertreten zu müssen, machte ich mich ein paar Tage aus dem Staub und hinterließ eine Nachricht, daß ich kurzfristig nach London gerufen worden sei, oder irgendeine banale Lüge in dieser Art, und so starb mein Traum vom Starruhm in Frankreich. Ich sah den Produzenten nie wieder, und meine Bootsgenossin sagte, sie habe nie irgendwem gegenüber meinen Namen erwähnt, da sie ihn gar nicht kannte. Komisch.

Es war nicht gerade schmeichelhaft, als die Académie Française Jerry Lewis ein paar Jahre später mit allen möglichen Ehren überhäufte. Offenbar war der Produzent, als er im Bodensatz nach einem Ersatz für einen goldschmuggelnden, arbeitslosen, ehelosen, betrunkenen Schauspieler gefischt hatte, noch fündig geworden.

Ich blieb sechs Wochen in Paris und erlitt die Art von Kater, die man nur vom Saft verfaulter Trauben bekommt, die von den Pilzfüßen ungewaschener Bauern zu Brei getrampelt worden sind. Es war keine angenehme Zeit. Ich entwickelte eine Mini-Manie bezüglich des Sparens der *sous* und *francs*, ging zu Fuß, anstatt die wunderbare Metro zu benutzen, bestellte den billigsten Wein und schreckte nicht davor zurück, an den Überresten toter Pferde und Fische herumzuknabbern, die sich wiederum an den Ausländerleichen in der Seine gelabt hatten.

Die Klamotten blieben ungereinigt, die Hemden ungewaschen, die Socken ungewechselt und Haar und Bart ungepflegt. Die einzigen Waschungen vollzog ich, wenn ich so etwa alle zehn Tage eben zu diesem Zweck in einer *pension* eincheckte, was sowohl für mich als auch für alle um mich herum eine Erleichterung war.

Als meine Gedanken trotz unglaublicher Mengen billigen Weins weiterhin unablässig wie eingesperrte, durchgeknallte

Hamster in meinem Kopf umhersprangen, war es Zeit für eine weitere geographische Veränderung, um selbige freizulassen.

Also wieder ab nach London, zu den freundlichen, warmen und überschaubaren Pubs, einer vertrauten Währung und einem gemütlichen kleinen Hotel, wo mein Körper geschrubbt, die Klamotten in die Reinigung und die Hemden und intimeren Kleidungsstücke in die Wäscherei gebracht wurden. Ein Besuch beim Friseur, der den Bart und das lange, verfilzte Haar zurechtstutzte, und dann sah die Welt schon wieder ein bißchen netter aus.

Ich traf mich mit Richard Harris, und die üblichen Trinkgelage gingen wieder los. Am Ende einer feuchtfröhlichen Nacht fand ich mich gegen halb neun Uhr morgens in der U-Bahn wieder, allein und auf dem Weg ins Irgendwo. Als ich bei einem Halt inmitten des Gewimmels ein hinreißendes junges Ding entdeckte, verkündete ich meinen Mitreisenden, die auf dem Weg zur Arbeit waren, dieser Waggon würde aus dem Betrieb genommen und ob sie bitte freundlicherweise in einen anderen umsteigen würden. Zu meiner Überraschung folgten die Briten gehorsam meiner Aufforderung und überließen mir den U-Bahn-Waggon für mich allein. Wenn sie nur genauso schnell aus Irland verschwinden würden!

Dann lud ich das hinreißende junge Ding vom Bahnsteig ein, mir in meinem Privatwaggon Gesellschaft zu leisten, was sie auch tat. Sie war eine Spur verwirrt und zögerte den Bruchteil einer Sekunde, doch ich versicherte ihr, ich sei nur da, um ihr eine angenehme und ungestörte Fahrt zur Arbeit zu ermöglichen, und sang ihr etwas vor, bis sie an ihrem Ziel angekommen war. Meine hübsche neue Freundin, die ich einmal Constance nennen will, amüsierte sich königlich über die Mätzchen dieses besäuselten Iren und rückte sowohl ihre Telefonnummer heraus als auch das Versprechen, sich am Abend mit mir zu treffen.

Constance stammte aus einer recht wohlhabenden englischen Familie mit Sitz in einem netten Teil von London und genügend Zaster, um durch die Gegend zu reisen und sich ein paar nahrhafte Besuche in den besten Bistros von Big Smoke zu gönnen. Sie lachte viel und gern, und ich war nur allzu gewillt, ihr Grund dafür zu liefern, da mich nichts so sehr zu unmöglichem Benehmen reizte wie die britischen Anstandsregeln.

Wir wirbelten duch London, von Pub zu Pub, von Club zu Club, mit einigen obligatorischen Ausflügen in das hochgeschätzte britische Theater. Ihre Eltern waren erstaunlich höflich zu mir, wenn man in Betracht zog, daß ich sie jeden Abend erst sehr spät und manchmal überhaupt nicht nach Hause brachte, da wir von heftigen fleischlichen Gelüsten gepackt wurden, die nur allein und unbekleidet befriedigt werden konnten. Die absolute Krönung war die Tatsache, daß Constances Onkel der Erzbischof von Canterbury war, die Nummer zwei der Kirche von England. Diese kleine Information erfüllte mich mit Schadenfreude, denn die Vorstellung, das Fleisch einer nahen Verwandten des Vizechefs der Kirche von England zu pflügen, schien mir ein passender Ausgleich für einen Teil der Vergewaltigungen zur Bezahlung des Zehnten, die meine Vorfahren erdulden mußten.

Erzählt mir nichts von euren Protestanten
Oder eurer Kirche ohne Glauben und Moral
Denn die Grundsteine eures Tempels
Sind die Eier von Heinrich dem Achten!

Ich erklärte dies Constance, die in einem Geist von Widerstand und Wiedergutmachung ihre Bemühungen zu gefallen noch verstärkte.

Es war ein schönes Intermezzo für uns beide, da wir wußten, daß es eindeutig nur eine kurzfristige Liaison war. Ihre gelassene Art, ihr Sinn für Humor und ihr Spaß am Abenteuer waren Balsam für mein Herz und meine Seele, so daß ich endlich wieder Sonne in die finsteren, verzweifelten Grotten meines Geistes scheinen lassen konnte. Wut und Gewalt verschwanden für eine Weile, so daß ich keinen Grund mehr hatte, friedliche Leute zu schlagen, ja nicht einmal mehr aufsässige.

Na, wunderbar! Nun, da es mir fürs erste wieder gutging, war es Zeit weiterzuziehen.

Nach einer letzten Nacht mit der fröhlichen Constance ohne irgendwelche Versprechen, in Kontakt zu bleiben, hüpfte ich rüber nach Limerick – das unwiderstehliche Limerick, Objekt liebevoller Erinnerungen und wahnsinnigen Hasses.

Da die Mutter wieder nach Amerika gegangen war und in einem Apartment in Brooklyn lebte, das wir ihr besorgt hatten, checkte ich im Glentworth Hotel ein, einem noblen Kasten mit Restaurant, und schlenderte ein bißchen durch die Stadt.

Die nagende Krankheit namens Nostalgie trieb mich in ein Pub nach dem anderen, als hätte ich jede Kontrolle verloren. Ich hatte nur sehr wenig, worüber man nostalgisch werden konnte, aber selbst die gnadenlos Unterdrückten haben ein paar sonnige Erinnerungen an die schlimmsten Zeiten. Nazis, Faschisten und Konservative lieben die Nostalgie und faseln ständig von der Rückkehr zu ruhmreichen Zeiten, Familienidylle, Sonnentagen, traditionellen Werten und glücklichen Bauern, die die einfachen Dinge des Lebens schätzen und auf der Festwiese des Dorfes umhertanzen, in dem Tod, Krankheit und Armut niemals ihre häßlichen Gesichter zeigen. Nostalgie ist eine merkwürdige Krankheit, die die Wirklichkeit verdeckt und von rechtsorientierten Schweinen gerne als Manipulationswerkzeug benutzt wird.

Aber ich wanderte nicht wegen der Rechten durch Limerick. Beinahe wäre mir sogar aufgegangen, daß die Konservativen nur wenig mit meinen Problemen zu tun hatten.

Gegen acht kehrte ich zum Abendessen in das Glentworth zurück, und als ich den Blick über die Karte schweifen ließ, sah ich massenweise Fisch: Seehecht, Schellfisch, Forelle, Shrimps, Lachs, Weißfisch, Barsch, und so weiter. Ganz unten, in einer winzigen, kaum lesbaren Schrift stand »Schweinekotelett (2)«. Ich rief den herumstehenden Knappen herbei (ein Typ, den ich aus alten Zeiten kannte, daher war es mir ein wenig unangenehm, daß er mein Kellner war) und verkündete ihm, daß ich meine Kauleiste gerne in das Schweinekotelett (2) schieben würde.

»Das Schweinekotelett, Sir?«

»Ja, das Schweinekotelett, und hör auf, mich ›Sir‹ zu nennen! Schließlich sind wir zusammen aufgewachsen. Schon vergessen?«

»Nein, Sir, aber ich muß Sie hier ›Sir‹ nennen, sonst fliege ich. Also, das Schweinekotelett, Sir?«

»Ja, das verfluchte Schweinekotelett.«

»Einen Augenblick, Sir.«

Der Maître d'hôtel kam angewackelt und baute sich vor meinem Tisch auf. »Mr. McCourt«, sagte er zu mir, »sind Sie sich dessen bewußt, daß heute Freitag ist?«

»Natürlich«, erwiderte ich, obwohl es nicht stimmte und es mir auch schnurzpiepegal war.

»Nun, Sir«, sagte er mit vernichtendem Blick, »sind Sie sich auch dessen bewußt, daß Sie Schweinekotelett bestellt haben?«

Ich hatte die katholische Freitags-kein-Fleisch-Regel vergessen, wollte es aber nicht zugeben und erwiderte: »Ja, ich bin mir dessen bewußt, daß ich Schweinekotelett bestellt habe. Ich bin kein Jude.« Ich dachte, er würde lachen, doch er sagte nur: »Verstehe« und verschwand, um die plattgeschlagenen Reste des verstorbenen Vierbeiners für mein Abendessen zu holen.

Von da an fühlte ich mich im Glentworth nicht mehr so recht willkommen und verbrachte daher viel Zeit mit Sean und Mary Costelloe, einem jungen Paar, das neben dem Häuschen meiner Mutter in der O'Donohue Avenue in Jamesboro wohnte. Sie hatten vier Kinder – Jack, Maria, Ger und Margaret – und das gastfreundlichste Haus, das man sich vorstellen konnte. Es war ein wundervolles, lebhaftes Haus, und jedes Familienmitglied sang oder spielte ein Instrument, oder beides.

Ich trank gerne ein Gläschen mit Sean und begleitete ihn in sein Stamm-Pub an der Roxboro Road, einem etwas heruntergekommenen Laden. Er gehörte einem älteren Mann, dessen Frau die ganze Arbeit machte, stundenweise unterstützt von der Schwiegertochter. Ich war gut versorgt mit Scheinen und Münzen, und obwohl ich nicht sagen konnte, ich hätte sie mit harter Arbeit verdient (oder mit irgendeiner anderen Art von Arbeit), sondern höchstens andeuten, daß es in Amerika ganz gut lief, hatte ich immer noch die Angewohnheit, die Piepen bei jeder Gelegenheit zu zeigen.

Es dauerte nicht lange, da kam der ziemlich kräftig gebaute

Besitzer des Pubs mit einer Bitte auf mich zu, wobei er eine gequälte Vorstellung des klischeehaften Iren gab, der sich ob eines schlimmen und dramatischen Problems in schweren Krämpfen wand.

»Ach, Gott, Malachy, alter Junge«, seufzte er, »nun ist ja bald schon wieder Weihnachten, und so wie die Dinge steh'n, sieht's 'n bißchen knapp aus mit dem Schotter, um das nötige Zeugs für die Feiertage zu besorgen, und du weißt ja – wenn du's nicht weißt, wer dann? –, jetzt ist die stressigste Zeit vom ganzen Jahr, und wo du doch gar nicht weißt, wohin mit der Knete, wenn du mir da vielleicht 'n paar Hunderter vorstrecken könntest, du kriegst sie auch ganz bestimmt als erster wieder, ich schwör's.«

Man hatte mich schon gewarnt, daß es ein teurer Spaß werden könnte, und es war tatsächlich nicht wenig für die damalige Zeit. Aber ich konnte nicht nein sagen, also griff ich in die Wundertüte und fischte die gewünschten Scheine heraus. Wenn ich der erste war, der sein Geld zurückkriegen sollte, dann hat keiner seine Kohle wiedergesehen, denn ich habe bis heute keinen Penny bekommen, und das Pub hat inzwischen zigmal den Besitzer gewechselt.

Trotz der guten Finanzlage und des regelmäßigen Trinkens dauerte es nicht lange, bis ich mich wieder vollkommen nutz- und ziellos fühlte. Ich hatte meinen Status als zweitklassige Berühmtheit in der Stadt meiner Kindheit ausgeschlachtet und fand die alles umhüllende Tristesse des limerickschen Winters erdrückend. Weihnachten stand vor der Tür, und so kam ich auf die Idee, Siobhan und Malachy zu besuchen. Also, auf zu Aer Lingus und einen Flug nach New York gebucht. Da ich in New York keine Bleibe hatte, mußte das St.-Moritz-Hotel am südlichen Central Park genügen.

Frank und sein Kriegsministerium organisierten das Weihnachtsessen für die Familie, die Mutter würde auch kommen, und so war die Feierei unumgänglich. Ich hätte am liebsten sämtliche Weihnachtsmänner von der Heilsarmee umgebracht und eine Bombe in jeden Radiosender geworfen, der Weihnachtslieder spielte. Ich verspürte den Drang, jeden zu erwürgen, der mir fröhliche Weihnachten wünschte, und alle Spinner meuchlings zu morden, die mir ahnungslos »Schöne Feiertage« ins Gesicht strahlten.

Mir war vollkommen klar, weshalb zu Weihnachten die Zahl der häuslichen Morde mit Fleischermessern dramatisch anstieg. Es liegt an den endlosen Aufforderungen, »fröhlich« zu sein, während wir uns alle über die Kommerzialisierung dieses Festes aufregen, das vielen heilig ist: der Geburtstag von Jesus Christus, wie zufällig der Tag auch ausgewählt worden sein mag.

Es hätte ein wunderbares Familienfest werden können, doch ich zog es vor, im Gram zu versinken und meine vierjährige Tochter und meinen dreijährigen Sohn daran teilhaben zu lassen. Ob das der Grund war, weiß ich nicht, aber Siobhan bekam einen von diesen fürchterlichen Fieberanfällen mit Temperaturen um die vierzig Grad, was dazu führte, daß wir drei den größten Teil des Heiligabends in der Notaufnahme des Roosevelt Hospital verbrachten. Es wurde so schlimm, daß wir sie in eine Wanne voller Eiswürfel und kaltem Wasser stecken mußten. Kaum zu fassen, daß die Kleine nicht vor lauter Schreck eine schwere Unterkühlung erlitt.

Natürlich gab ich Linda die Schuld. Wer wußte schon, was

noch alles passieren würde, wenn diese selbstsüchtige Frau darauf bestand, die Familie zu zerstören?

In der Nacht, nachdem die Krise überstanden war und ich uns alle ins Bett verfrachtet hatte, erwachte ich mit einem erstickten Schrei aus dem häufig wiederkehrenden Alptraum, daß meine Kinder aus dem Fenster eines Hochhauses fielen. Ich überzeugte mich davon, daß beide sicher und fest schlafend in dem anderen Bett lagen, legte mich wieder hin und glitt in den nächsten Alptraum. Diesmal befanden wir uns in der U-Bahn. Als die Türen gerade zugingen, rannte Siobhan hinaus auf den Bahnsteig, und der Zug fuhr aus der Haltestelle. Ich drückte mein Gesicht gegen das Fenster und versuchte, irgendwie zu ihr zu gelangen, doch der Zug verschwand in den dunklen, stinkenden Tiefen des Untergrunds, während sie auf dem Bahnsteig stand, mir nachsah und immer kleiner wurde. Wieder schreckte ich schweißnaß hoch.

Als das seltsame 1962 starb und das unbekannte 1963 geboren wurde, schlug ich mein Zelt in der Wohnung meiner Mutter an der Flatbush Avenue in Brooklyn auf. Ihr Sofa war mein Nest, wenn ich nachts heimkam. Die arme Mutter machte sich furchtbare Sorgen wegen meines ehelichen und gesellschaftlichen Abstiegs, durfte aber in meiner Gegenwart kein Wort darüber verlieren, was ich tat, was ich trank oder wie ich lebte. Ich nutzte ihre Gastfreundschaft und ihr Mitgefühl aus, doch obwohl ich den Schmerz in ihren Augen sah, verbat ich mir jegliche Diskussion über meine mißliche Lage.

Mein Bruder Mike arbeitete als Barkeeper im Dick Edward's, der Stammkneipe der New Yorker John Birch Society.

Einmal in der Woche hielt dieser Verein dort sein Treffen ab, und dann erklang hinter den geschlossenen Türen das Horst-Wessel-Lied. Ich arbeitete dort ebenfalls eine Weile und bediente Maulfaule, Nazis, Trottel und hochbezahlte Huren beiderlei Geschlechts.

Meine Anstellung in dieser Karawanserei war nur von kurzer Dauer, da ich nicht nur beleidigend, mürrisch, unfreundlich, sarkastisch und neidisch auf die Halb- und Vollidioten war, die sich amüsierten, während ich innerlich gärte, sondern es sogar fertigbrachte, meinem Bruder Mike, der mir den Job besorgt hatte, auf die Nerven zu gehen.

New York im Januar war nichts weiter als eine trübe Insel, die kaum atmen konnte, weil die Luft voll war von bereits gebrochenen guten Vorsätzen, die Straßen voll von wütenden, feiertagsgeschädigten Leuten und die Schulen voll von Kindern mit zerbrochenen Träumen. Darüber schwebte jetzt der anheimelnde Gedanke an Selbstmord.

Wieder Zeit zu fliehen.

Mein einstiger Züricher Arbeitgeber war ein wenig irritiert, daß er so lange nichts von mir gehört hatte, doch ich lockte ihn mit der üblichen irischen Laberlawine und vorgetäuschter Sorge um sein Wohlergehen aus der Schmollecke und versicherte ihm, daß uns weiterer Reichtum sicher war. Er beschaffte mir das Flugticket und einen neuen Paß, und ich schwang mich wieder einmal ins indische Konsulat, um mir ein sechsmonatiges Visum zu besorgen.

Nachdem Visum, Paß und Ticket gesichert waren, stattete ich meinen Kindern Siobhan und Malachy noch einen sonntäglichen Besuch ab. Sonntagsvater in New York zu sein ist eine undankbare Rolle, besonders, wenn es Winter ist und man keine eigene Bleibe hat. Für den Park und den Zoo ist es zu kalt, und Freunde sind nicht besonders erpicht darauf, am Sonntag zwei kleine Kinder in der Bude zu haben, die überall herumkrabbeln, während sie sich von den Exzessen der vergangenen Nacht zu erholen versuchen, mit zitternder Hand den rettenden Becher Kaffee an die ausgedörrten Lippen führen und hoffen, daß der Tag erträglich genug wird, um die Seiten der *New York Times* zu überfliegen.

Meine sonstigen Aufenthaltsorte kamen auch nicht in Frage, da mir das Gesetz verbot, sie in irgend etwas mitzunehmen, das einem Pub oder einer Kneipe ähnelte. So ging ich, da ich es fur relativ sicher hielt, an diesem Sonntag mit ihnen zum Mittagessen zu Schrafft's, da dies ein bevorzugter Treffpunkt weiblicher, weißbehandschuhter Achtziger war, die sich dort an krustenfreien Gurken-Sandwiches labten. Doch wie sich herausstellte, war es alles andere als sicher, da die alten Damen den ganzen Tag über Sherry pichelten.

Meine gewissenhafte und aufmerksame Tochter entdeckte die Flaschen mit dem bacchantischen Saft, die auf dem Regal an der Wand zufrieden schimmerten, und krähte mit schriller, weithin hörbarer Stimme: »Die Richterin hat gesagt, du darfst uns nicht an Orte bringen, wo es Whiskey gibt!«

Sämtliche Blicke richteten sich erst auf die kleine Hexe und dann auf mein hochrotes Gesicht. Ich versuchte es mit einem gebieterischen »Schsch!«, doch das kleine Luder tänzelte aus meiner Reichweite und sang: »Ätschibätsch! Das erzähl' ich Mommy, und die erzählt's der Richterin, und die wirft dich ins Gefängnis!« Fluchtartig verließ ich das Schrafft's mit mittlerweile zwei tanzenden Kindern, die ihrem Vater das Zepter aus der Hand genommen hatten und sich diebisch darüber freuten.

Väter! Vergebt ihnen, denn sie wissen nicht, was sie tun.

Wieder ließ Daddy die Kleinen zurück und verschwand in ferne Häfen.

Der Flug in die Schweiz war ungefähr so spannend wie die allmorgendliche Zugfahrt eines Pendlers. Ich ging in mein übliches Hotel, der Goldmann kam mit seinem Metall, und los ging's mit dem Gehämmer, um den Bankstempel auf den Goldbarren unkenntlich zu machen. Dann kam die Chose mit der Leinenweste mit den Taschen für die schweren Schätzchen, und wieder düste ich mit der vertrauten Ermahnung, das verschlüsselte Telegramm aufzugeben, sobald die Mission erfüllt war, nach Rom. Diesmal sah mein Reiseplan keine Pause für das genüßliche Naschen an den Fleischtöpfen der heiligen Stadt vor, sondern es ging direkt weiter nach Bombay.

Die Goldschmuggelei war mir inzwischen so zur Gewohnheit geworden, daß mir auf die Frage der indischen Zollheinis, ob ich etwas zu verzollen hätte, fast herausgerutscht wäre: »Nur die übliche Ladung Gold.« Doch Vorsicht und die Angst vor indischen Gefängnissen verhinderten natürlich einen solchen Leichtsinn.

Diese Reise wurde nicht durch Krishnas Geburtstag behindert, und so fand die Übergabe wieder in den heimeligen Räumen des netten alten Bordells statt, das von der respektablen englischen Dame mit dem kleinen Schwarzen, Spitzenkragen und Kameenbrosche geführt wurde. Eine kurze Erholungspause mit einer der lysolsprenkelnden Ladys der indischen Dämmerung, und dann ab nach Delhi und Umgebung für die obligatorische einwöchige Touristenrunde, damit niemand Verdacht schöpfte.

Es war seltsam – die ganze Sache war für mich so zur Routine geworden, daß mich die Exotik, die Farbe und die Fremdheit all dieser Orte, von denen ich in den Slums von Limerick so sehnsüchtig gelesen und geträumt hatte, mittlerweile langweilten.

Delhi war zu dieser Jahreszeit ganz nett, abgesehen von gelegentlichen roten Sandstürmen, die einem in die Augen wehten. Ich trank, aß, hurte, schlief und trank wieder, das Ganze eine Woche lang, dann sprang ich wieder in den Flieger nach Rom. Danach brachte ich noch eine Ladung rüber, und dann erklarte man mir, mit dem Goldmarkt in Indien sei etwas geschehen, das die Schmuggelei für westliche Gangster und Geldwäscher unprofitabel machte.

Ich fuhr erneut nach Ibiza, um nach meiner Villa zu sehen, denn ich hatte die Miete für ein Jahr im voraus gezahlt – fast fünfhundert Dollar, für damalige Zeiten eine fürstliche Summe. Wieder träumte ich davon, meine Kinder bei mir zu haben. Der Plan, die Kleinen zu entführen und die widerspenstige Gattin zwecks eventueller Versöhnung an den Verhandlungstisch zu holen, hatte die ganze Zeit über in einer Ecke meines benebelten Hirns gelauert und sprang jetzt wieder mit Macht hervor.

Ich hatte den Plan folgendermaßen verfeinert: Ich würde die Kinder abholen, angeblich für ein Wochenende bei mir, dann würden wir mit dem Zug nach Montreal fahren und von dort ein Flugzeug nach Dublin nehmen. Dann auf die Nachtfähre nach Holyhead in Wales und von dort mit dem Zug nach London. Einen Tag Pause, und dann weiter nach Dover, über den Ärmelkanal nach Calais, wieder mit dem Zug nach Paris, von dort mit dem Flugzeug nach Barcelona und schließlich mit dem Schiff nach Ibiza.

Ich dachte, das Hin und Her auf einer Route, für die man kein Visum brauchte, würde die internationale Polizei von unserer Spur abbringen, da es keine Nachweise von unserer Reise gab. Doch als ich mich auf die Terrasse der Villa setzte, den Blick über das Mittelmeer gleiten ließ und im Geist nach Haken bei diesem Entführungs- und Geiselplan suchte, ging mir auf, daß es nicht funktionieren würde. Nach und nach drang die Erkenntnis durch die Fundadorschwaden, daß die Gattin wohl kaum begeistert in meine Arme sinken würde, nachdem ich ihr fast einen Herzinfarkt eingejagt hatte vor Angst, ihre Kinder nie wiederzusehen.

Ich erwog die Möglichkeit, die Kleinen in der Obhut des Kindermädchens zu lassen und mich anderswo mit Linda zu treffen, vielleicht in Paris, und hinterher würde sie mir ewige Treue schwören. Ich würde mit ihr nach Ibiza zurückkehren, und dann wären wir alle wieder eine glückliche amerikanische Bilderbuchfamilie, Mom, Dad, Sis und Junior. Doch der Splitter in der Sauce war, daß Linda zwar vielleicht zunächst in alles einwilligte, dann jedoch, sobald ihr Blick auf die Früchte ihres Leibes fiel, nach der örtlichen Juntagestapo schreien und damit den hinterhältigsten Verrat seit Bruno Hauptmann begehen würde.

Das ausgedehnte Betrachten des Mittelmeers ist überaus empfehlenswert, wenn man Erleuchtung sucht, ganz besonders beim Aushecken zukünftiger krimineller Aktivitäten. Nicht daß ich meine Pläne als kriminell angesehen hätte – ich wollte nur eine große Ungerechtigkeit aus der Welt schaffen. Natürlich betrachtete ich auch meine Goldschmuggelei nicht als kriminell, ich war einfach nur ein Zollhinterzieher, und außerdem: Wie sollte ich denn sonst die Welt kennenlernen, bei meinen begrenzten Mitteln?

Das voraussehbare Scheitern meiner Pläne führte zu verstärktem Trinken. Dann schoß mir ein unwiderstehlicher Gedanke durch den Kopf: Ab nach Tripoli, der Heimat der Berberpiraten, und auf eine kleine Spritztour. In meinen trunkenen Phantasien sah ich mich bereits in Rabat, Casablanca, Algier und Tunis. Ich würde mich ein paar Tage und Nächte an neuen Orten betrinken und mich morgens beim Aufwachen fragen, was das wohl für eine Sprache war, in der man mich aufforderte zu gehen.

Dies waren all die Orte und Gegenden, von denen ich gelesen hatte und die ich schon immer mal sehen wollte. Eines Tages werde ich noch einmal nüchtern dorthin fahren und es nachholen.

Mein Goldmann aus Zürich rief mich an und fragte, ob ich nach Irland fahren und ein paar irische Pässe für den späteren Gebrauch besorgen könne, wenn der Goldmarkt sich stabilisiert hatte und wir wieder zusammenarbeiten konnten. Er schickte mir den Zaster für den Erwerb derselbigen, plus ein paar Extra-Scheine für meine Ausgaben, und so verließ ich die eine Insel, Ibiza, und düste zu einer anderen, meine ständigen Begleiter – Selbstmitleid und Verrücktheit – im Gepäck.

Selbstverständlich mußte ich einen Zwischenstopp in London einlegen, um mir ein paar Humpen zu genehmigen. Ich kam abends an, wachte am nächsten Morgen auf und stellte fest, daß ich bereits drei Wochen dort war, ohne einen Paß gekauft oder sonst etwas Sinnvolles getan zu haben.

Es herrschte leichte Verwunderung, als ich wieder in Limerick auftauchte, da es mitten im trüben Winter nicht gerade ein besonders einladender Ort ist, schon gar nicht, wenn man genug Kohle hat, sich in einer wärmeren Gegend aufzuhalten. Alles begrüßte mich mit den Worten: »Ah! Sieh an.

Bist du wieder zu Hause?« Übersetzt bedeutete das: »Was bringt dich bloß auf die schwachsinnige Idee, ausgerechnet im Winter hierherzukommen?« Ich wimmelte alle Fragen mit geschickten Ausweichmanövern ab und kümmerte mich um meinen Auftrag.

Der Ankauf von Pässen gestaltete sich ein wenig schwierig. Der Antragsteller mußte sich zur örtlichen Polizeiwache begeben und sich ein Führungszeugnis und eine Genehmigung ausstellen lassen, für die er angeben mußte, wozu er den Paß brauchte, wohin er damit wollte und wann er abreisen würde – was natürlich niemanden außer den Reisenden etwas angeht, aber so war es nun mal. Trotzdem schaffte ich es, mir sechs von den Dingern gegen Bares unter den Nagel zu reißen, nachdem ich den Leuten, die die Pässe besorgten und sie mir dann verkauften, in bewährter Lügenmanier erklärt hatte, daß ich sie für Währungstransaktionen brauchte. Meine Strohmänner taten so, als verstünden sie, und nickten brav, während ich ihnen einen Haufen Blödsinn und Flunkereien auftischte.

Einer von meinen Rekruten bekam Streß mit seiner Frau, als sie durch einen Nachbarn erfuhr, daß er bei der Polizei gewesen war, um sich einen Paß zu besorgen. Sie dachte, er wolle mit einer anderen abhauen, und machte ihm eine fürchterliche Szene. Diskret, wie er war, erwähnte er mich mit keiner Silbe, eine Loyalität, die ich in diesem Fall nicht für angemessen hielt.

Nachdem ich meine Mission erfüllt hatte, machte ich mich daran, die in Irland verfügbaren Vorräte an Whiskey und Stout zu dezimieren. Irgendwann setzte ich mir das Ziel, mir in sämtlichen Pubs von Limerick und Umgebung einen Drink zu genehmigen. Eigentlich hätte ich mich ins Flugzeug schwingen und nach New York zurückfliegen sollen, doch das bequeme Leben im Hotel und die rund um die Uhr verfügbare Gesellschaft, in der niemand eine Bemerkung über meinen Alkoholkonsum machte, reichten aus, um mich dort festzuhalten.

Da das Geld allmählich zur Neige ging, war ein Besuch bei dem Kerl angesagt, dem ich die Hunderter geliehen hatte. Ich schlenderte zu seinem Pub, doch seine Frau sagte, er sei nicht da. »Kein Problem«, sagte ich. »Dann schaue ich später noch mal rein.«

Ein paar weitere Besuche, und jedesmal war er nicht da, was mir komisch vorkam, da er sonst nie einen Fuß vor die Tür setzte. Allmählich dämmerte mir, daß der Mistkerl mir aus dem Weg ging, also sagte ich bei meinem nächsten Besuch, ich würde warten. Nach einer Weile beugte ich mich über die Bar, und da hockte er, als wolle er ein nicht vorhandenes Abflußrohr reparieren. »Na, wann bist du wieder zurück?« fragte ich ihn.

»Ach, Junge«, seufzte er, »'s sind harte Zeiten, und Weihnachten ist auch nicht mehr, was es mal war, die Leute trinken nix mehr, sondern geben ihr Geld für Essen und Klamotten und so 'n Zeug aus.« Woraufhin er über den zunehmenden Materialismus und die verheerenden Freizeitaktivitäten wetterte, die die Männer den Vergnügungen des Pubs entrissen. Er war ebenso geschwätzig in seinen Erklärungen, weshalb er mir das Geld nicht zurückgeben konnte, wie in seinen Bitten, es ihm zu leihen. Er überschüttete mich mit einer derartigen Sülzlawine, daß ich vergaß, warum ich überhaupt hergekommen war, nämlich um mir die Piepen wiederzuholen, die ich diesem Schwafler geliehen hatte.

Ein Anruf von meinem Goldmann, der mittlerweile in New

York war: (a) »Wo stecken Sie?«; (b) »Haben Sie die Pässe?«; (c) »Wann kommen Sie zurück?«. Antwort: (a) »Ich bin hier«; (b) »Ja«; (c) »Mal schauen«.

Mein Aufenthalt in Limerick endete mit einem monumentalen Besäufnis. Das meiste fiel der Vergessenheit anheim, außer dem absurden Vorfall eines Iren mit dem Spitznamen Barrow Boy (was soviel wie »Hökerer, Straßenverkäufer« bedeutete), der betrunken und unter Tränen seine unsterbliche Liebe für die Königin von England und seine Sorge und Trauer über den Zerfall des britischen Empires verkündete.

Der Anblick eines lockenköpfigen Iren, der in den heiligen Räumen eines Limericker Pubs stand und tränenreich und in einem affektierten Cockney-Akzent »Rule Britannia« sang, durchdrang den Whiskeynebel, der durch mein Hirn waberte. Keine Menschenseele widersprach, alle lauschten höflich, bis er die letzte Zeile geträllert hatte: »Niemals, niemals dürfen Briten Sklaven sein.«

Genau diese irische Höflichkeit hatte es den Scheißkerlen ermöglicht, achthundert Jahre lang hierzubleiben. Keiner wußte, wie er ihnen sagen sollte, daß sie unsere Gastfreundschaft überstrapaziert hatten und es Zeit war, sich vom Acker zu machen, außer ein paar Jungs, die aus Verzweiflung zum Gewehr griffen.

Da sich anscheinend niemand berufen fühlte, diesem gälischen Gunga Din die Sachlage zu erklären, ging ich mit ihm nach draußen und erledigte es selbst.

Am nächsten Tag ging es wieder zum Shannon Airport, stolpernd, stotternd, stockend und wimmernd, als führe ich auf einem Seelenverkäufer nach Amerika, dessen Ankunft höchst ungewiß war. Die Lage heiterte sich jedoch ein wenig auf, als die Stewardessen mir als Dank für meine Hilfe bei der Ruhigstellung eines glatzköpfigen, widerspenstigen Arschlochs in der Sitzreihe vor mir eine Extraration des bernsteinfarbenen Saftes servierten. Kurz vor dem Abheben, als niemand aufstehen durfte, hämmerte er immer wieder auf die Klingel, um eine Stewardeß herbeizurufen.

Als wir in der Luft waren, begann er die uniformierten Frauen anzubrüllen und zu beschimpfen, und in Erinnerung an mein eigenes übles Verhalten bei vergangenen Flugreisen beschloß ich, daß dies eine gute Gelegenheit zur Wiedergutmachung war. Ich beugte mich nach vorne, tippte ihm auf den glänzenden Scheitel und teilte ihm mit, falls er seinen Finger noch ein einziges Mal Richtung Klingel bewegte, würde ich ihm das gute Stück abbrechen, außerdem würde ich ihm den Schädel einschlagen und ihn auf einen One-Way-Charterflug in das eisige Wasser des Atlantiks schicken. Während der restlichen Reise kam kein einziges Wort mehr über seine Lippen, und die grüngekleideten Mädels versorgten mich mit ausreichend Brennstoff für die Überquerung des großen Teichs.

Die Formalitäten am Idlewild Airport waren schnell erledigt, und nachdem ich meinen treuen Handkoffer wiederergattert hatte, nutzte ich die Gelegenheit zu einer Bilanz der Finanzen und einer Inventur der Vermögenswerte. Letztere bestanden aus drei Schuhen (einer war offenbar davonspaziert), ein paar ramponierten Unterhosen, einigen mitgenommenen Hemden, einem verwahrlosten Anzug, einem Schwung toter Socken, einer nahezu kahlen Zahnbürste, einem abgewetzten Paß und einer Krawatte, die, in heißes Wasser gelegt, eine kräftige, nahrhafte Suppe für sämtliche Hungernden von Kalkutta ergeben hätte.

Die Finanzen, eine illustre Sammlung von Münzen und Scheinen, umfaßten Rupien, Paise, Peseten, Centimos, ein paar Halfpennys, ein oder zwei Halfcrowns, ein paar verknitterte, armselige Lire, einen tapferen Franc, eine Ein-Pfund-Note und einen irischen Shilling, aber keine Spur von etwas, das einer amerikanischen Währungseinheit glich. »Wo ist denn das ganze Zeug geblieben?« fragte ich mich kurz, doch die Antwort war zu schmerzhaft und zu offensichtlich, um weiter darüber nachzudenken.

Ich erklärte einem nett aussehenden Mann, daß ich kein amerikanisches Geld bei mir hätte, aber dringend zehn Cent brauchte, um jemanden anzurufen, und er zeigte sich hilfsbereit. Fix wählte ich Bruder Franks Nummer in Brooklyn. Er war auch zu Hause und sagte mir, ich könne sofort kommen. »Gibt 'n kleines Problem«, sagte ich, »ich hab' nicht den passenden Schotter dabei.« Anständig, wie er war, sagte er, ich solle mir keinen Streß machen, sondern mir einfach ein Taxi nehmen und bei ihm klingeln, und um den Rest würde er sich schon kümmern.

Eine brüderliche Leihgabe rettete mich vor der völligen Armut. Er stellte mir keine Fragen, verurteilte mich nicht und gab mir keine guten Ratschläge, sondern fragte nur: »Wieviel brauchst du?«, und ab ging's zu den New Yorker Fleischtöpfen.

Wenig später unterzeichnete ich widerstrebend die Einwilligungserklärung für die Scheidung von Linda, da ich immer noch annahm, wenn ich sie freiließe, würde sie zu mir zurückfliegen. Zu meiner Überraschung segelte sie umgehend nach Mexiko, besorgte sich ihre Befreiungspapiere und kehrte als Ex-Mrs. McCourt zurück.

Und so stand ich am Ende meiner Reisen genauso da wie am Anfang: pleite und verlassen.

5

Die Spuren des Vaters

Jetzt werd ich's endlich versuchen,
Schluß mit dem Saufen und Fluchen!
Ich halt mir allen Suff vom Leibe,
Nie wieder geh ich in die Kneipe.
Wenn auch die Freunde munter picheln,
Von mir aus können sie ruhig sticheln,
Für mich ist die Sache gelaufen,
Nie wieder werd ich mich besaufen.

Ein Mann, der seinen Lohn versäuft,
Hat fix 'ne Menge Schulden angehauft.
Im Kopf ist auch nicht mehr viel los,
Da geht so manches in die Hos'.
Seine Frau ist quasi unbemannt,
Er selbst bald nicht mehr anerkannt,
Und seine Arbeit übern Haufen.
Nie wieder werd ich mich besaufen!

(Altes Abstinenzlied)

Ich hatte gerade in Queens eine Wohnung gefunden, als mir meine Mutter mitteilte, sie habe einen Brief von meinem Vater bekommen, in dem er schrieb, er trinke seit einigen Jahren nicht mehr und arbeite jetzt als Koch in einem Mönchskloster (Frank sagte, die Hauptbeschäftigung dort sei Fasten), und er wolle sich gerne wieder mit ihr versöhnen, denn »Was Gott zusammengefügt hat, das soll der Mensch nicht trennen«. Er habe sich Paß, Fahrkarte und Visum besorgt und sei startklar für die Reise in eine glückliche Zukunft.

»Was hältst du davon?« fragte die Mutter und begann, ohne auf eine Antwort zu warten, die Gründe aufzuzählen, die für eine Versöhnung sprachen. Er hatte seit Jahren keinen Tropfen mehr angerührt (»nicht seit der Erfindung des Trichters«, schob ich ein), und er war gesund, und sie empfand noch immer die alte *gradh* für ihn, und sie wurde ja auch nicht jünger, und man konnte ihn gut um sich haben, und sie würden ganz sicher miteinander auskommen, und was hältst du davon?

»Du hast dir deine Frage schon selbst beantwortet«, sagte ich, »und schließlich mußt *du* mit ihm leben.«

»Ich werd's versuchen.«

Nachdem sie sich entschieden hatte, daß der Vater, Malachy Senior, kommen und mit ihr Tisch und Bett teilen durfte – ein Vierteljahrhundert, nachdem er uns verlassen hatte –, schrieb sie ihm zurück und lud ihn ein, das schnelle Schiff zu nehmen, von dem er in seinem Brief gefaselt hatte, und rüberzukommen.

Sie wußte nicht, wie sie unterschreiben sollte. »Deine liebende Frau« war zu intim, fand sie. »Deine Frau« klang zu kalt, »mit freundlichen Grüßen« zu unpersönlich, genau wie »mit besten Wünschen« oder »herzliche Grüße«. Die Suche nach dem passenden Ende verzögerte die Versendung des Briefes um zwei Tage. Schließlich entschied sie sich schlicht für »Deine usw. Angela«, und dann wanderte das verdammte Ding endlich Richtung Belfast.

Ein paar Wochen später kam ein Telegramm mit der Nachricht, daß er mit einem der Cunard-Schiffe auf hoher See sei, und am 10. August 1963 gingen die Mutter und ich mit Siobhan und Malachy Junior zur Pier, um den »neuen« Mann in Empfang zu nehmen, den restaurierten Heiligen, zukünftigen liebenden Ehemann, den gewissenhaften Vater und begeisterten Opa.

Denkste! Malachy McCourt Senior kam die Gangway runtergetorkelt wie Toulouse-Lautrec, sternhagelvoll und von zwei kräftigen Bootsleuten gestützt. Ich erblickte den Oberzahlmeister oben an der Gangway und fragte ihn nach dem Zustand meines Vaters. Mit dem affigen Tonfall, den Engländer gerne annehmen, wenn sie über die Missetaten eines Iren berichten, verkündete er in herablassendem Oberschicht-Steno: »Benimmt sich heute noch ganz ordentlich. Hatten den Kerl fast die ganze Fahrt über in Fußeisen. Weinen ihm keine Träne nach.«

Dieser Tonfall und dieses Gebaren lösten in mir von jeher das gleiche Gefühl aus – als würde mir jemand mit einer Drahtbürste über das Rückgrat kratzen. Der einzige Trost war, daß das gesamte englische Volk seit den Eskapaden Heinrichs des Achten von der Syphilis heimgesucht wurde, bis hin zu Lord Randolph Churchill, Winnies Papa, der mit vierundvierzig daran gestorben war. Woher also nahmen sie das Recht, über meinen durchgeknallten Vater die Nase zu rümpfen?

Wir holten seine Tasche am Zoll ab und brachten ihn in

Mutters Wohnung in der Flatbush Avenue in Brooklyn. Er befragte meine Kinder nach dem Katechismus und der irischen Geschichte und sang wieder seine alten patriotischen Lieder. Der Mann hatte sich in seinem Kopf nicht einen Millimeter weiterentwickelt, sondern faselte unablässig von der Liebe zu Irland und zur heiligen Mutter Kirche, und das zu zwei kleinen Kindern, die die Heilige Jungfrau nicht von der Eisernen und Irland nicht von Feuerland unterscheiden konnten. Der Kerl war so bekloppt wie eh und je, doch die Hoffnung ist ja stärker als die Vernunft: Vielleicht würde sich alles ändern, wenn er erst wieder nüchtern war.

Er versuchte es mit der Erklärung, die Überquerung des Atlantiks auf einem britischen Schiff sei eine furchtbare Qual für ihn gewesen, da er immer daran denken mußte, daß in der Tiefe auf dem Meeresboden Hunderttausende von Iren lagen, die auf der Flucht vor den britischen Unterdrückern das Zeitliche gesegnet hatten. Und dann habe ihn der allmorgendliche Anblick der am Mast flatternden englischen Flagge an die Bar getrieben, wo obendrein noch alles zollfrei war.

Wir brachten ihn zu Bett, wo er in den tiefen Schlaf des Beduselten fiel und die ganze Nacht durchschlief, doch das war vorerst die letzte friedliche Nacht für die Mutter. Tagsüber nüchtern, machte er nachts Brooklyn unsicher und drängte herumstreifende Puertoricaner, Schwarze, Juden und Araber, für Irland in die Schlacht zu ziehen und zu sterben. Daß er nicht totgeschlagen, erstochen, ausgeraubt oder bewußtlos geschlagen wurde, war das reinste Wunder.

Jeden Abend rief die Mutter bei mir an: »Kannst du bitte rüberkommen und ihn mir vom Leib schaffen?« Also ging ich hin und hörte mir sein Geschwafel an, daß sie die heilige Aufgabe habe, sich ihrem Mann zu unterwerfen und ihren ehelichen Pflichten nachzukommen, sonst würde er sie bei der Kirche verpetzen. Woraufhin sie sagte, sie würde sein Gemauschel keinen Tag länger mitmachen, und dazu noch diese ewige Sauferei.

Manchmal, wenn ich kam, stand er an ihrem Fenster im ersten Stock und ermahnte die Passanten der Flatbush Avenue, zur Messe zu gehen, die irische Geschichte zu lernen, Vater und Mutter zu ehren, regelmäßig zu beten und auf jeden Fall für Irland zu sterben. Die verdutzten Leute auf der Straße feuerten ihn noch an, wenn sein Elan nachzulassen schien, johlten und klatschten, vor allem, wenn er von Roddy McCorley sang, der auf der Brücke am Toome sterben mußte. Es war mir peinlich, das kleine Haus zu betreten, weil sie vielleicht gemerkt hätten, daß ich dazugehörte, also wartete ich, bis er entweder fertig war oder meine Mutter ihn vom Fenster gezerrt hatte.

Nach zwei Wochen dieses verrückten Theaters, und nachdem er die beiden älteren Damen von nebenan entdeckt hatte (die meine Mutter wegen deren Schwäche für den Fusel vor ihm zu verbergen versucht hatte), bekam ich ihn dazu, mit mir zu einem Treffen der Anonymen Alkoholiker zu gehen. Der Sprecher erzählte in bewegenden Worten seinen schrecklichen Abstieg in die Hölle, der damit geendet hatte, daß er Kerosin trank.

»Na«, sagte ich zu meinem Erzeuger, »was sagst du dazu?«

»Oh, ich bin kein Alkoholiker«, antwortete er. »Ich trinke kein Kerosin.«

Die beiden Alten von nebenan hatten keinen einzigen Zahn mehr im Mund, abgesehen von den falschen für tagsüber, und falls sie noch einen Fitzel Haar auf dem Kopf hatten, so war es nur mit einer sorgfältigen mikroskopischen Untersuchung zu entdecken, doch sie waren völlig hingerissen von der Ankunft meines duchgeknallten Vaters, da seit Jahren kein Mann mehr in ihrer Wohnung gewesen war, abgesehen vom Gasableser. Da sie eine Rente von der Telefongesellschaft bekamen, fehlte es nie am nötigen Kleingeld für Four Roses und Ginger Ale, was sie nur allzu gerne mit Malachy Senior teilten. Meiner Mutter zufolge lernten sie hingebungsvoll die patriotischen irischen Lieder, die ihnen mein Vater beibrachte, vor allem dieses:

O laßt uns trinken auf die Kühnen,
Die treuen Kämpfer für die Ehr'
So manche liegen hier begraben
Und andre hinterm großen Meer.
Sie alle sind dahingegangen,
Doch nicht der Ruhm und nicht der Schmerz.
Für Irlands Stolz sind sie gestorben,
Drum nehmt sie nun in euer Herz.

Anscheinend konnten sie es kaum abwarten, für Irland zu sterben, doch bis dahin tranken sie für Amerika.

Eines schönen Septemberabends gegen elf kam wieder ein Anruf von der Mutter. Sie hatte den Alten seit gestern nicht mehr gesehen, als er gegangen war, angeblich, um Arbeit zu suchen. Er war letzte Nacht nicht heimgekommen und hatte sich auch heute den ganzen Tag über nicht gemeldet, und sie traute sich nicht, in die Wohnung der frischgebackenen Patriotinnen zu gehen, weil sie nicht wußte, was sie dort erwartete.

»Was soll das heißen?« fragte ich.

»Na ja, ich glaube, da drüben hat's so einiges Gemauschel

gegeben«, sagte sie. »Ich will aber gar nix davon wissen, also könntest du bitte, in Gottes Namen, rüberkommen und nachsehen, was da los ist?«

So trabte ich also wieder einmal nach Brooklyn und tröstete die aufgelöste Mutter. Sie hatte einen Schlüssel zu der Wohnung der beiden Alten, da sie ihnen in besseren Zeiten ab und zu eine Tasse Tee und ein paar Kekse gebracht hatte. Vorsichtig öffnete ich die Tür und stieß prompt gegen eine Flasche, die im Dunkeln auf dem Boden lag. Es lagen noch mehr davon herum, was die Fortbewegung für Fußgänger riskant gestaltete.

Sorgsam tastete ich mich zum Schlafzimmer durch, öffnete die Tür und ging hinein. Durch die Dunkelheit schlug mir eine leise Symphonie aus Gegrunze und Geschnarche, Gepfeife und Gekeuche entgegen. Nach einigem Suchen fand ich einen Lichtschalter an der Wand, der das ploppende Geflacker einer dieser runden Neonröhren in Gang setzte, die bei geizigen Vermietern so beliebt sind.

Auf den Kissen des großen Bettes entdeckte ich drei Glatzköpfe und ungefähr zehn Kilometer Zahnfleisch. Es war schwer festzustellen, welcher von den dreien mein Vater war, aber natürlich lag er in der Mitte, wie die Wurst in einem greisen Hot dog. Ich beugte mich vor und schüttelte ihn, was ihn erschrocken hochfahren ließ. Er blickte erst zu der Alten links von ihm, dann zu der anderen auf der rechten Seite und schließlich mit dem unschuldsvollen Blick eines gefangenen Karnickels zu mir und fragte: »Wer sind die Typen?«

Die Szene war so absurd, so grotesk, so lächerlich, daß mich ein unbezähmbarer Lachanfall packte, der jedoch von einem entsetzten Japsen hinter mir erstickt wurde. Die Mutter hatte beschlossen, allen Mut zusammenzunehmen und dem Frevel dieser Lasterhöhle entgegenzutreten. Schlagartig verwandelte sich mein Lachen in Zorn über den abstoßenden Anblick dieses Verrückten, meines Vaters, der da gemütlich zwischen zwei stinkenden, lüsternen weiblichen Tattergreisen lag. Ich packte ihn am Hemd – das einzige Kleidungsstück, das er trug – zerrte ihn hoch und schlug ihm meine Faust in den Magen, so daß er in die Ecke des Zimmers flog.

Die Alten schliefen. Er brummte etwas vom vierten Gebot, von wegen »ehre deinen Vater«, und da brach die ganze unterdrückte Wut aus mir heraus, die ich mit mir herumgetragen hatte, seit er damals abgehauen war. Ich brüllte ihn an und schleuderte ihm, während mir die Tränen über das Gesicht liefen, einen Schwall von Beschimpfungen entgegen:

»Du mieser, geiler, alter Bock! Wie, zum Teufel, kommst du dazu, mir was von den Geboten zu erzählen, wo du gerade deinen armseligen alten Schwanz aus einer vertrockneten Möse gezogen hast, und mit welchem Recht bezeichnest du dich als Vater, und was weißt du schon von Ehre und Anstand, wo du dich dein ganzes Leben lang vor jeder Verantwortung gedrückt hast? Für einen Drink läßt du doch alles stehen und liegen, und du trinkst jeden Scheiß, den man dir vorsetzt, du elender, alter, schleimiger, arschkriechender Heuchler mit deinen Rosenkränzen, deinen Gebetbüchern und deinen ewigen Predigten, daß wir unseren religiösen Pflichten nachkommen sollen. Ich scheiß' auf deine Rosenkränze und deine Meßbücher und deine Religion, und ich scheiß' auf deinen Gott und deine Kirche, und vor allem scheiß' ich auf dich, du mieses Arschloch!«

Er lag einfach nur da mit seinem alten Schwanz und seinen verschrumpelten Eiern und wimmerte: »Ach je, sag so was nicht, sag doch so was nicht.«

Und plötzlich hätte ich ihn am liebsten in den Arm genommen und an mich gedrückt, um ihn zu trösten, zu beruhigen und zu wiegen. Aber ich konnte es nicht. Ich mußte den unnachgiebigen Tugendwächter und Beschützer meiner Mutter spielen, und so warf ich ihn aus dem Haus, dieses kleine, graue Häufchen von einem Mann, dessen Abwesenheit ein solches Loch in meinem Leben und in dem von Frank, Mike und Alphie hinterlassen hatte. Und dann schlich der nichtssagende Kerl mit seiner unauffälligen Tasche aus der Tür und murmelte: »Ach je, ach je, das hätt' doch alles nicht sein müssen.«

Ich schloß die Tür, wir hörten ihn die Treppe hinuntergehen, und dann war er wieder fort. Selbst als er hier war, war er schon wieder fort gewesen. Schweigend saßen wir da, meine Mutter und ich, versunken in unseren Morast aus Zweifeln und alten Erinnerungen.

Wir tauchten beide ungefähr gleichzeitig aus unseren Gedanken auf, sie lächelte mich an, und ich lächelte zurück. Da saß sie nun allein in dieser schäbigen kleinen Wohnung an der Flatbush Avenue, mißhandelt von Bruder, Schwester und Mutter, der Vater tot, bevor sie überhaupt geboren war. Verheiratet mit einem Alkoholiker, der ihr sieben Kinder angedreht hatte, von denen drei gestorben waren. Dann hatte sie sich in Limerick mit einem weiteren nichtsnutzigen Säufer eingelassen, und das hatte ihr keiner von uns so richtig verziehen. Und nun war sie noch einmal Opfer ihrer Sehnsucht geworden.

»Er ist weg«, sagte ich.

»Mal wieder.«

Wir lachten wehmütig, wie ein Romancier es ausdrücken würde.

»Wie konnte ich bloß so blöd sein zu glauben, daß er sich geändert hat?« fragte sie.

»Wir waren doch genauso blöd«, sagte ich, denn ich hatte genau dasselbe gedacht. Wir hatten es einfach gehofft, und man konnte niemandem die Schuld geben, außer vielleicht seiner Familie in Nordirland, die ihn loswerden wollte.

»Ich hätt's wissen müssen«, seufzte sie.

Der Satz gehörte auf ihren Grabstein.

Die Mutter verzog sich mit dem irischen Sprichwort »Alles ist besser als eine schlechte Ehe« in ihr nun wieder unbemanntes Bett. Ich streckte mich auf dem durchgelegenen dunklen Sofa aus, schlief ein und träumte Dinge, die sich meiner Erinnerung entziehen.

An jenem Tag im Frühsommer, als er mich an der Hand nahm, um mit mir spazierenzugehen, war ich ganz begeistert, denn er hielt uns nur selten an der Hand oder trug etwas mit sich herum, da er der Ansicht war, es gehöre sich nicht für einen Mann, sich um ein Kind zu kümmern oder eine Tasche zu tragen. »Frauenarbeit!« pflegte er zu sagen.

Wir gingen die Straße nach Rosbrien entlang, vorbei an dem weißen Schlagbaum der Eisenbahn und den kleinen Häusern, die die Engländer für die Eisenbahnarbeiter gebaut hatten. Er sagte mir, wir würden zu einem Ort gehen, wo es einen Brunnen mit dem süßesten, erfrischendsten Zauberwasser gab, das jeden glücklich machte, der davon trank. Ich wußte gar nicht, wohin vor lauter Liebe für Daddy, weil er mich an diesen wundervollen, geheimen Ort mitnehmen wollte. Wir kletterten über ein Gatter und überquerten ein Feld, auf dem Kühe grasten, die mich ansahen und mir Angst einjagten, doch mein großer, starker Vater ver-

scheuchte sie mit einem Wink seiner Hand. Dann mußten wir durch einen Graben, und er trug mich über das Gestrüpp von Brennesseln, die, wie er mir erklärte, gesund waren, wenn man einen Tee daraus zubereitete.

Wir gingen bis zur Mitte des Feldes, und dort, zwischen Büscheln von Binsen, war der Brunnen. Ich fand nicht, daß er besonders verzaubert aussah, es war einfach nur Wasser, umgeben von ein paar aufgetürmten Steinen. »Knie dich hin und trink davon«, sagte er, und ich gehorchte. Ich versuchte, mich an eine Stelle in der Bibel zu erinnern, wo es um Soldaten ging, die von Moses für eine Schlacht auserwählt worden waren; hatten sie ihre Hände zu einer Schale geformt, um zu trinken, oder hatten sie ihren Mund direkt in das Wasser gehalten?

Ich fand es mutiger, den Mund direkt ins Wasser zu halten. Es war das leckerste Wasser, das ich je getrunken hatte, und je mehr ich davon trank, desto leckerer wurde es. Dann legten wir uns unter einen großen, schattenspendenden Baum, in dem Dutzende von Vögeln wohnten, und mein Vater dachte sich Balladen von Kühnheit und Sterben für Irland aus und sang viele Lieder und sagte Gedichte auf und bastelte sich aus den Formen der Wolken Geschichten zusammen. Die Bienen summten, die Vögel sangen, und die Insekten um uns herum zirpten, während er erzählte und phantasierte und unglaubliche Sprachgebilde formte, um die Seele eines Kindes mit Freude und Staunen zu füllen.

Die prachtvolle Sonne senkte sich dem Horizont entgegen, und überall um uns herum bereiteten sich die kleinen Wesen der Natur raschelnd auf ihre Nachtruhe vor. Mein Dad erzählte mir, daß alle Kreaturen eines gemeinsam hatten: Sie konnten alle beten. Und das taten sie jetzt, sie dankten Gott für diesen gesegneten, wunderbaren Tag, und wir sollten uns nun auf den Weg machen und sie ihrer Andacht überlassen.

Die Dunkelheit brach herein, als wir zu unserer elenden Gosse aufbrachen, und von den Feldern rechts und links erklang furchteinflößendes Muhen und Krächzen und Kreischen, aber mein Dad nahm mich auf seinen Arm und hielt mich fest, so daß ich keine Angst mehr hatte und einschlief und erst am nächsten Morgen wieder erwachte.

Als mein Vater uns verließ und nach England ging, wollte ich noch einmal zu dem Brunnen gehen. Ich kletterte über dasselbe Gatter, ging durch den gleichen Graben mit den piksenden Brennesseln und an dem großen Baum vorbei zu der Stelle, wo der Brunnen gewesen war. Doch er war nicht mehr da: keine Binsen, kein Brunnen.

Ich wanderte über das ganze Feld und über das Feld südlich davon und das nördlich davon und über alle anderen Felder, doch nie fand ich den Brunnen wieder, und nie fand ich den Vater wieder, der mich hierhergeführt hatte.

Danksagung

Meinen wärmsten Dank an die Brüder Frank – dafür, daß er mir das goldene Tor geöffnet und den Weg gezeigt hat – und Mike und Alphie, alles Liebe und danke.

An meine Kinder – Siobhan, Malachy, Nina, Conor und Cormac –, dafür, daß sie mich haben erwachsen werden lassen.

An meine Enkel – Fiona, Mark und Adrianna – für die Freude.

An Bernice und John, dafür, daß sie Diana zur Welt gebracht haben.

An Charlie DeFanti, dafür, daß er mich durch das goldene Tor gebracht hat, und an John Weber für den Willkommensgruß. An David Chalfant, meinen unerschrockenen Agenten, für den Midas kein Fremder ist.

An Helena Carroll und den verstorbenen Dermot McNamara für die erste Rolle. An den verstorbenen Tom O'Malley, dafür, daß er mich in die *Tonight Show* katapultiert hat. An Marge Greene, die immer da war und ist. An Richard Harris für die wilden Zeiten. An Ed Burns für seine unverwüstlich gute Laune.

An John und Tinka Finn für das Haus, das zu mir sprach. An Terry Moran und den geheimnisvollen First Friday Club. An meine Lektorin Maureen O'Brien für ihr enthusiastisches Vertrauen in dieses Unternehmen, mein erstes Buch. An Howard Mittelmark, der sich das Chaos vorknöpfte und es in Ordnung brachte.

An die Costelloes aus Limerick für den Witz und das Lied.

Für Robert Hayden Jones, er weiß schon, wofür. An Adrian Flannelly für die Freundschaft und das Mikrophon. An Paul Dwyer, den Helden, für seine begeisterte Prinzipientreue.

An Bob Cranny – ein wahrer Freund! An Angela und Malachy, die nicht wissen, was sie fabriziert haben. An Bill und alle seine Freunde.

An die Engländer, dafür, daß sie uns ihre Sprache in den Rachen gestopft haben, so daß wir sie in schillerndsten Farben wieder hervorwürgen konnten.

An New York – ich liebe dich!

Roddy Doyle

Paddy Clarke Ha Ha Ha

Roman

Aus dem Englischen von Renate Orth-Guttmann

Band 13176

Es ist 1968. Patrick Clarke ist zehn Jahre alt, und abends sitzt er vor dem Fernseher, knabbert Chips und sinniert über die amerikanischen Soldaten, die im Mekong-Delta gegen 'Gorillas' kämpfen. Er liebt den Geruch seiner Wärmflasche und das Gefühl im Mund, wenn er eine Lebertrankapsel zerbeißt. Er haßt Zoos, läßt sich ungern küssen und empfindet die Jungs aus der neuerbauten Sozialsiedlung als seine natürlichen Feinde. Seinen kleinen Bruder Sinbad kann er nicht ausstehen, dafür ist Kevin sein bester Freund, mit dem er Fußball und Verbrechen spielt. Dennoch ist Paddys Welt alles andere als heil: Sein Vater trinkt zuviel und streitet immer häufiger mit seiner Mutter, und schließlich bekommt auch die Freundschaft mit Kevin einen Riß. Ohne Psychologisierungen, unsentimental und nüchtern, zeichnet Doyle das Leben dieses kleinen Jungen nach, der aus dem Paradies der Kindheit vertrieben wird. Ein einfühlsames, stilsicheres Portrait eines zehnjährigen Jungen und seiner Welt.

Fischer Taschenbuch Verlag

fi 1913 / 5

Roddy Doyle

Henry der Held

Roman

Aus dem Englischen von Renate Orth-Guttman

Band 15146

Henry ist arm, hungrig und ein wahrer Prachtkerl – der König der Straßen von Dublin. Schon mit vierzehn mischt er beim Osteraufstand 1916 mit. Er ist ein Rebell auf einem gestohlenen Fahrrad, ein Freiheitskämpfer – eine irische Legende.

»Ein pralles Meisterwerk.«
Die Woche

»Roddy Doyle erzählt eine wunderbare Liebesgeschichte … ein großes Kapitel der irischen Literatur.«
Süddeutsche Zeitung

Thomas Brussig
Helden wie wir
Roman
Band 13331

Die deutsche Geschichte muss umgeschrieben werden: Klaus Uhltzscht war es, der die Berliner Mauer zum Einsturz gebracht hat! Dabei ist Klaus eigentlich ein Versager par exellence. Als Sohn eines Stasi-Spitzels und einer Hygieneinspektorin wächst er zwischen Jogginghosen und Dr. Schnabels Aufklärungsbuch auf, bleibt im Sportunterricht auf ewig ein Flachschwimmer. Auch sein großer Traum, als Topagent bei der Stasi zu arbeiten, erfüllt sich leider nicht.

Dafür aber wird er, der inzwischen eine Perversionskartei erfunden hat, zum persönlichen Blutspender Erich Honeckers. Jetzt, da auch noch die Mauer durch – man höre und staune – seinen Penis fiel, packt Klaus aus und erzählt von seinem ruhmreichen Leben. Keiner hat bislang frecher und unverkrampfter den kleinbürgerlichen Mief des Ostens gelüftet als Brussig. Ein Lesevergnügen allererster Ordnung!

Fischer Taschenbuch Verlag

fi 13331 / 1